21世纪高等院校工商管理精品教材

第八届"物华图书奖"三等奖

仓储管理

Warehouse Management

（第二版）
2nd Edition

贾春玉　双海军　钟耀广　主　编
蒋淑华　王　兴　副主编

东北财经大学出版社　大连
Dongbei University of Finance & Economics Press

图书在版编目（CIP）数据

仓储管理 / 贾春玉，双海军，钟耀广主编 . —2版 . —大连：东北财经大学出版社，2024.5

（21世纪高等院校工商管理精品教材）

ISBN 978-7-5654-5262-8

Ⅰ.仓… Ⅱ.①贾… ②双… ③钟… Ⅲ.仓库管理–高等学校–教材 Ⅳ.F253

中国国家版本馆CIP数据核字（2024）第096133号

东北财经大学出版社出版

（大连市黑石礁尖山街217号 邮政编码 116025）

网 址：http://www.dufep.cn

读者信箱：dufep@dufe.edu.cn

大连天骄彩色印刷有限公司印刷 东北财经大学出版社发行

幅面尺寸：185mm×260mm 字数：409千字 印张：17.25

2024年5月第2版 2024年5月第1次印刷

责任编辑：蔡 丽 责任校对：刘贤恩

封面设计：原 皓 版式设计：原 皓

定价：49.00元

第二版前言

21世纪，新的技术、新的方法、新的生产经营模式不断涌现，不断颠覆传统生产运作模式。人工智能、大数据、区块链、5G、物联网等技术冲击了原有的经营模式和竞争格局，企业之间的竞争、国家之间的竞争日趋激烈，如何抓住机遇、持续改进、不断创新、降低成本是人们迫切关注的问题。物流业作为支撑国民经济发展的基础性、战略性、先导性产业，是全面建成社会主义现代化强国的必备条件。物流成本作为影响企业和国家经济效益的重要因素之一，一直是人们努力研究的问题之一。仓储、物流活动古而有之，但物流产业的发展只有几十年的时间，经历了起步探索期、整体发展期和独立扩展期，产业发展日趋成熟。

党的十九大报告指出："加快建设制造强国，加快发展先进制造业，推动互联网、大数据、人工智能和实体经济深度融合，在中高端消费、创新引领、绿色低碳、共享经济、现代供应链、人力资本服务等领域培育新增长点、形成新动能。"党的二十大报告指出："加快发展物联网，建设高效顺畅的流通体系，降低物流成本"，提升"产业链供应链韧性"，确保"重要产业链供应链安全"。党和国家根据当前国内外环境变化和经济发展趋势对现代物流业发展提出了新的要求，也为其未来发展指明了方向。

为了降低物流成本，提升企业和国家竞争力，从事物流及物流相关工作的人员首先应根据党的十九大和党的二十大制定的发展战略，创新物流模式；其次，应熟悉物流业务，掌握科学先进的理念，抓住机遇、与时俱进；最后，应掌握科学先进的物流管理优化方法和技术，持续改进，不断降低成本、提高经济效益。

本教材为了满足物流人才培养的需要、满足社会实际需求，吸收具有实战经验的物流管理人士参与编写，借鉴国内外物流管理以及其他相关学科的理论与方法，增添一些科学和先进的理念、简便实用的优化方法，力求理论联系实际，既有一定理论基础，又可实际操作。本教材根据仓储管理的主要内容，介绍了仓储管理概述、仓储规划与布局设计、仓储设备、仓储收货管理、物品养护、在库作业管理与库存控制、出库作业管理、仓储成本与绩效管理、仓储商务管理等内容。本教材的许多优化方法运用了Excel，既增强学生运用Excel解决实际问题的能力，又提高教学效率和改善教学效果。本教材所涉及的Excel均给出具体Excel函数运算公式或规划求解参数设计。

本教材在大部分章节中设置了"课堂实训""知识链接""拓展阅读""案例窗""小思考""小案例""课堂讨论""小资料"等栏目，强化解决实际问题的能力，扩展视野，丰富理论知识。其中，"知识链接""拓展阅读"是以二维码的形式提供的，引入了互联网阅读元素。

尤为重要的是，本教材注重思政引领，融入党的二十大精神。党的二十大报告指出：

"用社会主义核心价值观铸魂育人，完善思想政治工作体系，推进大中小学思想政治教育一体化建设。坚持依法治国和以德治国相结合，把社会主义核心价值观融入法治建设、融入社会发展、融入日常生活。"本教材在部分章通过"学思践悟"栏目的形式，结合党的二十大报告内容，引导学生深入社会实践，关注现实问题，使他们加强对专业知识的内化吸收与灵活应用，坚定中国特色社会主义道路自信、理论自信、制度自信、文化自信，努力践行习近平新时代中国特色社会主义思想进教材、进课堂、进头脑，达到价值塑造、知识传授、能力培养三位一体的育德树人之效。

本教材配有PPT和章后习题参考答案，请教师会员登录东北财经大学出版社官网免费下载。

本教材由贾春玉、双海军、钟耀广担任主编，由蒋淑华、王兴担任副主编。本教材由广东培正学院贾春玉、陈彦如、石岸琳、卢荣秀、郭美芳，重庆人文科技学院双海军，东莞理工学院钟耀广、王兴，南京晓庄学院蒋淑华，广东石油化工学院刘辛元，辽宁正邦物流有限公司经理刘莹琳、广东百捷教育投资有限公司蔡波经理等高校的教授和博士、物流公司的经理和业务人员共同编写。本教材第1章由蒋淑华、贾春玉、蒋雪飞、蔡波编写，第2章由双海军、陈彦如、卢荣秀编写，第3章由贾春玉、石岸琳、郭美芳编写，第4章由贾春玉、陈彦如、贾宇琦编写，第5章由贾春玉、刘辛元、卢荣秀编写，第6章由蒋淑华、郭美芳编写，第7章由贾春玉、石岸琳、刘莹琳编写，第8章由钟耀广编写，第9章由王兴编写；全书由贾春玉统稿。

在本教材的编写过程中，各方专家、学者和企业给予很大帮助，如广州智曜供应链管理有限公司葛真祯经理、广东云山供应链科技有限公司和盛唐供应链科技有限公司等多家企业高管及专家，在此深表谢意！本教材在编写过程中参阅了大量国内外教材、著作、期刊和网络资料等，特此向这些作者表示感谢。本教材中使用的图片，没有标注资料来源的是本教材编者拍摄的。参考文献尽可能一一列出，但难免会有疏忽与遗漏之处，敬请见谅。

因时间和作者水平有限，本教材中难免有不当之处，敬请读者批评指正。

贾春玉

2024年1月

目　录

第1章 仓储管理概述

❖ 引例

安踏晋江仓打造新型智慧仓储系统

2021年，安踏体育实现收益约493亿元人民币，同比增长38.9%。据安踏体育分析，此轮增速的显著增长得益于电子商务的增长、DTC模式和市场环境的改变。

2020年8月，安踏开始采取DTC（Direct to Consumer，直接面对消费者）模式的战略转型，在中国11个地区（包括长春、长沙、成都、重庆、广州、昆明、南京、上海、武汉等热门城市）开展混合营运模式，涉及的安踏门店共约有3 500家，当中约有60%由公司直营，40%由加盟商按照安踏新运营标准营运。

DTC模式的推进，无疑对安踏的供应链能力提出了更高要求。作为鞋服物流的核心环节，仓储场景已经成为供应链转型关注的焦点。为应对销量不断增长、人工成本增加、个性化需求多样等因素的影响，安踏集团携手深圳海柔创新科技有限公司（简称海柔创新）对晋江物流园原有的智能仓储中心进行升级革新，共同打造新型智慧仓储系统。

一、寻求更加柔性高效的物流系统

近年来拣选作业成为困扰诸多鞋服企业仓储作业的最大难点和挑战。一方面，仓库员工月流失率和年流失率高是该行业普遍存在的情况；另一方面，个性化的消费需求使得SKU激增，订单变得更加零散和碎片化，传统的存储和作业模式不再适用。除了这些共性问题，DTC模式还对安踏原有的物流体系提出了更高要求，包括更大的拆零作业量和时效性更强的订单交付能力，需要更加柔性、灵活和高效的仓储系统，来实现商品的快进快出，增强供应链响应能力，降低库存积压风险。

在此背景下，2020年，安踏集团物流部经过多方考察对比，最终选择与海柔创新进行合作，在其晋江仓引入"货箱到人"智慧物流解决方案。

二、安踏晋江仓项目概况

安踏晋江仓项目于2021年8月正式上线。在安踏晋江仓约4 800平方米、5米高的仓储环境中，海柔创新设计了入库上架区、存储区和拣货作业区。项目采用"库宝HAIPICK A42多层料箱机器人+HAIPORT自动装卸机+高效的输送线拣选系统"，提供了多套符合人机工程学的高效输送线拣选工作站和入库工作站，其中在2 000平方米的存储区中设计了高11层的料箱货架，提供了约20 000个储位；可满足纸箱、料箱混合入库、拣选、出库业务，适配2B、2C两种不同业务形态的订单处理，实现2万件/小时的出库流量需求。

三、主要作业流程及特点

安踏晋江仓采用的 ACR（箱式仓储机器人）解决方案（如图 1-1 所示），衔接了从入库、上架，到拣选、出库的所有作业流程，并在库内布局设计和设备组合应用方面实现了一系列优化，具体包括：

图 1-1 海柔创新 ACR 系统

1.入库作业

入库作业设置了一条入库输送线，借助人工换箱，把入库的箱子投到输送线上，通过 HAIPORT 自动装卸机（如图 1-2 所示），可以在 5 秒内实现 8 个箱子的一次性装卸，提高系统的整体作业效率。同时，库区采取冷热库存分布设计，采用机器人自动搬箱上架的方式取代了传统操作中人工寻找库位入库上架的步骤。

图 1-2 HAIPORT 自动装卸机一次性装卸货箱

2.拣选作业

拣选作业采用了一套环形输送线的拣选系统（如图 1-3 所示），实施"货到人"拣选模式（如图 1-4 所示），减少机器人的搬箱次数，一个箱子搬出后可以供给多个工作站进行拣选。拣选颗粒度细化到料箱，这意味着如果同一个 SKU 大批量发货，可以把整托盘上的货品拆成多个箱子送至不同的工作站，减少工作站等待箱子的时间，实现更灵活、更柔性的拣选作业。

图1-3　环形输送线设计减少机器人搬箱次数

图1-4　ACR系统"货到人"拣选模式

　　同时，鞋服行业通常都有同款集中、同款装箱的需求，但这种需求在传统的人工仓中很难实现。海柔创新的ACR解决方案，通过软件算法和调度系统解决了这一问题：在拣货时就将同款货品拣选在一个箱子里，以保证货品到末端门店时可以快速上架、陈列。

　　四、效果显著

　　数据显示，安踏晋江仓项目上线后，实现入库产能1 000箱/小时，整体出库产能20万件/天；出库效率为20 000件/小时，是传统人工的2倍以上。"货到人"拣选模式解决了鞋服仓储作业面临的"用工荒"难题。ACR解决方案一方面通过更高的货架存储方式提升存储密度和拣选位数量，10米以下仓库，垂直利用率高达95%，提高80%～400%的存储密度；另一方面，通过"仓储机器人＋多种工作站"设计，可实现"货到人"拣选，降低拣选难度，人工拣选效率提升3～4倍，拣选准确率在99.99%以上。

　　资料来源　物流技术与应用.【案例】安踏晋江仓打造新型智慧仓储系统［EB/OL］.（2022-07-21）［2024-03-10］. https://www.163.com/dy/article/HCQN2I8R0530UFIR.html.

21世纪，新的技术、新的方法、新的生产经营模式不断涌现，不断颠覆传统生产运作模式，物流行业也是如此。仓储的场所出现了新的业态形式，由仓库向配送中心、物流中心等形式发展，仓储的功能也由过去单纯的"储存、保管"功能向"分拣配货、流通加工、物流金融"等增值功能转变。在新的经济发展模式下，人工智能、云、区域链、互联网+、物联网、大数据、5G、3D打印、复杂网络等技术的不断出现，颠覆原有物流运作模式。"智慧仓储""云仓储""前置仓""仓配一体化""海外仓"等新名词层出不穷，给仓储业这个古老的行业带来新的挑战和机遇。良好的仓储管理不仅能保证企业生产过程获得及时、准确、质量完好的物资供应，而且有利于企业通过占有较少的流动资金，降低产品成本，从而提升企业经济效益和竞争力。

1.1　仓　储

1.1.1　仓储的含义

"仓"可以称为仓库，是存放物品的建筑物和场地，具有存放和保护物品的功能。库场、堆场、料棚是仓库主要的形式。"储"表示收存以备使用，具有收存、保管、交付使用的意思。春秋时期著名政治家管仲在《管子·牧民》有言："仓廪实而知礼节。"这里的"仓"便是指的谷仓，而"廪"为米仓。在农业生产力相对落后的古代社会，粮食的储存已受重视。马克思在《资本论》中写道："没有商品储存，就不能有商品的流通。"可见仓储对社会再生产过程中的货物流通非常重要。

我国在国家标准《物流术语》（GB/T 18354—2021）中对仓储（warehousing）作了如下定义："利用仓库及相关设施设备进行物品的入库、存贮和出库的活动。"仓储有狭义和广义之分。狭义的仓储指的是通过仓库等储存场所实现对在库货物的储存和保管，衔接生产领域和流通领域，是静态的仓储。广义的仓储则包括库内的装卸搬运、分拣、流通加工等各项活动，是动态的仓储。

随着科学技术的进步和生产力的发展，仓储的场所出现了新的业态形式，由仓库向配送中心、物流中心等形式发展，仓储的功能也由过去单纯的"储存、保管"功能向"分拣配货、流通加工、物流金融"等增值功能转变。它克服了商品产销在时间、地点上的隔离，保证了商品流通的连续性，还克服了商品产销方式的不同及商品产销量的不平衡。特别是随着电商的飞速发展，"智慧仓储""云仓储""前置仓""仓配一体化"等新名词层出不穷，给古老的仓储业带来新的挑战和机遇。现代"仓储"不是传统意义上的"仓库""仓库管理"，而是在经济全球化与供应链一体化背景下的仓储，是现代物流系统中的仓储。

❖ 小资料1-1

物流相关术语

1. 云仓储

云的概念来源于云计算，是一种基于互联网的超级计算模式。通过公司总部的一体化信息系统，分布在全国各地的仓库、配送中心被联网，分仓为云，信息系统为服务器，实现快递配送网络的快速反应，进行科学的库存决策，达到较高的物流服务水平。

资料来源 郑子辉. 生态圈化：中国大企业转型新路径［M］. 北京：企业管理出版社，2019：185.

2. 前置仓

前置仓是一种仓配模式。在这种模式下，每个门店都是一个中小型的仓储配送中心，这使得总部中央大仓只需对门店供货，也能够覆盖最后1千米。消费者下单后，商品从附近的零售店里发货，而不是从远在郊区的某个仓库发货。

资料来源 马慧民，高歌. 智能新零售——数据智能时代的零售业变革［M］. 北京：中国铁道出版社，2018：65.

3. 仓配一体化

仓配一体化服务旨在为客户提供一站式仓储与配送服务。仓储与配送作为电子商务后端的服务，主要是解决卖家货物配备（集货、加工、分货、拣选、配货、包装）和组织对客户的送货问题。

资料来源 周晓光，韦凌云，杨萌柯. 邮政与快递运营管理［M］. 北京：北京邮电大学出版社，2018：31.

4. 智能仓储系统

智能仓储系统是指运用软件、互联网、自动分拣、光导、射频识别（RFID）、声控等先进的科技手段和设备对物品的进出库、储存、分拣、包装、配送及其信息进行有效的计划、执行和控制的物流活动。

资料来源 RFID 世界网. 智能仓储的基本逻辑［EB/OL］.（2018-05-17）［2024-03-31］. http://news.rfidworld.com.cn/2018_05/32b7090961788829.html.

1.1.2 仓储的分类

仓储广泛存在于生产、流通、销售等各个环节。仓储业务参与主体繁多、市场客户对仓储要求差异性大等，决定了仓储类型的多样化。根据仓储经营主体、物品特性及仓储条件、仓储功能、仓储货物的处理方式的不同，本教材对仓储进行如下分类：

1.1.2.1 按仓储经营主体划分

（1）自营仓储

自营仓储是指各类企业或组织自管自营，为自身的货物提供仓储的形式。这类企业从类型上来看，包括生产企业和流通企业。生产企业自营仓储是指生产企业使用自有的仓库设施对生产使用的原材料、中间产品、最终产品实施储存、保管的行为。其储存的对象较为单一。流通企业自营仓储是指流通企业以其拥有的仓储设施对其经营的商品进行储存、保管的行为。仓储对象的种类较多，其目的为支持销售。

（2）营业仓储

营业仓储是指仓储经营人以其拥有的仓储设施，向社会提供商业性仓储服务的行为。仓储经营人与存货人通过订立仓储合同的方式建立仓储关系，并且依据合同约定提供服务和收取仓储费。营业仓储的目的是在仓储活动中获得经济回报，实现经营利润最大化，包括提供货物仓储服务和仓储场地服务。

（3）公共仓储

公共仓储是公用事业的配套服务设施，为车站、码头提供仓储配套服务。其运作的主要目的是保证车站、码头的货物作业，具有内部服务的性质，处于从属地位。但对存货人而言，公共仓储也适用营业仓储的关系，只是不单独订立仓储合同，而是将仓储关系列在作业合同之中。

（4）国家物资储备

国家物资储备是指国家根据国防安全、社会稳定的需要，对战略物资实行储备而产生的仓储。国家物资储备由国家政府进行控制，通过立法、行政命令的方式进行。其特别重视储备品的安全性，且储备时间较长。国家物资储备是长期性的储备，它从战略全局出发，力求数量充足、种类齐全、结构合理，在国家、地区、单位等各个层次进行储备，由国家统一掌握和调配。一旦战争爆发，动员物资储备就首先被投入使用，然后是战略物资储备投入使用，以支持战时生产和作战需要。

1.1.2.2　按物品特性及仓储条件划分

（1）普通物品仓储

普通物品仓储是指不需要特殊保管条件的物品仓储。如一般的生产物资（如图1-5所示）、生活用品、普通工具等杂货类物品，不需要针对货物设置特殊的保管条件，应采取无特殊装备的通用仓库或货场存放货物。

图1-5　汽车配件生产物资仓库

（2）特殊物品仓储

特殊物品仓储是指物品特性明显且对仓库建筑、温湿度、安全设施以及储存方法等有特殊要求的专业仓储，如低温仓储、危险品仓储、粮食仓储等。特殊物品仓储一般为专用仓储。

1.1.2.3　按仓储功能划分

（1）储存仓储

储存仓储是较长时期存放物资的仓储。由于物资存放时间长，储存费用低廉。储存仓储的物资较为单一，品种少，但存量较大。由于物资存期长，储存仓储特别注重对物资的质量保管。

（2）物流中心仓储

物流中心仓储是以物流管理为目的的仓储活动，是为了实现有效的物流管理，对物流的过程、数量、方向进行控制的环节，能够实现物流的时间价值。其一般在一定经济地区中心的交通较为便利、储存成本较低处进行。物流中心仓储的物品品种较少，进库批量较大，按一定批量分批出库，整体吞吐能力强。

（3）配送仓储

配送仓储也称配送中心仓储，是商品在配送交付消费者之前所进行的短期仓储，是商品在销售或者供生产使用前的最后储存，并在该环节进行销售或使用的前期处理。配送仓储一般在商品的消费经济区间内进行，商品品种繁多，批量少，需要一定量进库、分批少量出库操作，进行拆包、分拣、组配等作业，主要目的是支持销售，注重对物品存量的控制。

（4）运输转换仓储

运输转换仓储是指衔接不同运输方式的转换的仓储，在不同运输方式的相接处进行，如在港口、车站等场所进行的仓储。其目的是保证不同运输方式的高效衔接，减少运输工具的装卸和停留时间。运输转换仓储具有小批量（零散）进货、大批量（整批）出货的特性，货物存期短，注重货物的周转作业效率和周转率。

（5）保税仓储

保税仓储是指使用海关核准的保税仓库存放保税货物的仓储。保税仓储一般设置在进出境口岸附近。保税仓储受到海关的直接监控，虽然货物也是由存货人委托保管，但保管人要对海关负责，入库或者出库单据均需要由海关签署。

拓展阅读1-1　我国早期的保税仓储

1.1.2.4　按仓储物的处理方式划分

（1）保管式仓储

保管式仓储是以保管物原样保持不变的方式所进行的仓储。存货人将特定的物品交由保管人进行保管，到期保管人将原物交还存货人。保管物除了所发生的自然损耗和自然减量外，数量、质量不发生变化。

保管式仓储又分仓储物独立保管仓储和将同类仓储物混合在一起的混藏式仓储。在混藏式仓储中，保管人以相同种类、相同品质、相同数量的替代品返回即可。

（2）加工式仓储

加工式仓储是保管人在仓储期间根据存货人的要求对保管物进行一定加工的仓储方式。在保管期间，保管人根据委托人的要求对保管物的外观、形状、成分、尺度等进行加工，使仓储物发生委托人所希望的变化。

（3）消费式仓储

消费式仓储是指保管人在接收保管物时，同时转移保管物的所有权，保管人在仓储期间有权对仓储物行使所有权；在仓储期满时，保管人将相同种类和数量的替代物交还给委托人所进行的仓储。消费式仓储特别适合于保管期较短、市场供应（价格）变化较大的商品的长期存放，具有一定的商品保值和增值功能。仓储经营人利用仓储物开展经营增值活动，已成为仓储经营的重要发展方向。

1.1.3　仓储的功能

仓储的功能包括基本功能和增值服务功能。

1.1.3.1　仓储的基本功能

仓储的基本功能是指为了满足市场的基本储存需求，仓库所具有的基本操作或行为。物品的出入库与在库管理是传统仓储的基本功能。随着仓储业的不断发展，现代仓储业的基本功能不断扩充，目前已包括物品的进出库、库存、分拣、包装、配送及信息处理等方面。这些活动在传统仓储中也是一直存在的，只是管理手段与管理水平有了提升，开展得更深入、更精细了。

（1）储存

储存是仓储最基础的功能之一。储存是指商品在生产流通中暂时所处的停滞状态。生产环节的原材料、半成品、成品都需要储存环节的配合。而产品从生产进入消费过程中，存在一定的时间间隔，为保证正常的销售，产品库存是必不可少的。库存有储备型及暂存型两种形态。储备型库存是按一定时期的配送经营要求形成的对配送的资源保证。暂存型库存是具体执行日配送时，按分拣、配货要求，在理货场地所作的少量储存准备。越库作业是特殊的暂存型库存。

（2）保管

保管也是仓储最基础的功能之一。保管是指在仓储过程中对货物进行保护、管理，防止产品因损坏而丧失价值。保管要求保质、保量、保安全、保供应。由于储存货物的物理、化学性质各异，部分货物对保管的场所条件会有特殊的要求，既要严格检查待入库货物是否满足仓储的要求，严禁不合格货物混入仓库，又要尽可能保持处于储存状态的货物不发生物理、化学变化，保证在库货物的数量和质量。

（3）集货与分类

集货是指将分散或者小批量物品集中起来，以便运输、配送作业。集货是配送作业的准备作业。分类是指按照货物的种类和流向、客户类别对货物进行分组，并集中码放到指定场所或容器内。两者是实现后续作业规模化和便利化的重要手段和方式。[①]

（4）组配与配送

在单个客户配送数量不能达到车辆的有效载运负荷时，就存在如何集中不同客户的货物进行搭配装载，以充分利用运能、运力的问题，这就需要组配。仓库可以将来自多个企业的产品或原材料整合成一个单元，结合客户订单的时间、地点来送货，进行一票装运。整合装运使得来自不同制造企业的小批量货物得以集中，从而实现规模运输，花费最低的运输成本，也可以减少由多个供应商向同一客户进行供货带来的拥挤和不便。

配送是指将订购的货物使用运输工具从仓库送到客户手中的活动。由于仓储需要大面积场地与专业化操作，所以配送需要全面的网络覆盖与大量运输工具。通过整合、优化仓储及配送实现仓配一体化已成为仓储业发展的趋势。

1.1.3.2　仓储的增值服务功能

仓储的增值服务功能是指利用物品在仓库的储存时间，开发和开展多种服务来提高仓储附加值，促进物品流通，提高社会效益，使经营方或供需方获取额外的利益。目前增值服务包括流通加工、物流金融和信息服务等。

（1）流通加工

流通加工是指物品在从生产地到使用地的过程中，根据需要施加包装、分割、计量、分拣、贴标、组装等简单作业的总称。流通加工可以弥补生产领域加工不足的缺陷，增加企业的利润，满足客户多样化的需求。例如，对金属材料进行的喷漆、涂防锈油等防锈蚀加工，对钢材卷板的舒展、剪切加工，对平板玻璃的开片加工等，均属于流通加工。

（2）物流金融

这里主要是指仓单质押。仓单是仓储合同存在的证明，也可以作为融资工具，直接进行质押。在存货人转让已在仓库存放的商品时，购买人可以到仓库查验商品、取样化验，双方可以在仓库进行转让交割。质押监管是物流企业在仓储业务基础上开展的一种延伸服务。有的金融机构在质押监管的基础上还推出了授信融资，即根据物流企业的规模、经营业绩、运营现状、资产负债比例以及信用程度，授予物流企业一定的信贷额度，由物流企业直接监控质押贷款业务的全过程。

（3）信息服务

在传统仓库中，产品的出入库、在库管理信息的传递就已经存在，而现代仓储对信息的及时性、准确性提出了更高的要求。现代物流管理特别重视仓储信息的收集、反馈和分析。仓储环节所获得的市场信息虽然比销售信息滞后，但更为准确和集中，且信息成本较低。仓储信息为客户进行正确的商业决策提供了可靠的依据，提高了客户对市场的响应速度，提高了经营效率，降低了经营成本。

1.2　仓储管理

仓储管理可以在时间上协调原材料、产成品的供需，对供应起着缓冲和平衡的作用。

---

① 国家标准《物流术语》（GB/T 18354—2021）。

凭借仓储管理，部门或企业可以为客户在需要的时间和地点提供适当的产品，从而增加产品的时间效用和空间效用。仓储管理系统是一个部门、企业或地区的物流系统中不可缺少的子系统。

1.2.1　仓储管理的含义

仓储管理简单来说是指对仓库及仓库内的物资所进行的管理，是仓储机构为了充分利用所具有的仓储资源而提供高效的仓储服务所进行的计划、组织、控制和协调过程。具体来说，仓储管理包括仓储资源的获得、经营决策、商务管理、作业管理、仓储保管、安全管理、劳动组织管理、经济管理等一系列管理工作。

仓储管理可分为简单仓储管理、复杂仓储管理（简单仓储管理向现代仓储管理过渡的形式）和现代仓储管理，也可分为传统仓储管理（主要是指简单仓储管理和复杂仓储管理）和现代仓储管理。传统仓储管理主要是对仓库与货物的静态管理，侧重于空间管理；现代仓储管理是对商品的动态管理，核心是控制商品库存，并关注流通加工、商品配送、信息分析等增值服务，注重商品的周转速度，融入时间管理。

1.2.2　仓储管理的特点

传统的仓储企业将物品的储存作为仓库的主要功能。这种以储存为目的的仓储管理要求在长期的保管中能维持物品的价值和效用，同时能提高仓库的利用效率。但随着现代消费者需求的个性化和多样化的发展，产品的生命周期缩短，新产品投放市场的速度加快，企业从少品种、大批量的生产方式向多品种、小批量的生产方式转化。传统的以被动型"储存"概念为基础的、以提高储存效率为中心的储存型仓储方式，向现代的以主动型"流通"概念为基础的、以提高客户物流服务水平为中心的流通型仓储方式转变。

现代仓储管理的特点主要体现在以下方面：

1.2.2.1　经济性

随着规模经济的成熟，市场不断被细分，而终端客户的消费习惯呈现多样化，要求加快订单循环。传统仓库通过静态库存保证生产连续性和避免缺货损失。电商的快速发展对产业链的流动性需求增加，下游消费品市场对库存管理的流动性提出新的要求。现代仓储管理将空间管理与时间管理相结合：一方面，提高仓库的利用率，通过引入自动化立体仓库，使单位空间可以储存更多的货品；另一方面，通过精准的库存管理，降低库存的保有量，甚至达到零库存。通过对下游消费品市场需求的精确预测及各节点信息传递透明化，传统上由"牛鞭效应"产生的大量仓库需求将会减少。

1.2.2.2　整合性

现代消费市场需求的转变带来了物流渠道的重组。多级经销体系使得库存更加分散化。现代仓储管理的整合性不仅体现在企业内部的仓储资源的整合，更体现为供应链横向和纵向仓储资源的整合。将全社会的仓储设施进行整合，有利于企业实现仓储管理优化的策略，实现供应链管理下的仓储管理，在动态中达到最优化的目标。在满足消费者需求的前提下，尽量降低库存，可以提高供应链的整体效益，使得整个物流网络达到最优的库存水平和库存分布，更好地满足现代生产与流通的需要。

1.2.2.3　技术性

传统仓库的作业依赖人的记忆，以纸张为基础来记录及追踪进出库的货物，导致工作效率较低。随着货物数量的急剧增加和出入库频次的攀升，传统的仓储管理手段不能适应新的需求。而随着计算机及信息化手段的不断发展，现代仓储管理的技术性特点得以体现。如仓库采用射频技术和条形码技术提高了货物的出入库效率及准确性，使海量数据的实时收集有可能实现。而对大量数据进行分析和及时更新、管理信息系统动态互联和标准化，这为企业及社会的库存决策优化提供了数据支持。

1.2.2.4　综合性

传统仓储业的功能比较单一；现代仓储业从单一的储存和保管功能发展到系列化的增值功能，向货源供应方（货主）和采购方两端延伸，引入验收、分拣、配送、贴标、二次包装、信息采集及分析等功能。仓库不仅是货物的储存中心，也是物流中心和信息中心，仓储的职能向综合性方向转变。

1.2.3　仓储管理的内容

仓储管理已经形成了一套完整的内容体系。仓储管理从物品流通过程中的购、销、存各个环节的相关关系中，研究物品的收、管、发及与之相关的加工经营活动，以及围绕物品的储存业务开展的对人、财、物的运用与管理（见表 1-1）。

表 1-1　　　　　　　　　　　　　　　仓储管理的内容

分　类	具体内容
仓库选址及布局	仓库的选址；仓库主要功能区的类型、面积及相对位置；仓库内部通道的设计；仓库与库外道路的衔接；库区规划管理
仓储业务流程管理	仓库的出入库流程及注意事项；商品的在库管理，如储存、养护、盘点等
库存控制	商品出入库及库存资料的分析；经典库存方法的应用
仓库的设备选型及配置	货架、装卸搬运设备的工作特点；各类设施和设备的选型
金融仓储	仓单；业务模式；风险控制
仓库的消防及安全	仓库保卫制度；仓库消防设施；仓库劳动安全保护
仓库财务管理	固定资产；流动资金；费用管理
仓储的绩效评价	仓储绩效评价指标；常用的绩效评价方法

1.2.4　仓储管理的意义

1.2.4.1　宏观意义

（1）社会再生产顺利进行的保障

在自给自足的自然经济里，生产者同时就是其自身产品的消费者，其产品仅供本人和在家庭范围内消费。随着商品生产的发展，商品的生产者逐渐与消费者分离。生产者的产品不再是为了本人的消费，而是为了满足其他人的消费需要。随着交换范围的扩大，生产与消费空间上的矛盾也逐渐扩大。为了有效克服这种分离，并平衡运输的负荷，就应该采取仓储的办法来解决问题。

商品仓储是商品流通的必要条件，为保证商品流通过程连续进行，就必须有仓储活动。仓储可以防范突发事件，保证商品顺利流通。例如，运输被延误会使卖主缺货。

对供货仓库而言，这项功能是非常重要的，因为原材料供应的延迟将导致产品的生产流程的延迟。例如在2001年"9·11"事件之后，因运输系统的瘫痪，许多美国工厂都停工了。福特汽车因零件在通过加拿大边境时发生延迟而造成短缺状况，必须暂时关闭北美的5个工厂。

从时间方面来说，生产与消费的时间很难实现无缝对接。商品在流通领域中暂时的停滞过程形成商品的仓储。例如空调的销售旺季在每年的5—8月，但是空调的生产有相对固定的节奏，因此必须提前生产以备销售。

同时，为了使商品更加适合消费者的需求，许多商品在最终销售前要进行挑选、整理、分装、组配等工作。这样便有一定量的商品停留在这段时间，也形成商品储存。

此外，在商品运输过程中，由于车、船等运输工具的衔接时间不可能完全一致，也产生了在途商品对车站、码头等流转性仓库的储存需求。

（2）促进资源的合理配置使用

当物资离开生产过程进入消费过程时，商品即处于库存阶段。此时物资处于闲置状态，并不产生利润（对在库物资进行整理、加工、分装除外）。一部分企业储备物资超过保证再生产所必需的界限，从整个国家来看，这浪费了资源。另外，产品结构的不平衡使产品积压与短缺并存。从理论上来说，库存控制的相关理论可以解决这些问题，为资源的合理配置提供了可能。

1.2.4.2　微观意义

（1）提高企业的经济效益

库存是一把"双刃剑"，一方面保证生产企业及流通企业得到即时、准确、质量完好的物资供应，保证生产顺利进行，提高客户满意度；另一方面库存过多，使得物资积压，增加保管费用，占用企业流动资金，造成企业"机会成本"的损失。企业库存资金占资金总额的比例，固然与企业性质或行业特点有关，在很大程度上也与库存管理水平的高低有关。

（2）保持商品原有的使用价值，调整商品价格

由于生产与消费过程中空间及时间的分离，因此进行科学的管理，可以加强对商品的养护，搞好仓储活动，以保护好处于暂时停滞状态的商品的使用价值。同时，在仓储过程中，要尽可能加快商品的流转速度，不断提高供应链各环节的效率，使有限的商品及时发挥最大的效用。生产和消费之间也会产生价格差，供过于求、供不应求都会对价格产生影响，因此，仓储可以克服商品在产销量上的不平衡，达到调控价格的效果。

1.3　中国仓储业的现状与发展趋势

1.3.1　中国仓储业的现状

据统计，目前我国物流成本占生产成本的 30%~40%，发达国家占 10%~15%，企业利润的 20% 被物流所吞噬。

中国物流信息中心发布的数据显示，2023 年，全国社会物流总额为 352.4 万亿元，按可比价格计算，同比增长 5.2%，增速比 2022 年提高 1.8 个百分点。分季度看，第一、二、三、四季度分别增长 3.9%、5.4%、4.7%、5.4%，呈现前低、中高、后稳的恢复态势，全年回升势头总体向好。2023 年，中国物流业总收入为 13.2 万亿元，同比增长 3.9%，物流收入规模延续扩张态势；运输、仓储装卸等基础物流收入同比增速在 3% 左右，支撑物流市场稳定增长。从结构看，2023 年，农产品、工业、消费、进口领域物流需求稳定增长，恢复力度好于 2022 年。其中，农产品物流需求保持良好发展态势。2023 年，粮食总产量为 6.95 亿吨，猪肉、牛肉、羊肉、禽肉产量合计 0.96 亿吨，创历史新高，同比分别增长 1.3% 和 4.5%；农产品物流总额为 5.3 万亿元，同比增长 4.1%，保持良好发展态势。工业品物流需求稳步回升。2023 年，工业品物流总额为 312.6 万亿元，同比增长 4.6%，增速比 2022 年提高 1.0 个百分点。

中国仓储业的现状主要体现在以下方面：

（1）仓储业转型升级取得一定成效，但传统方式仍然存在

一方面，随着经济和仓储业的不断发展，经济实力不断增强，仓储业转型升级取得一定成效。仓储业逐步完善服务功能，转变经营模式和理念，向各种类型配送中心的模式转变，通过资源重组、优势互补、延伸服务链，向网络化与一体化转变。

另一方面，部分企业不愿进行物流业务外包，选择"小而全""大而全"的经营方式，成本高、效益低，导致对高效率、专业化、社会化的现代物流服务需求的不足。

（2）物流标准化进程取得新进展，但标准化程度不理想

我国积极推进物流标准化工作，仓储业已有各类标准 50 多项。虽然物流标准化进程取得进展，汽车、叉车、堆垛机全部实施标准化，包装模数及包装尺寸、联运托盘也制定了国家标准，但标准化程度不理想，物流系统的各个环节没有完全标准化。一方面，其他行业在物流行业标准出现之前就已有标准，影响了物流行业实施标准化；另一方面，世界范围内物流行业标准尚没有统一，如美国、日本、北欧对托盘尺寸的规定都不一样，这在一定程度上影响了物流的运作效率，导致成本的提高。

（3）高端物流人才匮乏

物流行业涉及的知识面广。以仓储为例，工作人员既要懂得货物储存、保管等物流技术，又要具备一定机电、自动化、信息处理、优化设计等技术，涉及多个学科，普通人才难以胜任。物流行业高端人才匮乏是影响高效率物流的主要因素之一。国内尽管培养了一定数量的物流专业的学生，但是不能满足仓储业发展的需要，尤其是高层次的管理人员难求。

（4）发展不均衡，管理水平参差不齐

21世纪以来，我国物流业得到快速发展，但发展不均衡，主要体现在布局不均衡。经济发达地区的物流企业非常集中、数量众多，经济欠发达的边远地区的物流企业数量极少。

以物流园区为例，中物联发布的第六次全国物流园区调查报告显示：2022年，全国物流园区总数达2 553家，继续保持较快增长态势，比2018年第五次调查的1 638家增长了55.9%。4年间，我国物流园区总数年均增长11.7%，增速总体上保持较快态势。从区域分布来看，我国四大经济区域运营园区占比均有不同程度提升。东部地区运营园区占比从2018年的75.7%提升至2022年的84.1%，提升了8.4个百分点；西部地区、东北地区运营园区占比分别为68%和77.8%，均提升了6.7个百分点；中部地区运营园区占比提升3.6个百分点，至69%。在列入本次调查的2 553家物流园区中，处于运营状态（园区已开展物流业务）的有1 906家，占74.7%；处于在建状态（园区开工建设但未开业运营）的有395家，占15.5%；处于规划状态的有252家，占9.9%。

物流业规模和管理水平差异巨大。有些领域、有些企业居世界领先水平，如在物流电子商务领域我国居世界领先水平。有些企业的设施与技术居世界领先水平，如九州通东西湖物流配送中心自动化立体仓库设备及管理系统、慈溪太平鸟物流公司分拣系统等均居世界领先水平。有些物流仓储企业仅仅使用电脑和简单的系统软件，其他设施、设备、物流管理方法还相当落后；所提供的服务方式和手段比较单一，一般只提供简单的运输、仓储或货运代理等传统的服务，没有形成物流供应链上的一体化服务，智能化程度不高。

（5）各类专业仓储快速、创新发展

冷链物流、气调贮藏、低温仓储、医药物流、电商物流等模式快速发展，如国药控股湖北有限公司立体仓库配送中心、部分城市的农产品低温配送中心等。"电商+低温宅配"、外卖配送服务、电子快递柜、无人售货超市、自动购物车、无人机配送、无纸化运作、扫码统计等模式层出不穷。

另外，云计算、大数据、物联网等技术和"互联网+物流"的应用对物流园区的发展产生深刻影响，加快了园区传统作业和服务模式的创新和改变，物流园区实体平台与"互联网+物流"的网络化平台的结合及跨区域整合进一步加强。例如，"公路港"模式、车货配载虚拟平台模式通过连锁复制迅速扩张，虚拟平台和实体平台逐渐实现融合发展，物流园区向多元化、网络化的方向发展。

1.3.2　中国仓储业的发展趋势

随着社会经济的发展，仓储业未来更多的是向供应链业务和众多条供应链交织在一起的供应链网业务发展。因此，仓储企业的转型升级会加快，仓储业的社会化、标准化、信息化、机械化和自动化、智能化水平将进一步提高；经营方式加快转变，服务功能进一步完善，管理与技术水平进一步提升。仓储向精益化、综合化方向发展，人才向国际化方向发展。仓储企业应以客户为中心，满足减少作业、压缩时间、仓库作业自动化、订单批量趋小化、不间断供货、直拨、运作电子化、第三方仓储等方面的需要，借鉴一些发达国家仓储业的发展经验。我国仓储业的发展方向应为实现以下"四化"：

（1）仓储社会化

在市场经济环境中，应以"产权清晰、权责明确、政企分开、管理科学"为原则，进行经济体制改革。根据市场经济的要求和仓储企业的特点，我国要打破部门、条块分割的行政管理体制局面，广泛开展部门间仓储企业的横向联合，实行仓储全行业的管理系统，改变我国仓储业目前利用率不高、效率低、自身发展能力弱的不良状况，整合市场资源，促进仓储业的发展。

（2）仓储标准化

仓储标准化是物流标准化的重要组成部分。为了提高物流效率，保证物流的统一性与各物流环节的有机联系，并与国际接轨，必须制定相关的标准。仓储标准化是一项基础工作。由于仓储分散在商业、外贸、铁路等各部门，因此，更有必要从标准入手，推进仓储行业的整体发展。仓储标准化的内容主要包括包装标准化、标识标准化、托盘标准化、计量标准化等。

（3）仓储智能化

仓储智能化主要包括仓储自动化和仓储信息化两个方面。

仓储自动化是指借助机电设施、设备和管理软件对仓储作业进行自动化管理和控制。在仓储作业中，通过物流条形码、射频、信息管理等技术指挥、控制堆垛机、传送带、自动导向车、自动分拣机等自动设备完成仓储作业，制作报表和单证，统计和传送员工完成的工作业务量等；对特殊仓储，采用温度、湿度自动控制技术和自动监控技术，确保仓储安全。

仓储信息化是指通过计算机、互联网和相关信息输入、输出设备，对货物识别、理货、入库、保管、出库进行操作管理，进行账目处理、货位管理、存量控制，制作各种报表和提供实时的查询服务，与供应链上下游企业实施信息共享，减少库存，提高服务质量。

（4）仓储管理科学化

仓储管理科学化是指在仓储管理中采用合理、高效、先进的管理模式、理念及优化方法。管理体制、组织机构和管理激励制度是影响仓储管理科学化的重要方面。此外，借鉴科学的理念和方法，优化物流作业，提高仓储运作的经济效益和效率。

知识链接1-1　越库　　　　　　　　　知识链接1-2　气调技术的产生与发展

1.4　仓储管理的科学理念与方法

1.4.1　仓储管理的科学理念

仓储管理的科学理念可借鉴精益生产的理念，形成精益仓储管理理念。确立一个要达到的仓储管理的理想状态，然后去想怎么办，马上行动；消除仓储管理环节中一切不创造价值的活动与作业，提高效率，创造价值；准时生产；持续改进；成本取决于物流运作的方法，成本无底线，改善无止境；质量无极限，没有最好的，只有更好的。

企业靠扩大生产规模来增加经营利润是高投资和高风险策略；提高价格会破坏市场秩序和竞争格局，降低竞争力；采用降低成本策略时无须投资，回报率高，通常成本降低10%，相当于经营规模扩大1倍。获取利润的途径之一是降低成本，降低成本靠的是彻底消除浪费现象。

1.4.2　仓储管理常用的科学方法

（1）系统工程优化方法

这是指追求整体最优、动态平衡和持续改进，借助目标手段分析法、企业整体分析法和价值链分析法等，使系统达到最优。

优化方法是寻找最优解或近似最优解的方法，最常用的是高等数学中的求导数法和拉格朗日乘数法。前者当导数等于零时得最优解；后者是在有约束条件时所采用的求最优解方法，先把约束条件变为等式，在其前面乘以系数λ，再加到原目标函数中，分别对变量及系数λ求导数，令导数等于零，得最优解。

此外，在不能求导数时，有时可用线性规划法求最优解；也可根据图论，把问题描绘成图，用图解法求最优解。如在河边修建一码头，在何处建，使两个城市的距离之和最短，用几何画图办法很容易找到最优解。

对组合问题，可用组合优化法寻求近似最优解；也可借鉴自然界的优化现象（这里称仿自然法，参见2.2.2部分）求最优解。

（2）价值工程法

价值工程法是一种科学的创新方法。其追求的目标是产品生命周期内成本最低，可依靠实现产品必要功能的方法，通过功能定义、整理和分析等手段达到更高的产品价值。

拓展阅读1-2　价值工程法

（3）防错法

防错法又称防愚法、愚巧法、防呆法等，是指为防止愚笨的人做错事而设计的方法。

（4）成败规律分析法

该方法分析成功的经验和失败的教训，总结归纳成功的关键因素和失败的关键因素，做到事半功倍、少走弯路，提高工作效率。该方法与模仿法，同中求异、异中求同法，以及PDCA循环法等方法共同使用，效果会更好。

拓展阅读1-3　成败关键因素分析法

（5）理想状态法

没有思路，就没有出路。凡事皆有可能发生，不要轻易否定任何一个方案。通过运用"设计一个理想状态，然后想办法去实现"这种方法，新的产品、新的工艺、新的加工方法和新的生产运作模式等往往就诞生了。

（6）ECRS法[①]

ECRS法是从4个维度探讨提高效率的方法（见表1-2）。该方法与6H法和价值工程法交替使用，与它们又有部分重叠。各行各业只要留心思考，皆有可改进之处。持续改进是成功的黄金定律。

表1-2　　　　　　　　　　　　　　ECRS法

改善原则	目　的	事　例
取消	取消不必要的作业	①合理布置，减少搬运动作，减少等待时间 ②取消不必要的外观检查
合并	配合作业 同时进行 合并作业	①测量尺寸与测量重量同时进行 ②一边加工一边运输 ③包装与分拣同时进行，钻孔与倒角同时进行
重排	改变工作程序 改用其他方法 改用别的原料	①事前确定货物存放货位，减少寻找空货位的时间 ②用传送带代替人工搬运 ③塑料件代替钢铁件
简化	连接更合理、更简单	①改变布局，改变流程，使作业更顺畅 ②流通加工中使机器自动定位切割，代替凭感觉定位切割；货物摆放在托盘上，使用直角定位装置，使货物更容易码放整齐

E（eliminate）表示取消，是指取消一切不必要的工作。一方面，从价值工程的角度看，没有价值、没有目的的功能（作业）都是多余的，必须取消。此外，某道工序使产品增加的功能对客户来讲是多余的、不需要的，这道工序也应取消。另一方面，其他工序可以做，而且效率更高、质量更好、时间更快，该工序就应合并到其他工序中，取

---

① 本部分改编自：阚树林. 基础工业工程［M］. 北京：高等教育出版社，2005.

消它。

C（combine）表示合并，是指对必须而且可能合并的工作进行合并。例如设计一个特殊咖啡壶，中间加热面包片，四周是咖啡壶体，这样煮咖啡和加热面包片这两道工序就合二为一了。

R（rearrange）表示重排，是指重排所有必需的工作程序。首先，从整个企业（组织）流程的角度出发，看业务流程是否合理，是否有必要重排；其次，看某个产品或业务流程是否合理，是否需要改进；最后，工艺和工序能否重排，重排后流水线是否更均衡、效率更高。这实际上也是流程再造过程。

S（simple）表示简化，就是简化所有必需的工作。这是一种战略，理想状态就是工作简单化，这样既可提高效率、降低成本、提高质量，又可减少招聘和培训的烦恼。简化通常与自动化、机械化相关联。

（7）提问技术（6H）法[①]

其方法是经过3次反复提问，回答6个方面的问题，厘清现状和原因，最终找到解决问题的方法（见表1-3）。

表1-3　　　　　　　　　　　　　　　　6H法

项　目	分析现状	提出问题	改进建议
	第一次提问	第二次提问	第三次提问
why	目的是什么	为何需要做	有无其他方法代替
where	何处做	为何要在此处做	有无其他更合适的地点
when	何时做	为何要在此时做	有无其他更合适的时间
who	何人做	为何要此人做	有无其他更合适的人员
what	做什么	为何要做这些	可否简化作业内容
how	如何做	为何要如此做	有无其他更合适的方法

第一次提问分别是"目的是什么""何处做""何时做""何人做""做什么""如何做"。从价值工程功能系统图的角度出发，我们必须首先明白它的目的是什么，没有目的的功能就是多余的；"做什么""如何做"是手段和途径，因此有必要弄清有无其他更好的手段和途径实现这一功能。从计划的角度看，计划必须包含这6个方面。

第二次提问是回答为什么，没有原因或原因不充分说明不够合理和科学。

第三次提问是改进建议。

❖ 小资料1-2

达到高效率的秘诀

美国有一个农庄，经过统计报告发现其农作物的产出值达平均上限的2倍。这是令人难以置信的，因为一般超过上限就很难。

---

① 本部分改编自：阚树林. 基础工业工程［M］. 北京：高等教育出版社，2005.

有一位效率专家想去研究高效率的原因。他千里迢迢来到这个农庄，看到一户农家就敲门而入，发现有一位农妇正在工作。她怎么工作呢？她的两只手在织毛衣，面前放着一个架子，架子上用夹子夹着一本书。她两眼看书，一只脚正推动摇篮，摇篮里睡着一个婴儿，另外一只脚推动一个链条带动的搅拌器，嘴里哼着催眠曲，炉子上烧着水开后能发出鸣笛声的水壶。各位看看她怎么工作：两只手织毛衣，两眼看书，耳朵注意听水壶鸣笛声，嘴里哼着催眠曲，一脚推摇篮，一脚推搅拌器。

效率专家觉得很奇怪，为什么每隔一会儿，她就站起来，再重重地坐下去，这样一直地重复。他再仔细一看，才发现这位农妇的坐垫竟是一大袋必须重复压才会好吃的奶酪。因此效率专家说不必查了，他已经知道高效率的原因了。

资料来源　中国台湾工业工程专家杨望远在1986年的演讲。

思考：农妇为何工作效率高？

拓展阅读1-4　俄国沙皇时代的货物质押贷款业务

❖ 案例窗1-1

日本先进的物流配送系统

1.日本7-11先进的物流配送系统的来源

7-11品牌原属美国南方公司，后被日本的主要零售商伊藤洋华堂引入。日本7-11作为品牌下属公司成立于1973年。其把各单体商店按7-11的统一模式管理。自营的小型零售店按日本7-11的指导原则改建为7-11门店，日本7-11随之提供独特的标准化销售技术给各门店，并决定每个门店的销售品类。

2.零售业频繁的小批量进货的必要性

便利店依靠的是频繁的小批量进货。只有利用先进的物流配送系统才有可能发展连锁便利店，因为它使频繁的小批量进货得以实现。典型的7-11便利店非常小，场地面积仅平均为100平方米；但就是这样的门店提供的日常生活用品达3 000多种，所有商品必须能通过配送中心得到及时补充。所有的零售企业都必须首先避免一个消费者光顾商店时不能买到本应有的商品，使商店失去一次销售机会，形象受损。

3.分销渠道的改进

为每个门店有效率地供应商品是配送环节的重要职责。首先要从批发商或直接从制造商那里购进各种商品，然后按需求配送到每个门店。配送中心在其中起着桥梁作用。

综上所述，日本先进的物流配送系统在不断发展，这对我们中国的物流企业来说是一个巨大的挑战。因此，我国物流企业也应不断进行城市物流系统优化，以保障我国物流行业能够快速发展，从而推动其他行业的快速发展，实现共赢。

资料来源　佚名.日本先进物流配送系统介绍［EB/OL］.（2018-01-18）［2020-07-14］.https://site.douban.com/295473/widget/notes/193490582/notc/653921804/.

学思践悟

物流行业开启高质量发展新篇章

党的二十大报告指出："我们提出并贯彻新发展理念，着力推进高质量发展，推动构建新发展格局，实施供给侧结构性改革，制定一系列具有全局性意义的区域重大战略，我国经济实力实现历史性跃升。"物流业作为支撑国民经济发展的基础性、战略性、先导性产业，是全面建成社会主义现代化强国的必备条件。随着近些年工业互联网、云计算、人工智能技术的发展，智慧物流也呈现出愈加迅速的发展轨迹。为了实现物流行业高质量发展，更好服务于国家建设和发展战略，多家物流企业积极实施高质量发展战略。例如，菜鸟开发仓内机器人，以自动导引车为主，同时重点布局 AR 设备，外部提供硬件，内部强调研发算法，同时投资快递柜企业，切入智能末端市场，实现数据闭环。又如，苏宁公司大力发展无人仓，如今拣选效率可达 600 件/小时，商品最快 20 分钟出库；相比传统人工拣选，单件商品拣选成本降低 52%，效率提升 5 倍。京东集团发布了两款智能物流设备——配送机器人 4.0 和室内移动通用平台，并透露配送机器人 4.0 将实现量产，并可改造成无人小巴、无人巡检车、无人观光车和无人接驳车等多功能无人驾驶车辆，等等。在科研院校和物流企业的共同努力下，我国物流行业朝高质量发展目标阔步前进。

【职业道德】

仓储管理员是重要的仓储从业人员，在当今快速发展的仓储物流行业中有广泛的就业前景和多元的职业发展方向。但是有些人认为仓储管理员只是负责货物和设备在进出库时的验收、登记等工作，工作没有太高的含金量。其实在现实生活中，即使在普通岗位上，只要有"千里之行，始于足下"的务实就业态度、坚韧不拔的毅力，小人物也可以有大作为。例如，正威国际集团的创始人便是从仓储管理员做起，一步一个脚印，最终创建了自己的商业帝国。

讨论：在货物仓储过程中，保管人应具备哪些职业精神？

资料来源 邱云兰，朱军兰. 物流法律法规 [M]. 上海：上海交通大学出版社，2021.

本章小结

1.1 部分首先介绍了仓储的含义。仓储有狭义和广义之分。狭义的仓储指的是通过仓库等储存场所实现对在库货物的储存和保管，衔接生产领域和流通领域，为静态的仓储。广义的仓储则包括库内的装卸搬运、分拣、流通加工等各项活动，为动态的仓储。其次，本部分根据仓储经营主体、物品特性及仓储条件、仓储功能、仓储物的处理方式的不同，论述了仓储的分类。最后，本部分介绍了仓储的储存、保管、集货与分类、组配与配送、流通加工、物流金融和信息服务 7 个方面的功能。

1.2 部分首先介绍了仓储管理的含义，简单来说就是指对仓库及仓库内的物资所进行的管理，是仓储机构为了充分利用所具有的仓储资源而提供高效的仓储服务所进行的计划、组织、控制和协调过程；其次介绍了仓储管理的特点；再次介绍了仓储管理的内容；最后从宏观和微观两个维度介绍了仓储管理的意义。

　　1.3部分首先介绍了中国仓储业的现状：①仓储业转型升级取得一定成效，但传统方式仍然存在；②物流标准化进程取得新进展，但标准化程度不理想；③高端物流人才匮乏；④发展不均衡，管理水平参差不齐；⑤各类专业仓储快速、创新发展。然后，本部分论述了中国仓储业发展的仓储社会化、仓储标准化、仓储智能化和仓储管理科学化四大趋势。

　　1.4部分首先介绍了仓储管理的科学理念，即可借鉴精益生产的理念，形成精益仓储管理理念；其次介绍了仓储管理常用的科学方法，主要有系统工程优化方法、价值工程法、防错法、成败规律分析法、理想状态法、ECRS法和提问技术（6H）法。

基本训练

第1章单选题

◈ **简答题**

1. 什么叫仓储？
2. 仓储有哪些功能？
3. 仓储管理包括哪些内容？
4. 仓储管理常用的科学方法有哪些？
5. 仓储管理的科学理念有哪些？
6. 简述仓储管理的意义。

第2章 仓库规划与布局设计

❖ 引例

九州通东西湖物流配送中心顺利上线

九州通东西湖物流配送中心是国内先进的现代医药物流中心，也是当时全球最大的单体医药物流中心。项目（一期）投资3.8亿元，占地面积为2万平方米，总建筑面积为7.5万平方米。物流中心以电子商务信息系统和物流配送系统为核心，以武汉为区域中心，辐射全省及周边地区的医药物流公共服务平台。物流中心由自动化立体仓库、楼层库和穿梭车库组成。整个物流中心的存量为60万件，品规数达到4万个，订单处理能力及出库能力均可实现10万行/天，差错率控制在万分之一，支持年销售额达120亿元。

一、项目背景

该项目从2011年3月开始规划设计，2014年9月8日顺利上线，总体项目历时3年零6个月。整个项目的建设非常复杂，难度很大，是国内医药物流建设的一个标志。

物流中心的箱式穿梭车库、螺旋输送机、自动条形码复核系统、自动输送分拣系统等均为当时国内乃至亚洲最先进和首次使用的技术。

二、项目特点

1. 全自动立体仓库

全自动立体仓库有14个巷道，共有28 000个托盘货位，按照入货、出货、补货和拣选四大功能分层设多个进口和出口，适合多频次和小批量订单的B类和C类商品进行U形拣选，采用整托盘自动补货、自动行走无轨小车拣选的A类商品8层钢平台。多年来，九州通医药集团股份有限公司（以下简称九州通）通过自主研究立体仓库并积累使用经验，对原本多应用于高密度储存领域的立体仓库进行优化，适应集团多品规、小批量、周转快的特点，兼容商业、终端、电商等业务形态。该立体仓库的日吞吐能力达到5 600个托盘，日拣选能力达40 000箱，在提高作业效率的同时，大大地降低了库内的搬运强度。

2. 穿梭车库

结合九州通订单量大、拆零比例高、月台面积需求大以及装车集货困难等问题，九州通自主设计自动调度装车系统，并据此引进奥地利智能穿梭车设备。该系统是当时世界上储存密度最高、节能环保效果最好的物流系统之一，为国内首次引进，吞吐量达6 000箱/小时，能够实现月台多次周转使用，准确率为100%。

物流中心与穿梭库的相关资料如图2-1至图2-6所示。

图 2-1　穿梭库

图 2-2　待发货物

图 2-3　调货区库内景

图 2-4　进货区库内景

图 2-5　进货区与出货区外景

图 2-6　进货区外景

3. 楼层库

物流中心楼层库的建筑面积为 40 000 平方米，库存量为 20 万件，品种数达 4 万种。楼层库共有 5 层：1 层主要是收发货作业区以及快销品暂存区；2 层是拆零拣选、包装复核区以及穿梭车库托盘加载/卸载区；3 层是器械类库区、特管药品库区以及电商商品库区；4 层是中药库区和原料药品库区；5 层是西药整件库区。

各储存区的货物除按照国家药品储存条例分区储存外，还根据销售速度的快慢分层储存。贯穿全程的输送设备系统和灵活安全的仓储管理系统使工作效率大大提高，拣选自动化使配送能力提高 50% 以上，日订单行处理能力达到 10 万行。

4. 项目创新

九州通东西湖物流配送中心项目完全由集团自主规划、设计和集成，体现多个创新点：

① 自动化立体仓库结合重力式货架。对品种少、批量大的同类货物的存储，可以通过重力式货架进行自动补给，减少等待时间，提高拣选效率。

②首次采用螺旋输送机进行不同楼层的合流，大大节省了空间。

③首次采用穿梭车库。货物在装车之前先暂存在穿梭车库，这样不仅可以大大节省月台空间，而且可以实现自动排车，提高装车效率。

④自主研发拆合盘系统。由于货物品类繁多、规格不一，为了配合穿梭车库的使用，集团研发了一整套拆合盘系统（可折叠托盘自动拆开装载货物、货物卸货后自动折叠合在一起的系统），包括穿梭车库用的托盘，在国内是首次使用。

⑤首次采用直接装车模式。由分拣机将货物送到装车口，装车员只作扫描复核之后就进行装车，大大提升了装车效率及装车准确性。

⑥集团对物流中心使用的信息系统拥有完全自主知识产权，包括企业资源计划、仓库管理、仓库控制、运输管理等方面的系统。

资料来源　佚名. 九州通医药集团东西湖物流中心顺利上线［EB/OL］.（2015-01-21）［2024-03-16］. http://www.soo56.com/news/20150121/72391m1_0.html.

仓储规划是对仓储作业的整体进行的预先设计与控制工作。本章主要讲述了仓储系统的整体规划，包括仓库选址的原则、考虑的主要因素与方法、仓库的平面规划与立体规划、货物储存规划与布置、货位管理。

2.1　仓库选址规划

选址是仓储管理战略的一部分，是取得竞争优势的重要条件之一。仓库的选址直接影响到物流服务投资成本和运行成本。在不同地点建立仓库，对投资多少以及投资后运行费用有很大影响。库址是否靠近市场、毗邻原材料产地，当地劳动力资源是否丰富，基础设施是否完善等不仅影响初始投资，也影响投产后的运营成本、服务成本和经营成本。据估算，商业经营是否成功，选址因素占70%，经营和推广等因素只占30%。古语说："一步差三市。"西方国家服务行业流行这样一句话："Location, location, location."

选址需要考虑的因素有很多，首先是多目标规划问题，而且因素之间常常是互相矛盾的；其次是不同因素的相对重要性；最后是动态性，当时选的是最佳位置，随着时间推移、环境变换，未来也许是不好的选址。

2.1.1　仓库选址的原则

（1）适应性原则

仓库地址的选择须与国家及地区的经济发展方针、政策相适应，与国家物流资源分布、物流中心节点、都市群、产业布局和需求分布相适应，与国民经济和社会发展相适应。

（2）协调性原则

仓库的选址应将区域物流网络作为一个大系统来考虑，使仓库的设施、设备在地域分布、物流作业生产力、技术水平等方面互相协调，与国际、国内物流网络相适应，有效融入物联网、区块链、供应链系统中。

（3）经济性原则

仓库有关选址的费用主要包括建设费用及物流费用（经营费用）两个部分。仓库的地址定在市区、近郊区或远郊区，其未来物流辅助设施的建设规模、建设费用以及运费等物流费用是不同的，应以总费用最低作为选址的经济性原则。

（4）战略性原则

仓库的选址应具有战略眼光：一是要考虑全局；二是要考虑长远规划。局部要服从全局，眼前利益要服从长远利益。选址既要考虑目前的实际需要，又要考虑日后发展的可能，根据目前或未来即将出现的新技术、新趋势、新模式考虑布局、选址。

（5）可行性原则

仓库的选址要充分考虑到建设的可行性，在兼顾以上原则的同时考虑选址最终的可操作性。仓库的选址一定要建立在现有的生产发展水平基础上，要考虑到实际的需要，做到技术上可行、经济上合理，当前目标与长远目标兼顾，使规划能够最终实现既定目标。

2.1.2　仓库选址应考虑的主要因素

进行仓库选址决策时，需要考虑各种要求和影响因素，在此基础上预先确定仓库的地址，列出多个可供选择的可行方案，借助科学评价方法，进行技术经济分析，从多个可行方案中选定理想的位置。

影响仓库选址的因素可以被划分为成本因素与非成本因素。

2.1.2.1　成本因素

成本因素是指那些与成本直接有关的、可以用货币单位直接度量的因素。

（1）运输成本

转运多，运输成本居高不下（运输成本占物流成本的30%以上），一直是困扰物流企业的难题。降低运输成本，需要进行合理选址，从战略角度出发，调整运输结构，提高铁路和水路运输数量的比例；做好运输接驳，有效开展多式联运；缓解地域经济结构导致运输的往返满载率不平衡的矛盾；为开展物流领域标准化工作创造有利条件。

❖ 小思考 2-1

快递业的运输成本占总的物流成本的比重大约是多少？快递业最大的 3 项成本分别是什么？

【答】快递业的运输成本占总的物流成本的比重为 50% 左右。快递业最大的 3 项成本分别是运费、场地费和人工成本。

（2）原材料供应成本

将仓库地址定位在原材料附近，不仅能够保证原材料的安全、及时供应，还能够降低运输费用，获得较低的采购成本。

（3）人力资源成本

不同地区的人力资源水平不尽相同，差异较大，在仓库选址决策时需要考虑人力资源成本因素。

（4）建筑成本和土地成本

不同的仓库选址方案对土地的征用、建筑等方面的要求是不相同的，从而导致不同的成本。因此，在仓库选址过程中，应尽量避免占用农业用地和环保用地，减少拆迁费、安置费和建设成本。

2.1.2.2　非成本因素

非成本因素主要是指与成本无直接关系，但能够影响成本和企业未来发展的因素。

（1）经营环境

为仓库选址时应考虑当地商业氛围、政府为企业服务的意识和行为、经济发展水平等因素，还应该注重地址周围的社区环境、顾客流量、人们的购买力水平、交通运输状况、公用设施条件、医疗卫生条件、子女教育、购物、休闲场所等的因素。

（2）当地政府的政策和法规

在进行仓库选址决策时，要充分考虑当地政府的政策和法规。有些地区的政府采取比较积极的政策，鼓励建设或出租配送中心、仓库，并在资本、税收等方面提供比较优惠的政策；同时，这些地区的交通、通信、能源等方面的基础设施建设也比较便利。

（3）自然环境

有些商品的仓储与运输需要在一定温度和湿度范围内进行，需要特定的地理环境条件，这样才能确保商品质量。因此，在选址过程中，要考虑自然环境因素。此外，仓库是大量商品的集结地，某些容重很大的建筑材料堆码起来会对地面造成很大的压力，因此选址还需考虑到地质条件。如果仓库地面以下存在淤泥层、流沙层、松土层等不良地质条件，会在受压地段造成塌陷、翻浆等严重后果。此外，在沿江（河）地区选址时，需要调查和掌握有关的水文资料，特别是汛期洪水最高水位的情况，防止洪水隐患。同时，要考虑地下水位的情况，水位过高的地方不宜作为工程的基地。洪泛区、内涝区、故河道、干河滩区等区域绝对禁止选址。

（4）时间

快速响应、快速送达是物流企业竞争的重要因素之一。建立综合物流中心，既要使整个供应链的成本最低，又要对客户的需求作出有效的快速响应。有些商品的时效性强，因此选址时必须考虑时间因素。

拓展阅读2-1　危险品仓库的选址和结构

2.2 仓库选址的方法

仓库选址的方法有很多，常用的有量本利分析法、重心法、评分法（通常包括简单评分法、加权评分法和综合评分法）、线性规划运输问题算法（包括运输模型法等）、引力模型法、一维直角坐标法、仿自然法、平衡点法、仿真方法、求导数法等，以及技术经济学或财务管理中的方案评价方法。因篇幅所限，这里不一一介绍，只介绍几种简便、实用的选址方法（其他相关教材如"物流系统规划与设计""配送中心规划与设计"等经常讲解的方法从略）。

2.2.1 一维直角坐标法

（1）适用条件

一维直角坐标法是求解各需求厂商和供应厂商在一条直线上最优解的简便解法。这种方法适合这种情况：n 个企业在一条直线上（一条公路的两旁），第 i 个企业某种原材料的使用量为 w_i，在这条直线上的何处建一个供应厂商供给需求厂商所需的原材料，使得总运费最少。若单位运价各段都相同，则只需考虑总运量（用 S 表示）最小，即 $S=\sum d_i w_i$ 最小。公式中的 d_i 为各需求厂商到供应厂商的运输距离。

（2）一维直角坐标法的原理

根据优化理论我们知道，在只有一个波峰或波谷的函数中，最优解那点的导数等于零，说明那点是最佳位置，是力的平衡点。假设目标函数最优解为 Y_z，对应 x 坐标为 X_z，则有如下规律：

不论 x 坐标是小于还是大于 X_z，目标函数均恶化，都没有 Y_z 好。

因此，我们可借此规律判断离散函数某一点是否是最优解。一条直线上最优解的简便解法借助一维直角坐标法，即把若干使用单位如工厂（或班组）按坐标大小由小到大排列，再计算各需求单位累计使用量（$A_n=\sum w_i$，i=1，…，n），即总使用量，累计使用量第一个（$A_k=\sum w_i$，i=1，…，k）大于等于总使用量一半对应的坐标为最优解。

前 k 个工厂累计使用量大于等于总使用量的一半，所以余下使用量累计之和（$AY_k=\sum w_i$，i=k+1，k+2，…，n）小于等于总使用量的一半，余下使用量累计之和 AY_k 也可通过（A_n-A_k）获得。

往右移动 d_1 个单位，使用量累计之和 $A_k=\sum w_i$ 移动距离都增加 d_1 个单位，到达下一个点，余下使用量累计之和 AY_k 移动距离都减少 d_1 个单位，综合作用的结果使得总运量增加 d_1（A_k-AY_k）>0；往左移动 d_1 个单位，到达前一个点，此时使用量累计之和 $A_{k-1}=\sum w_i$（i=1，…，k-1）小于总和 A_n 的一半，A_{k-1} 移动距离都减少 d_1 个单位，余下使用量累计之和（$AY_{k-1}=\sum w_i$，i=k，k+1，…，n）大于总和 A_n 的一半，AY_{k-1} 移动距离都增加 d_1 个单位，综合作用的结果使得总运量增加 d_1（$AY_{k-1}-A_{k-1}$）>0。

不管是左移还是右移，目标函数均增加，所以使用量累计之和第一个大于等于总使用量一半对应的坐标为最优解。

这类问题的最优解只与使用量有关，而与距离无任何关系。但需注意的是，若最优解那点因某种原因不能建供应厂商（或设置公用设施），应选离最优解最近前一点（左侧）和后一点（右侧）两个点中总成本较小的那个点建供应厂商，这时最优解不仅与到这两点的距离有关，还与前后累计使用量有关。

综上所述，可得如下几个重要计算公式（首先按坐标大小升序排序，再计算）：

总运量：$S=\sum d_i w_i$ （2-1）

各需求单位累计使用量：$A_n=\sum w_i$ $(i=1，\cdots，n)$ （2-2）

第 k 点累计使用量：$A_k=\sum w_i$ $(i=1，\cdots，k)$ （2-3）

第 k 点余下累计使用量：$AY_k=\sum w_i$ $(i=k+1，k+2，\cdots，n)$ （2-4）

$AY_k=A_n-A_k$ （2-5）

最优解的条件是：

$A_k \geq A_n/2 \geq A_{k-1}$ （2-6）

（3）一维直角坐标法的求解步骤

首先，把各单位按 x 坐标从小到大重新排序；

其次，计算（前）累计使用量；

最后，确定最优解坐标 x_o，累计使用量第一个大于等于总使用量一半对应的坐标 x_o 为最优解。

【例 2-1】某省有 9 个化工厂，分别位于省级公路两边，其他小路无法通过特种车辆。距离省会位置及某种化工原材料的使用量参见表 2-1。现拟在该省建一个原材料配送中心，配送中心的最佳位置在哪里？

表 2-1　　　　　　　　　　某省化工厂的原始数据

	B	C	D	E	F	G	H	I	J	K	L
2	化工厂	厂1	厂2	厂3	厂4	厂5	厂6	厂7	厂8	厂9	合计
3	坐标x（千米）	30	50	143	252	185	193	23	120	230	1 226
4	使用量（吨）	85	73	82	70	56	92	62	90	110	720
5	累计使用量（吨）	85	158	240	310	366	458	520	610	720	

【解】因为 9 个化工厂分别位于省级公路两边，所以可运用一维直角坐标法求解。首先，根据各化工厂的 x 坐标的大小，把化工厂从小到大排序；然后从前往后计算的累计使用量（简称前累计使用量）第一个大于等于总使用量一半对应的位置即最优解（从后往前计算的累计使用量，简称后累计使用量）。在表 2-2 中，化工厂 3 对应的坐标是 $x_o=143$ 千米，前累计使用量 392 吨≥360 吨（720÷2），是第一个出现前累计使用量大于等于总使用量一半的点，因此，该点为最优解，此时总运量为 50 056 千米·吨。

解题方法参见表 2-2。

表 2-2   最优解计算表

	B	C	D	E	F	G	H	I	J	K	L
2	化工厂	厂7	厂1	厂2	厂8	厂3	厂5	厂6	厂9	厂4	合计
3	坐标x（千米）	23	30	50	120	143	185	193	230	252	1226
4	使用量（吨）	62	85	73	90	82	56	92	110	70	720
5	前累计使用量（吨）	62	147	220	310	392	448	540	650	720	
6	后累计使用量（吨）	720	658	573	500	410	328	272	180	70	
7	最优解位置（千米）					最优解					
8											
9	距离厂3	120	113	93	23	0	42	50	87	109	
10	运量（吨）	7 440	9 605	6 789	2 070	0	2 352	4 600	9 570	7 630	50 056

❖ **课堂实训 2-1**

若单元格 E5 公式为 "=SUM(C4：E4)"，求单元格 G5 的 Excel 计算公式；若单元格 F6 公式为 "=SUM(F4：$K4)"，求单元格 D6 的 Excel 计算公式。

❖ **小思考 2-2**

能否编辑自动判断顺序是否正确及自动给出最优解位置的 Excel 函数公式？

【答】自动判断顺序是否正确 Excel 函数公式如下：

C10=IF(C3<D3,"","出错")

最优解自动确定位置 Excel 函数公式如下：

C7=IF((AND(SUM($B4：B4)<$K5/2,SUM($B4：C4)>=$K5/2),"最优解","")

❖ **课堂实训 2-2**

（1）给出求解各点到最优解那点距离的计算公式。

（2）给出总的运输量的计算公式。

❖ **小思考 2-3**

一条直线上单点选址问题除了一维直角坐标法外，是否可用规划求解法求解最佳配送中心位置？

【答】可以，位置坐标 X 为变量，目标函数是总的运输量（或总的运输成本）最低，运用 Excel 软件直接规划求解。

2.2.2　仿自然法

仿自然法运用自然界的优化现象寻找最优解。例如，光走的距离最短；液体表面之间夹角为120度时张力最小；蜜蜂蜂巢壁间夹角接近108度时容积最大；蚂蚁把大量食物运到巢穴走的距离最短；鱼类的流线型体型是最佳形态等。

（1）光走的距离最短原理及其应用

需要在一条河边建一个码头，在哪里建码头能使到A和B两个工厂的距离最短？解法是借助光的入射角等于反射角（∠APC和∠CPB相等），即作A点对称点A′（AE=EA′），然后连接A′点和B点，其连线与河岸交点P为建码头的最佳位置（如图2-7所示）。

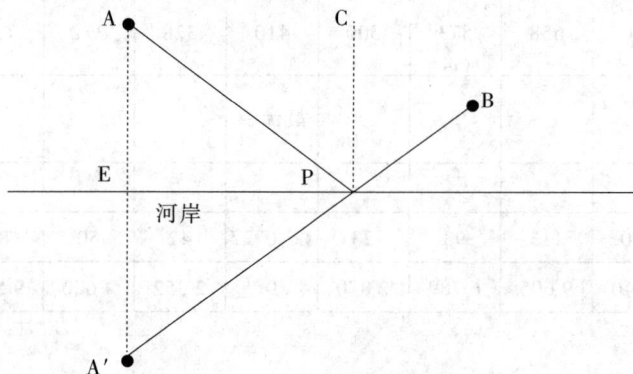

图2-7　建码头图解法

❖ **课堂实训2-3**

光走的距离最短原理的应用

已知B城市的物流运输量为230万吨/年，A城市的物流运输量只有150万吨/年，两个城市均在长江一侧。

问题：

（1）码头建在哪里最佳？

（2）有几种方法可求最优解？

（2）液体表面之间夹角为120度时张力最小原理及其应用

在自然界中液体表面之间夹角为120度时张力最小。例如，肥皂泡之间的夹角呈120度，这是一个相对稳定的状态，符合优化的平衡原理。若将一个360度的平面分成3份，每份为120度就是均衡分配。这一理论可以被应用到选址与布置问题中。

【例2-2】以图2-8（a）中的正方形为例，如何连接4个顶点所用的管道最短？

【解】方法一：3条直角边相连，若边长为a，则总长度为3a（如图2-8（b）所示）。

方法二：对角线相连，总长度为 $2 \times 2^{1/2}a$（如图2-8（c）所示）。

方法三：每条连接线夹角为120度，总长度为 $(1+3^{1/2})a$，在3种方法中是最短的（如图2-8（d）所示）。

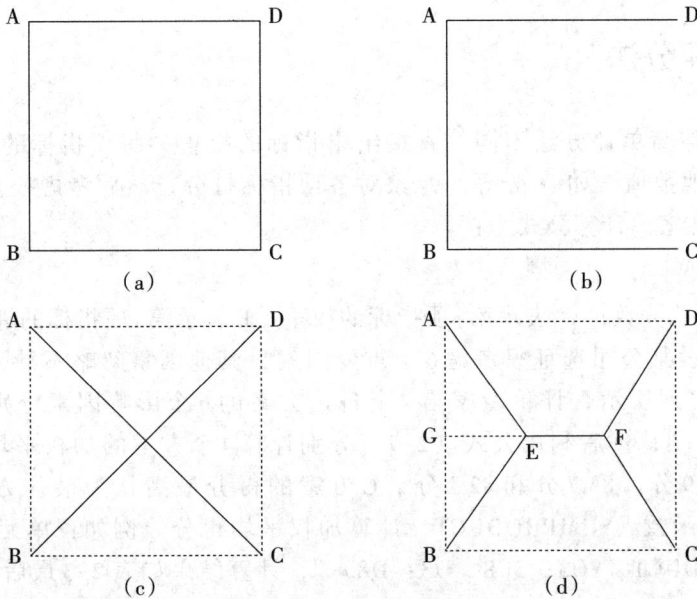

图2-8 仿自然法连线示意图

只要在方法三连线上建厂，管道按方法三连接，所用管道就最短。方法三可以在选址中应用，如为4个企业建一个污水处理厂，在何处建、如何铺设管道最短这类问题。其他任意4个点及4个点以上只要连线之间互成120度就最短。例如在图2-8（d）中，分别在4条线段——AE、BE、FD和FC上任取4个点，连接该4个点，连线互成120度，这样连接4个点的线段总长度最短。

正方形3种连接方法所需管道长短比较如下：

$\because 9>8>$ （$4+2\times3^{1/2}$）

$\therefore 3a>2\times2^{1/2}a>$ （$1+3^{1/2}$）a

❖ 课堂实训2-4

是直运还是转运

某物流公司的货物有两个到达目的地——A城市和B城市，均在C城市的左侧。A城市到C城市的距离为2 210千米，4吨货物的运费为3 100元；B城市到C城市的距离为2 450千米，6吨货物的运费为3 800元。10吨货物在C城市的工厂生产，C城市距E城市（中转站）1 800千米，10吨货物的运费为3 200元。A城市到E城市的距离为600千米，4吨货物的运费为700元。B城市到E城市的距离为900千米，6吨货物的运费为1 300元。转运信息服务及装卸费合计400元。

问题：

（1）是从C城市把货物分别直接运到A城市和B城市合适，还是通过E点转运合适？

（2）为什么说最佳方案的成本低？

2.2.3 加权评分法

加权评分法与简单评分法不同，直接给出指标的权重，每项指标的满分可以是100分，也可以是其他数值，如10分等。专家对各项指标打分，然后考虑权重计算总分，分数最高的为最佳方案。计算公式为：

$$S=\sum W_iF_i/\sum W_i \tag{2-7}$$

式中：S表示总分数；W_i表示第i项指标的权重；F_i表示第i项指标的评分值。

【例2-3】假设某公司选址只考虑6个重要因素，其他因素忽略不计。每个因素的权重如表2-3中的C列所示，评价专家给4个备选方案的6个影响因素分别打分，参见表2-3中的D列至G列；然后利用公式（2-7）分别计算4个方案的加权平均得分，得分分别为82.4分、83.9分、85.7分和82.2分，C方案的得分最高，为最佳方案。建议利用Excel中乘积求和函数（SUMPRODUCT）计算加权平均得分。例如：单元格D9的计算公式为"=SUMPRODUCT（\$C3：\$C8，D3：D8）"，计算结果如表2-3最后一行所示。

表2-3　　　　　　　　　　　　加权评分法计算表

	B	C	D	E	F	G
2	选址因素	权重	A方案	B方案	C方案	D方案
3	燃料可获性	0.1	91	82	97	78
4	水源供应充足程度	0.2	83	90	90	86
5	劳动力供应情况	0.2	70	81	80	90
6	生活条件	0.1	87	93	78	80
7	运输灵活性及前景	0.2	80	78	90	83
8	环境保护法规	0.2	90	83	81	73
9	共　计	1.0	82.4	83.9	85.7	82.2

2.2.4 综合评分法

简单评分法和加权评分法虽然简单，但也存在严重缺陷。如在例2-3中，A方案对劳动力供应情况为何打70分？根据什么打分？换一个人打多少分？对可定量化的指标如何打分更客观、科学是评分法的关键所在。陈志祥在其所编著的《现代生产与运作管理》一书提供了多指标评价方法，这是一种比较好的综合评分法。本书在陈志祥给出的方法的基础上进行4个方面的修正，力求使该方法更有效、科学合理。

一是设立方案入选门槛。这样可以提高评比效率，把众多没入选的方案剔除，减少评价方案的数量。具体做法是将每个评价指标（选址考虑的重要因素）设一个最低可接受的门槛。例如购房时，小区距离单位的距离最远不超过12千米，房屋面积最小不低于65平方米等。

二是设立理想值，大于等于理想值才可得满分，而不是方案中某个指标得分最高的（最好的）得满分，因为现有方案中得分最高的方案不一定很理想，只是在这些比较的方案中是最好的。

三是按比例打分。已入选的方案至少得60分，而不是零分，因为既然已入选，在可考虑范围内，打零分显然不妥，应按比例在60分基础上打分，最大限度地减少人为因素的干扰。

四是不分效益指标（越多、越大越好，如公交路线越多越好、住房面积越大越好等）和成本指标（如距离越短越好、购买价格越低越好等），按统一公式把原始数据转换为科学可比分数。

【例2-4】大学生小李参加工作3年，计划购买婚房。假设有5个入选方案（A、B、C、D和E），考虑的指标有4项，即距单位距离、房屋面积、房价和环境。这5个方案的4项评价指标的原始分值参见表2-4中的C5：F9区域，各项评价指标的权重在C2：F2区域，理想值在C4：F4区域，最低可接受门槛在C10：F10区域。要求：小李应选哪个方案？

表2-4　　　　　　　　　　　小李购房选址问题原始数据

	B	C	D	E	F
2	权重	0.10	0.25	0.35	0.30
3	方案	距单位距离（千米）	房屋面积（平方米）	房价（元/平方米）	环境
4	理想值	1	105	5 200	100
5	A	4	89	5 200	75
6	B	8	91	6 000	75
7	C	9	96	7 000	60
8	D	7	80	6 700	90
9	E	6	83	5 800	90
10	门槛	12	65	8 200	60

我们发现，不论是成本指标还是效益指标，用公式（2-8）均可保证成本指标的实际原始分数（a_{ij}）越低，转换的分数（b_{ij}）也越低；实际原始分数越高，转换的分数也越高。效益指标也是一样，实际原始分数越低，转换的分数也越低；实际原始分数越高，转换的分数也越高。因此，我们可以用一个通式进行转换运算。前面提到，基础分是60分，即已入选最低可得60分，即公式（2-8）后半部分的60。在此基础上，按比例折算，即公式（2-8）的前半部分。因为（$G_j - M_j$）对应是40分，单位原始分数应转换分数为40/（$G_j - M_j$），所以原始分数 a_{ij} 转换的分数 b_{ij} 中超出60分的部分，应为（$a_{ij} - M_j$）×40/（$G_j - M_j$），因此，我们可得公式（2-8）：

$$b_{ij} = (a_{ij} - M_j) \times 40/(G_j - M_j) + 60 \tag{2-8}$$

用语言描述公式为：

$$矩阵B中某位置数据 = \frac{（该位置原矩阵A实际数据 - 该列门槛）\times 40}{（该列理想值 - 该列门槛）} + 60 \tag{2-9}$$

在表 2-5 中，C14=C4，复制整个 C14：F14 区域和 C20：F20 区域，首先根据公式（2-8）运用 Excel 函数公式进行原始数据转换，如在单元格 C18 输入 "=（C8-C$20）×40/（C$14-C$20）+60"，再复制整个 C15：G19 区域；然后计算每个方案的加权平均得分，如表 2-5 中 G15：G19 区域所示，在单元格 G15 输入 "=SUMPRODUCT（C$12：F$12，C15：F15）"，再复制整个 G15：G19 区域；最终可得完整的表 2-5。经计算，从表 2-5 最后一列区域（G15：G19）知 A 方案的得分最高，为 87.41 分，因此，建议小李采用 A 方案。

表 2-5　　　　　　　　　　　转化数据及计算结果

	B	C	D	E	F	G
12	权重	0.10	0.25	0.35	0.30	
13	方案	距离（千米）	面积（平方米）	价格（元/平方米）	环境	最终得分
14	理想值	1	105	5 200	100	
15	A	89.09	84.00	100.00	75.00	87.41
16	B	74.55	86.00	89.33	75.00	82.72
17	C	70.91	91.00	76.00	60.00	74.44
18	D	78.18	75.00	80.00	90.00	81.57
19	E	81.82	78.00	92.00	90.00	86.88
20	门槛	12	65	8 200	60	

2.2.5　精确重心法

2.2.5.1　重心法

重心法（centre-of-gravity method）是解决为现有工厂提供原材料、在哪里建厂、总运费最少的问题的计算方法。重心法是一种布置单个设施的方法，要考虑现有设施之间的距离和要运输的货物量，实际是计算以运量为权重的加权平均坐标。

用重心法计算的 x 和 y 加权平均坐标分别为：

$$C_x = \sum W_i x_i / \sum W_i \tag{2-10}$$
$$C_y = \sum W_i y_i / \sum W_i \tag{2-11}$$

式中：C_x 为重心 x 坐标；C_y 为重心 y 坐标；x_i 为第 i 点的 x 坐标值；y_i 为第 i 点的 y 坐标值；W_i 为第 i 点的运量。

【例 2-5】假设有 4 个化工厂，单位运价均为 1 元/吨·千米，每天需求量参见表 2-6 第 5 行 C 至 F 列（C5—F5），位置坐标参见表 2-6 中 C3 至 F4，试用重心法确定供应厂位置的坐标。

表 2-6 重心法计算表

	B	C	D	E	F	G	H	I
2	化工厂	A	B	C	D	合计		
3	x 坐标（千米）	20	50	22	65		重心坐标 x	46.35
4	y 坐标（千米）	36	78	95	73		重心坐标 y	72.83
5	需求量（吨）	180	280	230	500	1 190		
6	距供应厂的距离（千米）	45.29	6.33	32.93	18.65		总运费（元）	26 821.24

【解】因单位运价相等且为 1 元/吨·千米，故可简化不考虑单位运价。根据重心法的计算公式，利用 Excel 中函数公式，求得重心坐标分别为：

在 x 坐标 I3 单元格输入 "=SUMPRODUCT（C3：F3，C\$5：F\$5）/G\$5"

在 y 坐标 I4 单元格输入 "=SUMPRODUCT（C4：F4，C\$5：F\$5）/G\$5"

表 2-6 中，G5=SUM（C5：F5）；C6=（（C3-\$I3）^2+（C4-\$I4）^2）^0.5，复制 C6 到整个 C6：F6，I6=SUMPRODUCT（C5：F5，C6：F6）。计算结果如表 2-6 所示，重心坐标 x 为 46.35 千米（I3），y 为 72.83 千米（I4），总运输量为 1 190 吨，总的运输费为 26 821.24 元。

2.2.5.2　重心法的适用条件

尽管许多教材介绍重心法，但要注意这种方法并不是最优解，只是一种简便计算方法。当运量悬殊时，离最优解很远；只有当运量非常接近时，效果才比较理想。

这种问题的目标函数是总运费最少，因为当单位运价都相等时，可忽略单位运价，此时，目标函数为各点到供应厂的距离乘以该点运量之和。公式如下：

$$TC=\sum d_i W_i \tag{2-12}$$

$$\because d_i = [(x_i - x_c)^2 + (y_i - y_c)^2]^{0.5} \tag{2-13}$$

$$\therefore TC=\sum d_i W_i = \sum [(x_i - x_c)^2 + (y_i - y_c)^2]^{0.5} W_i \tag{2-14}$$

式中：TC 为总运费；d_i 为第 i 点到供应厂的距离；W_i 为第 i 点的运量；x_c 为最优解的 x 坐标；y_c 为最优解的 y 坐标。分别对 x_c 和 y_c 求偏导数，可得最优解。因为是带根号（0.5 次方），求导之后分母必带根号，不可能与加权平均表达式相等，所以重心法不是最优解。

2.2.5.3　精确重心法

（1）精确重心法迭代公式推导

为了克服重心法的严重不足之处，求解近似最优解（或满意较优解）甚至是最优解，可用精确重心法。精确重心法迭代公式推导如下：

公式（2-14）两边对 x_c 求导数得：

$$TC'=\sum (x_i - x_c) W_i / d_i \tag{2-15}$$

公式（2-14）两边对 y_c 求导数得：

$$TC' = \sum(y_i - y_c)W_i/d_i \tag{2-16}$$

令导数等于 0，解得迭代公式：

$$x_c = (\sum W_i x_i/d_i) / \sum W_i/d_i \tag{2-17}$$

$$y_c = (\sum W_i y_i/d_i) / \sum W_i/d_i \tag{2-18}$$

（2）迭代运算步骤

先按重心法给出初始坐标，计算初始解，然后按新的位置重新计算 d_{i1} 和 TC_1，看新的 TC_1 是否满意；不满意，继续迭代，计算修正（迭代）后的 d_{i2} 和 TC_2，直到满意才停止迭代。通过迭代可得最优解（或满意解），停止迭代的标准是迭代收敛，不再改变总成本数值或误差达到规定标准。

2.2.5.4 Excel在精确重心法中的运用

【例2-6】以例2-5的数据为例，迭代改善幅度小于1元，停止迭代。用精确重心法求解近似最优解，首先计算重心法坐标分别为46.35千米和72.83千米，此时总运费为26 821.24元。用Excel计算迭代公式。利用迭代公式（2-17）和公式（2-18）计算新的修正后坐标分别为x=51.07和y=75.78，新的总运费为24 893.88元（这是第2次迭代的结果，即根据初次迭代的坐标计算的总运费。因篇幅所限，第2次迭代结果的表格没有列出）。迭代18次的结果是：x=50.21，y=77.78，迭代总成本为24 738.71元。迭代19次的结果是：x=50.19，y=77.81，迭代总成本为24 737.80元。迭代20次的结果是：x=50.17，y=77.83，经计算迭代总成本为24 737.79元，目标函数的改善幅度小于1元，停止迭代。初始计算结果参见表2-7，第19次迭代结果参见表2-8，第20次迭代结果参见表2-9。

表2-7　　　　　　　　　　　　　　初始迭代结果

	B	C	D	E	F	G	H	I	J	K	L
	地点	W_i	x_i	y_i	x	y	d_i	TC	W_i/d_i	$W_i x_i/d_i$	$W_i y_i/d_i$
2											
3	1	180	20	36	46.35	72.83	45.29	8 151.97	3.97	79.49	143.08
4	2	280	50	78	46.35	72.83	6.33	1 771.10	44.27	2 213.32	3 452.78
5	3	230	22	95	46.35	72.83	32.93	7 574.26	6.98	153.65	663.50
6	4	500	65	73	46.35	72.83	18.65	9 323.91	26.81	1 742.83	1 957.33
7	合计	1 190						26 821.24	82.04	4 189.29	6 216.69
8					51.065	75.778					

表2-8　　　　　　　　　　　　　　第19次迭代结果

	地点	W_i	x_i	y_i	x	y	d_i	TC	W_i/d_i	$W_i x_i/d_i$	$W_i x_i/d_i$
2	1	180	20	36	50.21	77.78	51.56	9 280.96	3.49	69.82	125.68
3	2	280	50	78	50.21	77.78	0.30	84.29	930.10	46 505.14	72 800.00
4	3	230	22	95	50.21	77.78	33.05	7 601.06	6.96	153.11	661.12
5	4	500	65	73	50.21	77.78	15.54	7 772.39	32.17	2 090.73	2 348.78
6	合计	1 190						24 738.71	972.72	48 818.81	75 035.58
7					50.188	77.806					

表2-9   第20次迭代结果

	地点	W_i	x_i	y_i	x	y	d_i	TC	W_i/d_i	W_ix_i/d_i	W_ix_i/d_i
2	1	180	20	36	50.19	77.81	51.57	9 281.82	3.49	69.81	125.66
3	2	280	50	78	50.19	77.81	0.27	75.73	1 035.23	51 761.68	80 748.23
4	3	230	22	95	50.19	77.81	33.02	7 594.22	6.97	153.25	661.75
5	4	500	65	73	50.19	77.81	15.57	7 786.02	32.11	2 087.07	2 343.94
6	合计	1 190						24 737.80	1 077.80	54 071.82	83 879.59
7					50.169	77.825					

❖ 小思考2-4

在平面上单点选址问题除了精确中心法外，是否可用规划求解法求解最佳配送中心位置？

【答】可以，位置坐标X和Y为变量，目标函数是总的运输量（或总的运输成本）最低，运用Excel软件直接规划求解。

2.2.6 运输模型法

2.2.6.1 运输模型法在选址中应用的原理

运输模型法在选址中既可用于选择销售地或配送点，也可用于选择产地、物流中心或配送中心。其原理是在原有的资料基础上，把备选方案资料分别用上，计算最优解，哪个备选方案最优的总成本小，哪个就是最优方案，就可决定在哪里建厂或销售中心。运输模型法不仅可在选址中应用，也在其他配送计划中应用。

2.2.6.2 运输模型法在选址中的应用

【例2-7】某产品的市场销售状况良好，计划再新建一个销售中心，有A和C两个城市可供选择。单位运价和供需关系参见表2-10。要求：在哪个城市建销售中心好？

表2-10   某产品销售中心选址问题原始数据（一）   金额单位：万元

产地 ＼ 销地	B_1	B_2	B_3	BA_4	BC_5	供应量（千克）
A_1	12	9	10	10	7	32
A_2	5	3	4	8	3	25
A_3	8	4	12	5	12	53
需求量（千克）	30	26	34	20	20	

【分析】首先选A城市方案，根据其有关运价、需求数据及原有数据构造运输模型

（见表2-11），然后计算该问题的最优解（见表2-12），得出最低总成本 $\min TC_A$。然后选另一个备选方案 C 城市，根据其有关运价、需求数据及原有数据构造运输模型（见表2-13），然后计算该问题的最优解（见表2-14），得出最低总成本 $\min TC_C$。比较 $\min TC_A$ 和 $\min TC_C$ 的大小，在二者较小处建销售中心为最佳方案。

表2-11　　　　　　　　　　　　　　选 A 城市运输模型　　　　　　　　　　　　金额单位：万元

销地 产地	B_1	B_2	B_3	BA_4	供应量 （千克）
A_1	12	9	10	10	32
A_2	5	3	4	8	25
A_3	8	4	12	5	53
需求量（千克）	30	26	34	20	

表2-12　　　　　　　　　　　　　　选 A 城市最优解方案　　　　　　　　　　　金额单位：万元

销地 产地	B_1	B_2	B_3	BA_4	供应量 （千克）
A_1	0	0	32	0	32
A_2	23	0	2	0	25
A_3	7	26	0	20	53
需求量（千克）	30	26	34	20	

表2-13　　　　　　　　　　　　　　选 C 城市运输模型　　　　　　　　　　　　金额单位：万元

销地 产地	B_1	B_2	B_3	BC_5	供应量 （千克）
A_1	12	9	10	7	32
A_2	5	3	4	3	25
A_3	8	4	12	12	53
需求量（千克）	30	26	34	20	

表2-14　　　　　　　　　　　　　　选 C 城市最优解方案　　　　　　　　　　　金额单位：万元

销地 产地	B_1	B_2	B_3	BC_5	供应量 （千克）
A_1	0	0	12	20	32
A_2	3	0	22	0	25
A_3	27	26	0	0	53
需求量（千克）	30	26	34	20	

【解】经 Excel 规划求解得：

minTC$_A$=32×10+23×5+2×4+7×8+26×4+20×5=703（万元）

minTC$_C$=12×10+20×7+3×5+22×4+27×8+26×4=683（万元）

因为683<703，所以选C城市建配送点好。

❖ **课堂实训2-5**

Excel规划求应用

某公司产品的市场销售状况良好，产品供不应求，需求缺口30吨。该公司计划再新建一个生产工厂增加产量，有南京（N）和广州（G）两个城市可供选择。单位运价和供需关系相关数据（AN$_3$为南京数据，AG$_4$为广州数据）参见表2-15。要求：在哪个城市建生产工厂好？

表2-15   **选择建厂原始数据**   金额单位：万元

产地 ＼ 销地	B$_1$	B$_2$	B$_3$	B$_4$	产量（吨）
A$_1$	5	9	13	7	20
A$_2$	8	3	11	12	35
AN$_3$	10	5	12	9	30
AG$_4$	13	15	8	6	40
需求量（吨）	42	23	25	35	125

拓展阅读2-2 选址问题其他规划解法

拓展阅读2-3 完善国家储备体系保障初级产品供给

2.3 仓库布局规划

仓库布局（warehouse layout）是指在一定区域或库区内，对仓库的数量、规模、地理位置、设施以及道路等各要素进行科学规划和总体设计。仓库布局规划是根据仓库生产和管理的需要，对整个仓库所有设施进行用途规划，确定生产、辅助生产、行政等场所，仓库、作业、道路、门卫等分布和确定，并对各类设施和建筑进行区分，如仓库货场编号、道路命名、行政办公区识别等，以使仓库的总体布局合理。

2.3.1　仓库的平面规划

2.3.1.1　仓库区域的构成

仓库总平面一般可以划分为仓储作业区、辅助作业区、行政生活区，还包括铁路专用线和库内道路。仓库总平面规划是指一个仓库的各个组成部分，如库房、货棚、货场、辅助建筑物、铁路专用线、库内道路、附属固定设备等，在规定的范围内进行平面和立体的全面合理的安排。上述规划包含的内容可反映在仓库总平面图（如图2-9、图2-10所示）中。

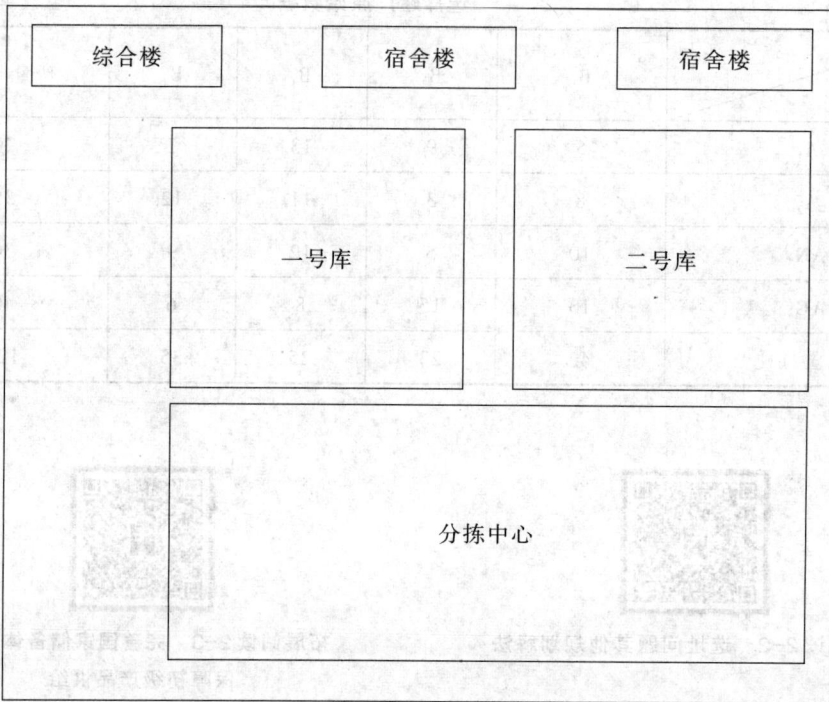

综合楼	宿舍楼	宿舍楼
一号库	二号库	
分拣中心		

图2-9　某物流中心平面规划图

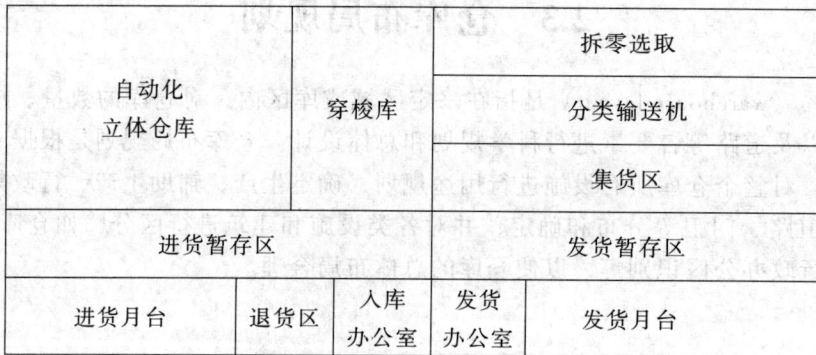

自动化立体仓库	穿梭库	拆零选取	
		分类输送机	
		集货区	
进货暂存区		发货暂存区	
进货月台	退货区	入库办公室	发货办公室	发货月台

图2-10　某仓库平面规划图

（1）仓储作业区[①]

仓储作业区是仓库的主体部分，是货物储运活动的场所，主要包括储货区、库区铁路专用线、道路、装卸台等。

储货区是储存、保管、收发、整理货物的场所，是生产作业区的主体区域。储货区主要由保管区和非保管区两大部分组成。保管区是主要用于储存货物的区域；非保管区主要包括各种装卸设备通道、待检区、收发作业区、集结区等。现代仓库已由传统的储存型仓库转变为以收发作业为主的流通型仓库，其各组成部分的构成比例通常为：

①合格品储存区占总面积的 40% ~ 50%；

②通道占总面积的 8% ~ 12%；

③待检区及出入库收发作业区占总面积的 20% ~ 30%；

④集结区占总面积的 10% ~ 15%；

⑤待处理区和不合格品隔离区占总面积的 5% ~ 10%。

库区铁路专用线应与国家铁路、码头、原料基地相连接，以便机车直接进入库区内进行货运，实现多式联运无缝链接。库内的铁路专用线最好是贯通式，一般应顺着库长方向铺设，并应使岔线的直线长度达到最大限度，线路数应根据货场和库房宽度及货运量来决定。

现代仓库道路的布局是根据货物流向的要求，结合地形、面积、各个库房建筑物和货场的位置后，再决定道路的走向和形式。汽车道主要用于起重搬运机械调动及防火安全，同时要考虑保证仓库和行政区、生活区之间的畅通。通常主干道应采用双车道，宽度应在 6 ~ 7 米；次干道为 3 ~ 3.5 米的单车道；消防通道的宽度不小于 6 米，布局在库区的周边。

在河网地区建仓库，应尽量利用水路运输的有利条件。码头位置应选在河床平稳、水流平直、堤岸较宽、水足够深的地方，以便于船舶安全靠离码头，进行装卸作业。此外，要用仿自然法确定理想的码头位置。

（2）辅助生产区

辅助生产区是为货物储运、保管工作服务的辅助车间或服务站，包括设备维修车间、车库、工具设备库、油库、变电室等。值得注意的是，易燃的特殊物品仓库如油库等应远离维修车间、流通加工区、食堂、宿舍等易出现明火的场所，周围必须设置相应的消防设施。

（3）行政生活区

行政生活区是仓库行政管理机构和生活区域。为便于业务接洽和管理，行政管理机构一般设在仓库的主要出入口。大型配送中心进货、退货、出货的单据处理通常设在进货和出货作业区中间，以减少驾驶员的行走距离。

此外，现代仓库的消防水道，应以环形系统布置于仓库全部区域，在消防系统管道上需装有室内外消防栓。易燃物品货架上部也需安装消防给水系统。

---

① 本部分改编自：林贤福，黄裕章. 仓储与配送管理实务［M］. 北京：北京理工大学出版社，2018.

❖ 课堂实训 2-6

（1）仓储企业分进货区和出货区，面积大小是否应该相等？

（2）仓储企业卸货速度快还是装货速度快？为什么？

（3）人工装卸 40 英尺集装箱[①]袋装货物需要多长时间？用叉车托盘装卸需要多长时间？

2.3.1.2　仓库平面规划的原则[①]

（1）符合作业流程，减少搬运距离

为了提高作业效率，减少物品移动中的运输距离，减少迂回、交叉等现象，各区域要根据仓库作业的流程方向进行布置，物品运输次数多的货位紧邻布置，使库区内物流顺畅。

（2）杜绝一切浪费现象，减少无效作业

布置库区时要运用价值工程和精益生产理念，分析作业，最大限度去掉不创造价值的活动，杜绝一切浪费现象。库区的布置要有利于作业时间的有效利用，避免各种工作无效重复和时间延误，使各项作业环节有机衔接，防止物资堵塞。仓库布局应减少在库商品的装卸搬运次数和环节，商品的卸车、验收、堆码作业最好一次完成。

（3）进行优化布置，合理利用空间

库区内各区域、各种设备布置，应运用优化布置技术，充分利用仓库面积和建筑物空间，在保证生产和未来发展需要、保证安全需要的前提下，尽量不浪费仓库面积和建筑物空间，提高仓库利用率和仓库的经济效益。

（4）保证安全生产和文明生产

仓库系统设计与规划应遵循相关设计标准与规定，注意承重、防火、防盗、防爆等安全生产相关规定标准。储存区域的布置要有利于包括仓储物资、保管人、仓储设施和仓储器具在内的整个仓库的安全，有利于身心健康和文明生产。

2.3.1.3　仓库动线规划布置

在配送型仓库平面布置中，动线规划是至关重要的，动线决定了卸货验收区、储存保管区、配货发运区等各个区域的设置和布局。

物流配送中心作业区域内的物流动线基本形式包括 I 形、S 形、L 形和 U 形（如图 2-11 所示）。在进行动线规划时，可根据进出货月台的位置和实际作业流程选用不同的动线或动线组合，以满足实际需要，使整个物流作业顺畅、有序、省时、省力。

① I 形和 S 形动线适用于进出货月台分别位于仓库两边的情况，具体采用哪种要根据实际作业需要。

② L 形动线适用于进出货月台分别位于仓库相邻两边的情况。

---

① 各船公司的集装箱尺寸有一定误差，理论上是：（1）20 英尺集装箱的内尺寸为 5 898mm（长）×2 352mm（宽）×2 393mm（高）；体积为 32 立方米。（2）40 英尺集装箱的内尺寸为 12 032mm（长）×2 352mm（宽）×2 393mm（高）；体积为 67.7 立方米。（3）40 英尺集装箱（高柜）的内尺寸为 12 032mm（长）×2 352mm（宽）×2 698mm（高）；体积为 76.3 立方米。

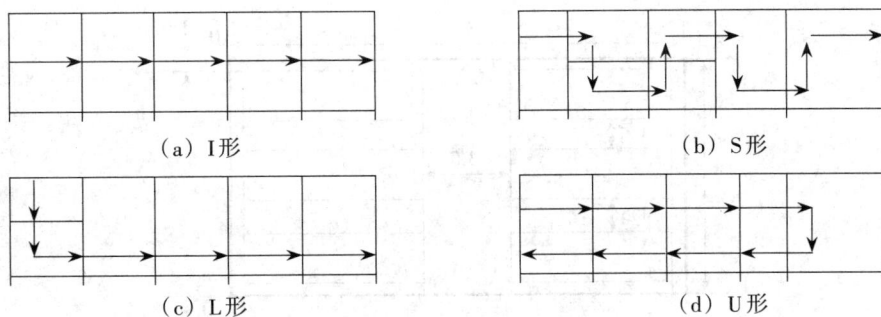

(a) I形   (b) S形

(c) L形   (d) U形

图 2-11 物流动线的基本形式

③U形动线适用于进出货月台位于仓库同侧的情况。

❖ 小思考 2-5

库房内公用设施和设备，如捆绑机，布置在边上还是中间位置好？

【答】若只考虑总的运输距离最短，各货架货物使用频率相差无几，则公用设施和设备放在中间位置好；若使用频率差异大，可借鉴一维直角坐标法确定设施和设备的最佳位置。

2.3.1.4 仓库面积的确定[①]

现代仓库的种类与规模不同，其面积的构成也不尽相同，因此，必须首先明确仓库面积的有关概念，再确定仓库的相关面积。

①仓库总面积，即从仓库外墙线算起，整个围墙内区域所占的面积。若在墙外有仓库的行政生活区或库外铁路专用线，则应包括在总面积之内。

②仓库建筑面积，即仓库内所有建筑物所占平面面积之和。若有多层建筑，则应加上各层面积的累计数。仓库建筑面积包括生产性建筑面积（包括库房、货棚、货场所占建筑面积之和）、辅助生产性建筑面积（包括机修车间、车库、变电所等所占建筑面积之和）和行政生活建筑面积（包括办公室、食堂、宿舍等所占建筑面积之和）。

③仓库使用面积，即仓库内可以用来存放商品的面积之和，也就是库房、货棚、货场的使用面积之和。其中，库房的使用面积为库房建筑面积扣除外墙、间隔墙、内柱及固定设施等所占的面积。

④仓库有效面积，即在库房、货棚、货场内计划用来存放商品的面积之和。

⑤仓库实际利用面积，即在仓库使用面积中，实际用来堆放商品的区域所占的面积，也就是仓库使用面积减去必需的通道、垛距、墙距、柱距，以及进行收发、验收、备料等作业区后所剩余的面积。

⑥仓库有效面积率，即仓库有效面积占仓库总面积的比例。

【例 2-8】某一平面仓库的外墙长 35 米、宽 18 米，过道宽度为 3.5 米，两条支道的宽度各为 1.5 米，外墙距为 0.5 米，内墙距为 0.3 米。假设库内无柱子、间隔墙、扶梯、固定设备等。仓库平面如图 2-12 所示，求仓库有效面积和有效面积率分别是多少？

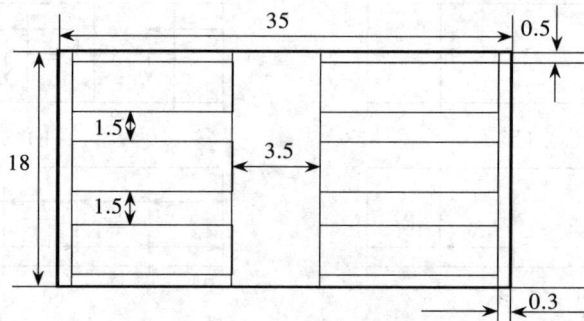

图 2-12 仓库平面示意图（单位：米）

【解】剔除计算法：

仓库总面积：35×18=630（平方米）

仓库有效面积：（18-1.5-1.5-0.5-0.5）×（35-3.5-0.3-0.3）=432.6（平方米）

仓库有效面积率：432.6÷630×100%=68.67%

【例2-9】某物流公司的高架仓库长54米，宽45米，高约15米；库内共有货架24行，每行货架为7层；实际有效货位是2 560盘，每一货位（托盘规格为1 100mm×1 100mm）的面积是1.21平方米。求仓库有效货位面积和使用面积分别是多少？

【解】仓库有效货位面积：1.21×2 560=3 097.6（平方米）

仓库使用面积：54×45=2 430（平方米）

3 097.6＞2 430，说明当立体储存货物时，仓库面积利用率高。

知识链接2-1 仓容定额

2.3.1.5 仓库内部规划①

按照仓储作业的功能特点以及ISO 9000国际质量体系认证的要求，仓库储存区可划分为待检区、待处理区、不合格品隔离区、合格品储存区等。为了提高管理效率，可实施目视管理技术，用不同颜色代表不同区域。

（1）待检区

待检区用于暂存处于检验过程中的商品，位于仓库入口附近，便于装卸与检验。这些商品一般采用黄色的标识，以区别于其他状态的商品。

（2）待处理区

待处理区用于暂存不具备验收条件或质量暂时不能确认的商品，位于仓库入口附近，与待检区相邻，便于检验。这些商品一般采用白色的标识，以区别于其他状态的商品。

（3）不合格品隔离区

不合格品隔离区用于暂存质量不合格的商品，位于仓库出口附近，便于搬运。处于不

---

① 本部分改编自：汝宜红，宋伯慧. 配送管理［M］. 3版. 北京：机械工业出版社，2016.

合格隔离状态的商品一般采用红色的标识，以区别于其他状态的商品。

（4）合格品储存区

合格品储存区用于储存合格的商品，位于仓库主要储存区。处于合格状态的商品一般采用绿色的标识，以区别于其他状态的商品。

仓库内除设置上述基本区域外，还应根据仓储业务的需要，设置卸货作业区、拣货区、流通加工区、退货区和出库备货区等。

> ❖ **小思考 2-6**
>
> 仓库内须配备消防器材，且留有通道以方便存取使用。仓库内部进行布局设计时，如何满足这两个要求？
>
> 【答】在符合消防安全规定的前提下，把存取消防器材的通道尽量与仓库内通道重合，合二为一，这样可充分利用仓库面积。

2.3.2 仓库的立体规划

现代仓库的立体规划是指现代仓库在立体空间上的布置，即仓库建筑高度的规划。仓库在基建时要满足库区各建筑物、库房和货场之间的装卸运输要求，提高运作效率。

2.3.2.1 库房、货场和站台标高布局[①]

库房地坪标高与库区路面标高影响和决定了仓储机械化程度和叉车作业情况。库房地坪与路面之间的高度差要适当，最多不超过 4% 的纵向坡度，以利于提高机械作业的效率。许多仓库地坪与路面相差车厢高度（通常为 0.9 米左右），也有库房增设装卸货平台，平台高度与货车车厢高度基本一致，通过一个斜坡把平台与库房地面相连。

货场与铁路专用线标高的关系是：货场一般沿铁路线布置，多数布置在铁路专用线两侧；在标高上应确保铁路专用线的正常运营。

装卸站台一般有汽车站台和火车站台之分，其高度和宽度与铁路专用线和汽车路线标高关系密切，一般分为高站台和低站台两种。

处理多品种、小批量的商品，一般采用高站台，即站台高度与汽车货台高度一样。站台平面与出入库作业区连成一体，进出库的商品可以方便地装入车内。一般汽车站台高出路面 0.9 ~ 1.2 米，宽度不少于 2 米（如图 2-13 所示）；铁路站台高出轨面 1.12 米，宽度不少于 3 米。

处理少品种、大批量的货物，一般采用低站台，即站台面和地平面等高，有利于铲斗车、堆垛机等机械进行装卸作业。

此外，还有一种可升降站台，可根据需要调节高度和坡度（如图 2-6 所示），若仓储地面高度与库外地面高度一样，可采用引桥装置（如图 2-14 所示），提高装卸货效率。

---

① 本部分改编自：贾争现. 物流配送中心规划与设计［M］. 3 版. 北京：机械工业出版社，2014.

图2-13 某物流公司汽车站台

图2-14 装卸引桥

❖ **小思考**2-7

采用锯齿形进货台有何好处？

【答】当进货台前面宽度有限，无法垂直停放大中型货车时，可采用锯齿形进货台解决这一矛盾。

2.3.2.2 合理利用地坪建筑承载能力

仓库地坪单位面积建筑承载能力因地面、垫层和地基的结构而不同。例如，在坚硬的地基上采用300毫米厚的片石，地面用200毫米厚的混凝土，其建筑承载能力为5吨/平方米～7吨/平方米。应充分利用地坪的承载能力，采用各种货架存货，以充分利用空间，同时使用各种装卸机械设备配合作业，加速库存商品的周转。

2.3.2.3 多层仓库平面布局

多层仓库平面布局除必须符合单层仓库平面布局原则外，还必须满足下列要求：

（1）多层仓库最大占地面积、防火隔间面积、层数，根据储存物品类别和建筑耐火等级遵照现行建筑设计防火规范来确定。

（2）一座多层仓库占地面积小于300平方米时，可设一个疏散楼梯；面积小于100平方米的防火隔间可设置一个门。

（3）多层仓库建筑高度超过24米时，应按高层库房处理。

（4）多层仓库存放物品时遵守上轻下重的原则，周转快的物品分布在低层。

（5）当设地下室时，地下室净高度不宜小于2.2米。

2.3.2.4 地面承载力要求

地面的构造主要是地面的耐压强度，地面的承载力必须根据承载货物的种类或堆码高度具体研究。通常，一般平房普通仓库1平方米地面的承载力为2.5吨～3吨，也有的仓库承载力为3吨～3.5吨；多层仓库层数加高，地面承载力减少，一层是2.5吨～3吨，二层和三层都是2吨～2.5吨，四层是1.5吨～2吨，五层是1吨～1.5吨甚至更小。地面的承载力是由保管货物的重量、所使用的装卸机械的总重量、楼板骨架的跨度等所决定的。流通型仓库的地面承载力还必须保证重型叉车作业足够受力。

2.3.2.5 立柱间隔要求

库房内的立柱是出入库作业的障碍，会导致保管效率低下，因而应尽可能减少立柱。但当平房仓库梁的长度超过25米时，建设无柱仓库有困难，则可设中间的梁间柱，使仓库成为有柱结构（如图2-15所示）。不过，在开间方向上的壁柱，可以每隔5~10米设一根。由于这个距离仅和门的宽度有关，库内又不显露出柱子，因此和梁间柱相比，在设柱方面比较简单。但是在开间方向上的柱间距必须和间隔墙、防火墙的位置，门、库内通道的位置，天花板的宽度或库内开间的方向上设置的卡车停车站台长度等相匹配。

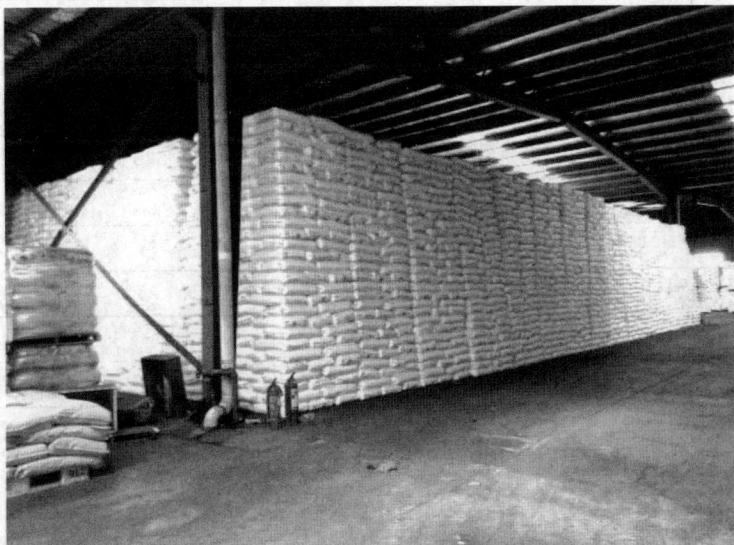

图2-15 仓库立柱、消防器材及通道

2.3.2.6 天花板的高度要求

由于实现了仓库的机械化、自动化，因此现在对仓库天花板的高度提出了很高的要求，即使用叉车的时候，标准高度是3米；在使用多端式高门架的时候要达到6米。另外，从托盘装载货物的高度看，包括托盘的厚度在内，密度大且不稳定的货物通常以1.2米为标准，密度小且稳定的货物通常以1.6米为标准。以其倍数（层数）来看，1.2米/层×4层=4.8米，1.6米/层×3层=4.8米，因此，仓库的天花板高度最低应该是5米。

❖ **小思考2-8**
　　某物流仓储企业经营汽车轮胎，设计仓库时应该考虑哪些特殊因素？
　　【答】汽车轮胎属于橡胶制品，夏季会冒"青烟"，散发的气味让人头晕目眩，因此应考虑通风问题，适当增加库房高度。工作人员应佩戴防毒面具，降低毒性。

❖ 小资料 2-1

九州通东西湖物流配送中心资料

九州通东西湖物流配送中心的楼层库区布置情况参见表2-16。

表 2-16　　　　　　九州通东西湖物流配送中心楼层库区布置情况

楼　层	区域	面积（平方米）	储存货位	储存件数
5F	西药整件区	8 524	2 184	34 368
4F	中药区	4 249	9 611	96 110
	原料区	4 009	885	42 480
3F	器械区	3 758	1 364	21 824
	特殊品区	810	793	1 190
	冷库	2 500	2 608	3 260
2F	拆零选取区	4 700	36 583	36 583
	复合包装区	1 230		
	折合盘区	1 100		
1F	收货区	1 550		
	出库暂存区	2 320		
	快消品区	1 140		

2.4　货物储存规划与布置

2.4.1　货物储存分区和分类的原则与方法

仓库对储存货物进行科学管理的一个重要方法是实行分区、分类保管，并对货位进行编号。所谓分区，就是按照仓库的建筑、设备条件，将库房、货棚、货场划分为若干保管货物的区域，以适应货物储存的需要。所谓分类，是根据货物自然属性及消费上的连带性，划分为若干大类，以便分类集中保管。

2.4.1.1　分区和分类储存的原则

仓库货物的分区和分类储存依据"四一致"原则，把仓库划分为若干保管区域，把储存货物划分为若干类别，以便统一规划储存和保管。

"四一致"原则是指：

一是货物的自然属性、性能应一致。在分区、分类的仓储管理中，货物的自然属性和性能应该保持一致，性质互有影响或抵触的货物不能存放在一起。

二是货物的养护措施应一致。在仓储管理中，考虑到不同类货物所要求的温度、湿度、光线等养护条件不同，应该分区、分类存放，将保管条件相同的货物存放在一起。

三是货物的作业手段应一致。在货物仓储的分区、分类过程中，同一分区的货物在作业方法上需要保持一致，作业方法不同的货物不能存放在一起。

四是货物的消防方法应一致。在货物仓储的分区、分类过程中，需要考虑到货物消防方法的差异，消防灭火方法不同的货物不能存放在一起。

> ❖ **小思考 2-9**
>
> 　南方与北方的库房设计、布局主要有哪些不同？
>
> 　**【答】** 南方库房主要考虑避暑降温、防潮、防湿、防霉变等；北方库房应考虑防冻、取暖、保温、防干燥、防风沙等。

2.4.1.2　分区和分类的方法

（1）按货物种类和性质分区和分类

这是当前仓库较多采用的一种方法。它是按货物的自然属性，把怕热、怕冷、怕潮、怕干、怕光、怕风等不同性质的货物分别归类，集中存放，如干货区、冷藏区等。

（2）按不同货主分区和分类

这通常是综合性仓库采用的方法。当仓库为几个大货主服务时，为便于与货主工作的衔接，防止不同货主的货物混淆，便于货物存取，往往采用这种方式。在具体存放时，还应按货物种类和性能划分为若干货区，以保证货物储存安全，如在配货区里可按快递货主分为顺丰货区、圆通货区等。

（3）按货物危险性质分区和分类

这主要适用于化学品、危险品的存放仓库。储存时可根据危险品易燃、易爆、有毒的性质以及不同的灭火方法来分区、分类，应注意不同性质的危险品之间相互引发危险的可能性。

（4）按仓储作业特点分区和分类

对出入库频繁、笨重的货物，要安排在靠近库门处，不宜放在库房深处；易碎货物避免与笨重货物存放在一起，以免在搬运时影响易碎货物的安全。

2.4.2　货架布置的方法

为了提高仓库的运作效率，要根据所储存货物的特点，为其确定具体的位置。安排货物储存位置的方法可以概括为垂直式和倾斜式。

2.4.2.1　垂直式布局

垂直式布局是指货垛或货架的排列与仓库的侧墙互相垂直或平行的布局。其具体包括：

（1）横列式布局

这是指货垛或者货架的长度方向与仓库长度方向的侧墙互相垂直（如图2-16所示）。这种布局的优点是主通道长且宽，副通道短，整齐美观，便于物品的存取与查点；如果用于库房布局，还有利于通风和采光。其缺点是通道占用面积较多，仓库的面积利用率较低。

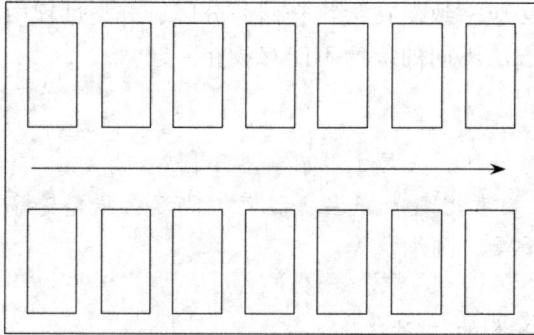

图2-16　横列式布局

（2）纵列式布局

这是指货垛或者货架的长度方向与仓库长度方向的侧墙平行（如图2-17所示）。这种布局的优点是可以根据库存物品在库时间的不同和进出频率安排货位：在库时间短、进出频繁的货物放置在主通道两侧；在库时间长、进出不频繁的物品放置在仓库两侧。

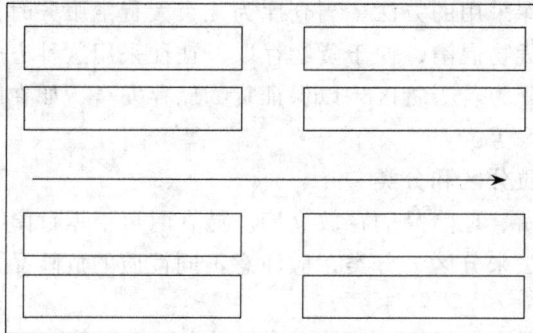

图2-17　纵列式布局

（3）纵横式布局

这是指在同一保管场所内，横列式布局和纵列式布局兼而有之，综合利用两种布局的优点（如图2-18所示）。

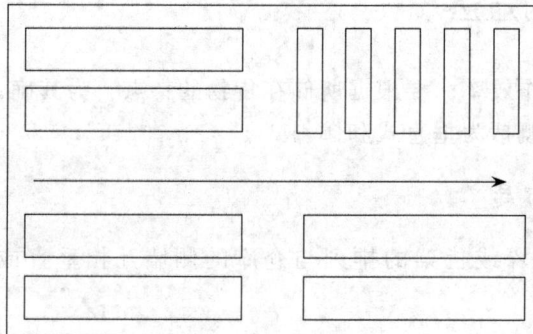

图2-18　纵横式布局

2.4.2.2　倾斜式布局

倾斜式布局是指货垛或货架与仓库侧墙或主通道成一定夹角。其具体包括：

（1）货垛倾斜式布局

这是横列式布局的变形，是为了便于叉车作业、缩小叉车的回转角度、提高作业效率而采用的布局形式（如图 2-19 所示）。

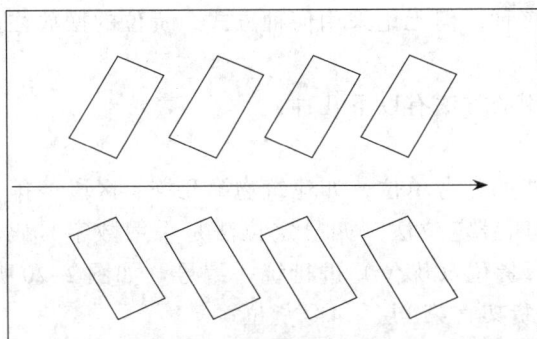

图 2-19　货垛倾斜式布局

（2）通道倾斜式布局

通道倾斜式布局是指仓库的通道斜穿保管区，把仓库划分为具有不同作业特点（如大量储存和少量储存）的保管区，进行综合利用。在这种布局形式下，仓库内形势复杂，货位和进出库路线较多。

安排货物储存位置时要根据仓储管理的保管原则，注意货物的储存定额、出入库频率、保管要求、消防措施、分类目录等。实际的保管工作形成了一些容易记忆的说法，如大不围小、缓不围急、重近轻远、同类聚堆等。

2.5　货位管理

2.5.1　货位管理的含义

货位（也称储位）即货物存放的位置。货位管理是指在把将来要使用或者要出货的商品保管好的前提下，经常对库存进行检查、控制与管理。

仓储配送中心的商品由入库到最后出库，其中最重要的环节就是商品在库时的管理。也就是说，当商品进入仓库后，应该如何放置、放置何处，这些问题不仅影响入库效率和库房货位利用率，还影响拣货效率。

2.5.2　货位编号与货物编码

货位编号就如同货物的住址，而货物编码就如同姓名一样，一封信在住址、姓名都写清楚的条件下，才能迅速、正确地送到收信人手中。每种货物都要有一个"地址""姓名"，才能在需要时马上找到它。

2.5.2.1　货位编号

货位编号是指在分区、分类的基础上，将仓库的库房、货场、货棚及货架等存放货物的场所，划分为若干货位，然后按照储存地点和位置的排列，采用统一标记编上顺序号码，并作出明显标识，以方便仓库作业的管理方法。

货位编号的方法有多种，但无论采用何种方式，货位的摆放往往都需要与主作业通道垂直，以便于存取。

仓库中货位编号常用的方法有以下几种：[①]

（1）地址法

利用保管区中的现成的参考单位，如建筑物第几栋、区段、排、行、层、格等，按相关顺序编号，常用的是四号定位法。四号定位法是采用数字号码对库房（货场）、货架（货区）、层次（排次）、货位（垛位）进行统一编号（如图2-20所示）。例如，1-2-3-4编号就是1号库房、2号货架、第3层、4号货位。

图2-20　四号定位法中的货位编号条形码

❖ 小思考2-10

（1）货位编号条形码贴在货架哪个位置合适？

（2）为何有的企业货架只有4层，每列货位却贴5个货位编号条形码？

【答】（1）贴在货架容易扫描的地方，如货架第一层横梁上或货架立柱上（1.5米高左右）；（2）合理，因为有些企业有时在最底层放两层货物。

（2）区段法

这是指把保管区分成几个区段，再对每个区段进行编码。这种方法是以区段为单位，每个号码代表的储区较大。区域大小根据物流量的大小而定。

---

① 本部分改编自：尤美虹. 仓储管理实务［M］. 武汉：武汉大学出版社，2013.

（3）品类法

这是指把一些相关商品进行集合以后，区分成几个品相群，再对每个品相群进行编码。这种方法适用于容易按商品群保管的场所和品牌差距大的商品，如食品群、服饰群、五金群。

2.5.2.2　货物编码

进入仓库的货物要按照一定的规则进行编码，以提高货物管理的效率，增强货物管理的准确性。

（1）货物编码的原则

①唯一性。编码结构必须保证每一个编码对象仅有唯一的编码，即编码应与指定的类目一一对应。

②可扩性。在编码结构体系里应留有足够的备用码，以满足新类目的增加和旧类目的删减需要，使扩充新编码和压缩旧编码成为可能，从而使分类和编码集可以进行必要的修订和补充。

③简明性。编码应尽可能简明，使编码的长度最短。这样既便于手工处理，减少差错率，也能减少计算机的处理时间和储存空间。

④稳定性。编码必须稳定，不宜频繁变动，否则将浪费人力、物力、财力。因此，编码时应考虑其最小变化的可能性，一旦确定后就不要变更，这样才能够保持编码体系的稳定性。

⑤层次性。编码要层次清楚，能清晰地反映货物分类关系和分类目录内部固有的逻辑关系。

⑥易处理性。货物编码要具有检测差错的自身核对性，以适应计算机处理的需要。

（2）货物编码的方法

①数字法，是指一种以阿拉伯数字为编码工具，按照商品的特点、流水方式等进行编码的方法。这种方法须有编码索引，否则无法直接了解编码的意义。例如，100 000012，代表第 12 台"吉利"牌风扇，前段代表货物名称（也可以反映出货物类别），后段代表第几件货物（可从第 1 件编起，若数量过多可按年限编码）；503 000267 代表第 267 辆"永久"牌自行车等。

②字母法，是指一种以英文字母为编码工具，按照各种方式进行编码的方法，如 A-五金、B-交电、C-化工等。

③实际意义编码法，是指按照货物的名称、重量、尺寸、分区、货位、保存区等实际情况来编码。例如，FO 14 18 10 B3-30，其中 FO 表示食品（food）类，14 18 10 表示包装尺寸为 14×18×10，B3 表示 B 区的第 3 排货架，30 表示有效期是 30 天。

④暗示编码法，是指用字母和数字组合来编码。字母、数字与商品能产生联想，暗示了商品内容。例如：BY26RM 16，其中 BY 表示自行车（bicycle），26 表示车轮半径为 26 厘米，R 表示红色（red），M 代表男式（man），16 表示供应商代号。

2.5.3 货位分配

2.5.3.1 货位分配的原则[①]

（1）以周转率为基础

按照货物在仓库的周转率（或进出频率）来安排货位。货物周转率越高、越笨重，离库房出入口就应越近。

（2）货物相关性

相关性强的货物被同时订购的概率较大，应尽可能放在相邻的位置，以缩短提取路程，减少工作人员疲劳，同时能简化清点工作。货物相关性的强弱可根据历史订单数据分析出来。

（3）货物同一性

货物同一性是指把同一货物储放于同一保管位置。若同一货物储放于多个位置，会使货物存取不便，对货物状况的掌握和货物盘点都较困难。

（4）货物相容性

相容性低的货物绝不可放置在一起，以免损害品质。例如，烟、香皂、茶不可放在一起。

（5）先进先出

为了确保货物质量，避免货物储存时间超过保质期，应采取先进先出的原则，对生命周期短的货物尤为如此。

2.5.3.2 货位分配的策略

（1）定位储放

每一项储存货物都有固定货位，各种货物不能互用货位，因此必须规划每一项货物的货位容量，不得小于其可能的最大在库量。

定位储放的优点是：

①每种货物都有固定储放位置，拣货人员容易熟悉各种货物的货位。

②货物的货位可按周转率或出货频率来安排，以缩短出入库的搬运距离。

③可针对各种货物的特性作货位的安排调整，将不同货物特性间的相互影响降至最小。

定位储放的缺点是：货位必须按各项货物之最大在库量设计，因此储区空间平时的使用效率较低。

定位储放容易管理，所需的总搬运时间较少，但需较多的储存空间。

（2）随机储放

每一项货物被指派储存的位置都是经由随机的过程所产生的，而且可经常改变，即任何货物可以被存放在任何可利用的位置。但在实际执行中，储存人员往往按习惯来储放，且通常按货物入库的时间顺序储放于靠近出入口的货位。

随机储放的优点是：由于货位可共享，因此只需按所有库存货物最大在库量设计即

---

① 本部分改编自：邓春姊，卢改红. 仓储管理［M］. 南京：南京大学出版社，2016.

可，储区空间的使用效率较高。

随机储放的缺点是：

①货物的出入库管理及盘点工作的进行困难度较高。

②周转率高的货物可能被储放在离出入口较远的位置，增加了出入库的搬运距离。

③具有相互影响特性的货物可能相邻储放，造成货物的损害或危险。

采用随机储放能使料架空间得到最有效的利用，因此货位数目得以减少。仿真研究显示，随机储放与定位储放比较，可节省35%的移动储存时间以及增加30%的储存空间，但不利于货物的拣取作业。

（3）分类储放

所有的储存货物按照一定特性加以分类，每一类货物都有固定存放的位置，而同属一类的不同货物又按一定的法则来指派货位。

分类储放的原则是：通常按货物相关性、流动性、尺寸、重量、特性来分类。

分类储放的优点是：

①便于畅销品的存取，具有定位存放的各项优点。

②各分类的储存区域可根据货物特性再作设计，有助于货物的储存管理。

分类储放的缺点是：货位必须按各项货物最大在库量设计，因此储区空间平均的使用效率低。

分类储放较定位储放具有弹性，但也有与定位储放同样的缺点。

（4）分类随机储放

每一类货物有固定存放位置，但在各类的储区内，每个货位的指派是随机的。

分类随机储放的优点是：可吸收分类储放的部分优点，又可节省货位数量，提高储区利用率。

分类随机储放的缺点是：货物出入库管理及盘点工作的困难度较高。

分类随机储放兼具分类储放及随机储放的特色，需要的储存空间介于两者之间。

（5）共享储放

在确切了解各货物的进出仓库时间后，不同的货物可共享相同货位的方式被称为共享储放。

共享储放的缺点是在管理上较复杂。

共享储放的优点是所需的储存空间及搬运距离非常经济。

❖ 案例窗 2-1

顺丰DHL服装仓自动化项目

一、项目背景

顺丰供应链是中国领先的供应链服务提供商。其整合了德国邮政敦豪（DHL）集团和顺丰，为客户提供优质的集成供应链解决方案。该公司运营为时尚品牌提供B2B、B2C订单处理、样品管理、逆向物流等服务的仓库。该公司团队咨询了全国各地的解决方案提供商，以评估最合适的仓库自动化解决方案。深圳市海柔创新科技有限公司（以下简称海柔创新）提出的方案解决了该公司的痛点，提高了公司的运营效率。

二、解决方案

顺丰DHL上海服装仓（以下简称上海服装仓）（如图2-21所示）寻求高效、智能、柔性的自动化解决方案。此次仓储自动化改造项目旨在提升整体操作效率、降低人力成本、优化货物存储路径，从而实现降本增效。上海服装仓引入库宝系统（9台机器人、3台操作台以及HAIQ智慧管理平台）后，2 000平方米的仓库面积可提供1 500平方米货架存储面积和2万个存储货位。海柔创新在1个月内实现项目交付，库宝系统进场运行并代替人工进行存取、搬运等作业。

图2-21 顺丰DHL上海服装仓图

资料来源　HAI ROBOTICS. 顺丰DHL服装仓自动化项目〔EB/OL〕.〔2023-12-10〕. https://www.hairobotics.cn/cases/shunfengdhl.

1.提升存储空间

库宝机器人HAIPICK A42高4.2米，支持仓库使用4米货架（传统人工货架仅为2米）。该项目实现每平方米平均存储10个标准料箱，提升存储密度80%。

2.可视化看板管理

项目配置可视化看板管理，仓库操作员与管理人员可用看板追踪订单状态、机器人状态，操作便捷，实现全程信息化管理。

3.快速自动化部署

1周内实现2 000平方米仓库的自动化部署，1个月内联调上线，满足项目紧急交付要求，助力仓库顺利完成"618"购物节高峰作业。

4.提升人工效率

结合海柔创新自主研发的路径规划和深度算法，HAIQ同时调度9台库宝机器人在仓内协同作业，智能实现料箱精准存取、搬运及分拣，每小时可完成2 500多件服装的入库和近700件服装的拣选和分拨，入库效率提高20倍，出库效率提高3.5倍。

学思践悟

坚持绿色发展理念，实施冷链物流绿色化战略

党的二十大报告指出："我们坚持绿水青山就是金山银山的理念，坚持山水林田湖草沙一体化保护和系统治理，全方位、全地域、全过程加强生态环境保护，生态文明制度体系更加健全，污染防治攻坚向纵深推进，绿色、循环、低碳发展迈出坚实步伐，生态环境保护发生历史性、转折性、全局性变化，我们的祖国天更蓝、山更绿、水更清。"

我国物流行业起步较晚，发展水平与发达国家相比还有一定差距。物流行业作为中国的十大支柱型产业之一，普遍存在能耗高、污染严重的问题，冷链物流更是如此。发达国家冷藏运输率高达90%，我国冷藏运输率仅为30%；发达国家冷链物流损耗仅为5%，我国冷链物流损耗高达25%。作为物流行业中的一个关键分支，其特点表现为对时效性、温度和湿度等的作业方式有更高的要求，并且冷链物流运作中所产生的能源消耗量也远大于传统物流业。推进冷链物流绿色化的发展，有利于减少环境污染、降低货物损失和运输成本、提高生产运输效率。加强冷链物流绿色化设计，是推进冷链物流绿色化的重要举措之一。

为了有效实施冷链物流绿色化战略，首先是转变意识，统一绿色发展理念，贯彻执行党的二十大精神。其次，提高冷链仓储基础设施的绿色化水平，重视冷链物流绿色化技术的创新。可采取的措施主要有推进冷链物流企业之间共享平台的建设，使物流公共服务平台实现物流信息的采集、共享、监测等功能，促进信息共享、资源优化配置和冷链效用的最大化，减少资源浪费，促成冷链仓储设施节能环保绿色化和保证仓储产品在仓储过程中的绿色化。最后，重视逆向物流在冷链绿色仓储中的运用，构建科学合理的逆向物流体系，使废弃物资源化，实施循环经济，有效保证冷链物流绿色化战略的实施。

资料来源 [1] 前瞻懂行帝. 2023年中国冷链物流行业市场需求现状分析 近年来需求量快速增长 [EB/OL]. (2023-03-28) [2024-02-28]. https://www.163.com/dy/article/I0TLV5JR0519811T.html. [2] 郭欣青. 双碳目标下农产品冷链物流发展路径研究 [J]. 食品安全导刊，2024 (6)：33-36.

本章小结

2.1部分介绍了仓库选址的原则及应考虑的主要因素。仓库选址直接影响到物流服务投资成本和运行成本，应遵循适应性原则、协调性原则、经济性原则、战略性原则和可行性原则；选址应考虑的主要成本因素有运输成本、原材料供应成本、人力资源成本、建筑成本和土地成本等，非成本因素主要有经营环境、当地政府的政策和法规、自然环境、时间等。

2.2部分论述了仓库选址的方法，有一维直角坐标法、仿自然法、加权评分法、综合评分法、精确重心法和运输模型法等。

2.3部分论述了仓库布局规划。在仓库系统的平面规划中，论述了仓库区域的构成、仓库平面规划的原则、仓库动线规划布置、仓库面积的确定和仓库内部规划。在仓库的立体规划中论述了库房、货场和站台标高布局，合理利用地坪建筑承载能力，多层仓库平面

布局原则，地面承载力要求，立柱间隔要求，以及天花板的高度要求。

2.4部分论述了货物储存分区分类的原则与方法、货架布置的方法。

2.5部分介绍了货位管理的含义、货位编号与货物编码、货位分配。以周转率为基础、货物相关性、货物同一性、货物相容性和先进先出是货位分配的五大原则。货位分配的策略包括定位储放、随机储放、分类储放、分类随机储放和共享储放。

基本训练

第2章单选题

第2章判断题

◈ 简答题

1.仓库选址应考虑哪些成本影响因素？

2.仓库选址的定量方法有哪些？

3.运输问题模型在5个备选方案中选2个地方建厂的解题思路是什么？

4.仓库区域主要由哪些部分构成？

5.仓库平面规划的原则有哪些？

6.货位编号的要求和方法是什么？

7.利用四号定位法如何确定货物位置？

8.货位分配的原则有哪些？

9.货位分配的策略有哪些？

◈ 计算题

1.某公司有两个工厂 A_1 和 A_2，3个位于销地 B_1、B_2 和 B_3 的仓库，分别位于不同的城市。目前产品的市场需求良好，为求得发展，决定选择某城市建一新厂。现有两个备选厂址 A_3 和 A_4，位于不同城市。在 A_3 处建厂，单位生产成本为4 500元，在 A_4 处建厂，单位生产成本为8 600元，单位运价及产销量参见表2-17。要求：（1）若不考虑单位生产成本，在哪里建厂合适？（2）若考虑单位生产成本，在哪里建厂成本低？

表2-17　　　　　　　　　　　某公司新厂选址问题原始数据　　　　　　　　　　金额单位：元

销地 产地	B_1	B_2	B_3	供应量（千克）
A_1	10	24	36	2 300
A_2	20	16	14	2 100
A_3	30	22	12	1 800
A_4	40	30	8	1 800
需求量（千克）	2 100	1 500	2 600	

2.某省有9个化工厂分别位于省道两边,其他小路特种车辆不能通过。9个化工厂均需要化工原材料,各厂原材料需求量及距离某省会城市距离如表2-18所示。要求:计划修建一个供应厂为这9个化工厂供应原材料,最佳位置在哪里?

表2-18   **供应厂选址问题原始数据**

化工厂	化工厂1	化工厂2	化工厂3	化工厂4	化工厂5	化工厂6	化工厂7	化工厂8	化工厂9
坐标x（千米）	30	50	150	260	200	300	45	120	230
需求量（吨）	92	68	100	70	56	80	70	90	120

3.某产品的市场销售状况良好,计划再新建一个销售中心,有A或C两个城市可供选择。单位运价和供需关系参见表2-19。要求:在哪个城市建销售中心好?

表2-19   **其产品销售中心选址问题原始数据（二）**   金额单位:万元

销地 产地	B_1	B_2	B_3	BA_4	BC_5	供应量（千克）
A_1	12	9	10	9	8	19
A_2	1	3	4	2	6	15
A_3	8	4	12	5	3	17
需求量（千克）	13	18	14	6	6	

4.在一条河边建一个码头,A和B城市在河的同一侧,B城市使用量是A城市的5倍,单位运价均相等。要求:在哪里建码头总的运输成本最低?

5.某一仓库平面如图2-22所示,外墙长为45米,宽为21米,过道宽度为3.5米,两条支道宽度各为1.5米,外墙距为0.5米,内墙距为0.3米。假设库内无柱子、间隔墙、扶梯、固定设备等。要求:仓库有效面积和仓库有效面积率各为多少?

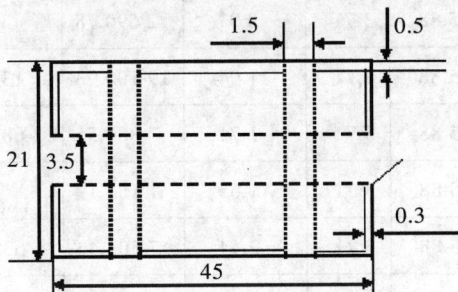

图2-22 仓库平面图（单位:米）

6.仓库进9 000箱某种货物,包装长为0.4米,宽为0.3米,高为0.4米,毛重为12千克,净重为10千克。用托盘堆码,托盘尺寸为1.2米×1米×0.15米,重22千克。仓库地坪单位面积载荷为1吨,包装承载能力为50千克,可用高度为3.2米。要求:储存该货物至少需要多少平方米?

7.写出表2-20中单元格F5、H5、I5、F13和G13的Excel计算公式。

表2-20 精确重心法计算过程

	B	C	D	E	F	G	H	I	J	K	L
2	地点	W_i	x_i	y_i	x	y	d_i	TC	W_i/d_i	$W_i x_i/d_i$	$W_i y_i/d_i$
3	1	200	3	8	14.61	5.00	11.99	2 398.39	16.68	50.03	133.42
4	2	300	8	2	14.61	5.00	7.26	2 177.85	41.33	330.60	82.65
5	3	400	2	5	14.61	5.00	12.61	5 044.25	31.72	63.44	158.60
6	4	300	6	5	14.61	5.00	8.67	2 600.55	34.61	207.65	138.43
7	5	300	8	8	14.61	5.00	7.26	2 177.85	41.33	330.60	330.60
8	6	1 600	12	15	14.61	5.00	10.34	16 536.24	154.81	1 857.74	2 322.17
9	7	4 600	16	2	14.61	5.00	3.31	15 208.12	1 391.36	22 261.80	2 782.72
10	8	100	13	15	14.61	5.00	10.13	1 012.89	9.87	128.35	148.09
11	9	3 500	18	4	14.61	5.00	3.53	12 368.38	990.43	17 827.72	3 961.72
12	合计	11 300						59 524.50	2 712.13	43 057.93	10 058.41
13					15.876	3.709					
14											
15	1	200	3	8	15.88	3.71	13.57	2 714.47	14.74	44.21	117.89
16	2	300	8	2	15.88	3.71	8.06	2 417.78	37.22	297.79	74.45
17	3	400	2	5	15.88	3.71	13.94	5 574.40	28.70	57.41	143.51
18	4	300	6	4	15.88	3.71	9.88	2 964.10	30.36	182.18	121.45
19	5	300	8	8	15.88	3.71	8.97	2 690.78	33.45	267.58	267.58
20	6	1 600	12	15	15.88	3.71	11.94	19 100.93	134.02	1 608.30	2 010.37
21	7	4 600	16	2	15.88	3.71	1.71	7 880.55	2 685.09	42 961.47	5 370.18
22	8	100	13	15	15.88	3.71	11.65	1 165.19	8.58	111.57	128.73
23	9	3 500	18	4	15.88	3.71	2.14	7 503.43	1 632.59	29 386.55	6 530.34
24	合计	11 300						52 011.63	4 604.76	74 917.05	14 764.52
25					16.269	3.206					

8.某人计划购买房屋，设有6个入选方案（A、B、C、D、E和F），考虑的指标假设只有4个，即距单位距离、房屋面积、房价和环境。这4项指标的权重及其他有关资料如表2-21所示。环境是定性指标，6个方案分别是中、好、一般、很好、好和好，一般是可

接受的环境；对应的分值分别是 75、90、60、100、90 和 90。要求：哪个方案好？

表 2-21　　　　　　　　　　　某人购房选址问题原始数据

权重	0.10	0.25	0.35	0.30
方案	距单位距离（千米）	房屋面积（平方米）	房价（元/平方米）	环境
理想值	1	105	4 500	100
A	2	80	5 000	75
B	1	85	5 500	90
C	2.5	90	4 600	60
D	1.5	75	6 000	100
E	9	89	5 000	90
F	7	90	4 700	90
门槛	10	65	6 500	60

第3章 仓储设备

❖ 引例

海尔智家物流用什么改变了传统仓库的命运？

2023年，海尔智家全球营业收入达到2 614.28亿元，同比增长7.3%，其营收创下历史新高。海尔智家的成绩出自对市场链流程的再造和创新，而物流是企业流程再造过程中最关键的因素。海尔智家将物流业作为未来发展的核心竞争力，形成了海尔智家独特的物流管理。

有海尔智家特色的物流管理即"一流三网"，它充分体现了现代物流的特征。"一流"是以订单信息流为中心；"三网"分别是全球供应链资源网络、全球客户资源网络和计算机信息网络。"三网"同步运行，为订单信息流的增值提供支持。

海尔智家物流的"一流三网"同步模式带来以下效果：

一、按订单采购，消灭库存

在海尔智家，仓库不再是储存物资的水库，而是一条流动的河，也就是按订单来进行采购、制造等活动。海尔智家物流整合后，呆滞物资和库存资金都大幅减少。

海尔智家的国际物流中心的货区面积为7 200平方米，但它的吞吐量相当于普通平面仓库的30万平方米；同样的工作，海尔智家的国际物流中心只要10个叉车司机就能完成，而一般仓库至少需要上百人（如图3-1所示）。

图3-1 海尔智家的国际物流中心一景

二、双赢，赢得全球供应链网络

海尔智家通过整合内部资源，优化外部资源，使供应商由原来的两千多家优化至几百家，国际化供应商的比例上升幅度很大，建立了强大的全球供应链网络。通用电气、艾默生、巴斯夫等世界 500 强企业都成为海尔智家的供应商，保障了海尔智家产品的品质。

三、3 个 JIT，实现同步流程

由于物流技术和计算机信息管理的支持，海尔智家物流通过 3 个 JIT（just in time，准时），即 JIT 采购、JIT 配送和 JIT 分拨物流来实现同步流程。通过海尔智家的 BBP 采购平台，所有的供应商均在网上接受订单，并通过网上查询计划与库存，及时补货，实现 JIT 采购。货物入库后，物流部门可根据次日的生产计划利用 ERP 系统进行配料，同时根据看板管理用 4 小时以内的时间送料到工位，实现 JIT 配送。生产部门按照 B2B、B2C 订单的需求完成订单后，满足客户个性化需求的定制产品通过海尔智家全球配送网络送达客户手中。海尔智家在中心城市实现 8 小时以内配送到位，区域内 24 小时以内配送到位，全国 4 天以内配送到位。计算机网络有助于实现新经济速度。

在企业外部，海尔智家 CRM（客户关系管理）和 BBP 采购平台的应用架起了与全球客户资源网、全球供应链资源网沟通的桥梁，实现了与客户的零距离沟通。

海尔智家 100% 的采购订单由网上下达，使采购周期由原来的平均 10 天降低到 3 天。在企业内部，计算机自动控制的各种先进物流设备不但降低了人工成本，还直接提升了物流过程的精细化水平。计算机管理系统搭建了海尔智家内部的信息高速公路，以信息代替库存，达到零营运资本的目的。

资料来源　佚名．海尔物流用什么革了传统仓库的命 [EB/OL]．(2016-06-17) [2024-03-16]. https://mp. weixin. qq. com/s? __biz=MzI4MjI3ODE2Ng% 3D% 3D&idx=1&mid=2247483978&sn=ca1663686802b63875fcaf81e13835ef.（有改编）

3.1　仓储设备概述

仓储设备是指进行仓储作业、辅助作业及保证仓库作业安全所配备的各种机械设备的总称。

仓储设备种类繁多，不同类型的仓储场所所用的设备有所不同。根据用途，仓储设备可分为存货、取货设备，分拣、配货设备，验收、养护设备，流通加工设备，防盗设备，控制管理设备等。

> ❖ **小资料 3-1**
>
> 集装单元化是以集装单元为基础组织的装卸、搬运、储存和运输等物流活动的方式。
>
> 集装单元化技术是物流管理硬技术（设备、器具等）与软技术（为完成装卸搬运、储存、运输等作业的一系列方法、程序和制度等）的有机结合。

物流的目的之一是使货物发生位移，把货物从一点位移到指定位置。

（1）为了实现这一目的，都有哪些方式可用？最快的方式是哪种（从运送方式方面考虑）？

（2）从客户订货到将货物运送到客户指定位置，可采取哪些方式（以某一类产品为例）？

（3）影响运送成本和时间的因素有哪些？

（4）时间最短、成本又低策略有哪些？是否有优化方法可用？

3.2 货架

货架（rack）是指由立柱、隔板或横梁等结构件组成的储物设施（国家标准《物流术语》（GB/T 18354—2021））。

3.2.1 托盘式货架

托盘式货架是使用最广泛的托盘类货物储存系统，通用性较强。其结构是货架通过单列或者双列连接成若干排，排与排中间留有通道供堆垛机、叉车以及其他装卸搬运设备运行；每个货架在垂直方向上分为若干层，从而形成大量的货格，用以存放托盘货物。托盘式货架是由金属立柱与横梁组成的简单结构，承载能力和每层的空间适于存放整托盘货物。托盘式货架是机械化、自动化立体仓库的主要组成部分。常见的托盘式货架有单深式托盘货架、倍深式托盘货架、窄道式托盘货架、贯通式货架。

3.2.1.1 单深式托盘货架

单深式托盘货架是每层纵深方向只能容纳一个托盘的货架（如图3-2所示）。

图3-2 单深式托盘货架

3.2.1.2 倍深式托盘货架

倍深式托盘货架与一般托盘货架的结构基本相同（如图3-3所示），只是把两排托盘货架结合起来增加货位而已。为此,倍深式托盘货架的储存密度增加1倍,但是存取和出入库的方便性略差,无法严格实现货物的先进先出,并且需要具有特殊伸缩装置的倍深式叉车(如图3-4所示)配合使用。这种货架适用于每次存取批量较大的情况。

图3-3　倍深式托盘货架

资料来源　佚名.倍深式托盘货架是什么?与普通托盘货架有何不同?[EB/OL].(2018-03-28)[2024-01-18].http://www.ndracking.com/question/216.html.

（a）　　　　　　　　　　　　　　　　（b）

图3-4　倍深式叉车

资料来源　佚名.倍深式前移叉车[EB/OL].[2024-01-18].http://china.makepolo.com/product-detail/100393914554.html.

3.2.1.3　窄道式托盘货架

窄道式托盘货架的结构与单深式托盘货架相同,通道仅比托盘稍宽,叉车在沿通道前后运行以存取货物时无须转弯,货叉在叉车前后运行的同时左右转动(如图3-5所示)。窄道式托盘货架通常比单深式托盘货架高,充分利用仓库的面积和高度,具有中等储存密度。

图3-5　窄道式托盘货架

3.2.1.4　贯通式货架

贯通式货架是一种不以通道分割的、连续的整栋式货架。在支撑导轨上，托盘按深度方向存放，一个紧接着一个，叉车可以驶入、存取单元托盘货物的货架，即叉车作业通道与货物保管场所合一，因此货物的存放密度很高，仓库的面积利用率大大提高。贯通式货架可分为驶入式货架和驶入/驶出式货架。

驶入式货架（如图3-6所示）在存取货物时，叉车从货架的同一方向直接进出货架，叉车与货架的正面成垂直方向，在货架中间进行货物存取作业。装货时，从内向外逐个卸放托盘货物直至装满；取货时按照从外向内的顺序。驶入式货架的空间利用率高，但很难实现先进先出。

图3-6　驶入式货架

为了实现先进先出管理，可以在驶入式货架的基础上舍弃一部分储存空间来换取存取的方便性，将其转变成驶入/驶出式货架。驶入/驶出式货架前后不封闭，前后均设置通道，前后均可进行货物存取作业。在存取货物时，一侧为进货通道，另一侧为取货通道（如图 3-7 所示）。

图 3-7 驶入/驶出式货架

3.2.2 重力式货架

重力式货架（如图 3-8 所示）可以分为自滑动式货架和后推式货架，其存放的货物分为两类：一类是整批纸箱包装货物；另一类是托盘货物。存放纸箱包装货物的重力式货架比较简单，由多层并列的辊道传送带组成，货物上架及取出使用人力。存放托盘货物的重力式货架相对复杂，每个货架内设两条重力滚道，滚道由左右两组辊轮、导轨和缓冲装置组成。

图 3-8 重力式货架

资料来源 佚名. 重力式货架的用途［EB/OL］.［2024-01-12］. https://www.360kuai.com/pc/969f6e3381da0d992?cota=4&kuai_so=1&tj_url=so_rec&sign=360_57c3bbd1&refer_scene=so_1.

3.2.3 悬臂式货架

悬臂式货架在立柱上装有外悬的杆臂，是一种边开式的货架（如图3-9所示）。悬臂式货架适合存放长条状或长卷状、大件和不规则货物，如钢材、木材、塑料等。若要放置圆形货物，应在其臂端装设阻挡块，以防止滑落。

图3-9 悬臂式货架
资料来源 沈阳易达工业设备制造有限公司网站的产品展示图片。

3.2.4 移动式货架

移动式货架的底部装有轮子，可以在轨道上沿直线水平方向移动（如图3-10所示）。移动式货架节省了固定式货架在每两排货架之间都要有的通道空间，可以在较多排货架中只保留一条通道。移动式货架一般是电动的，每列货架的底部有马达驱动装置，一般通过控制装置与操作开关盘进行操作并移动货架；对轻型移动式货架也可以采用手动方式。

移动式货架的储存量比一般固定式货架大很多，节省空间，适合少样、多量、低频度的货物保管。但是该类货架的机电装置多，维护困难，建造成本高，施工速度慢。

图 3-10　移动式货架

资料来源　佚名. 移动式货架的特点和结构原理是什么？[EB/OL].［2024-03-15］. http://keread. com/logist/blog/faq/233-233.html.

3.2.5　旋转式货架

旋转式货架结合自动仓储系统与货架的功能，在拣选货物时，取货者不动，货架自动旋转至拣货点（如图 3-11 所示）。旋转式货架设有电力驱动装置，货架沿着环形轨道运行。存取货物时，把货物所在的货格编号输入控制系统，该货格则以最近的距离自动旋转到拣货点停止。货架的货格可以根据所存放货物的种类、形态、大小、规格等不同条件选择。

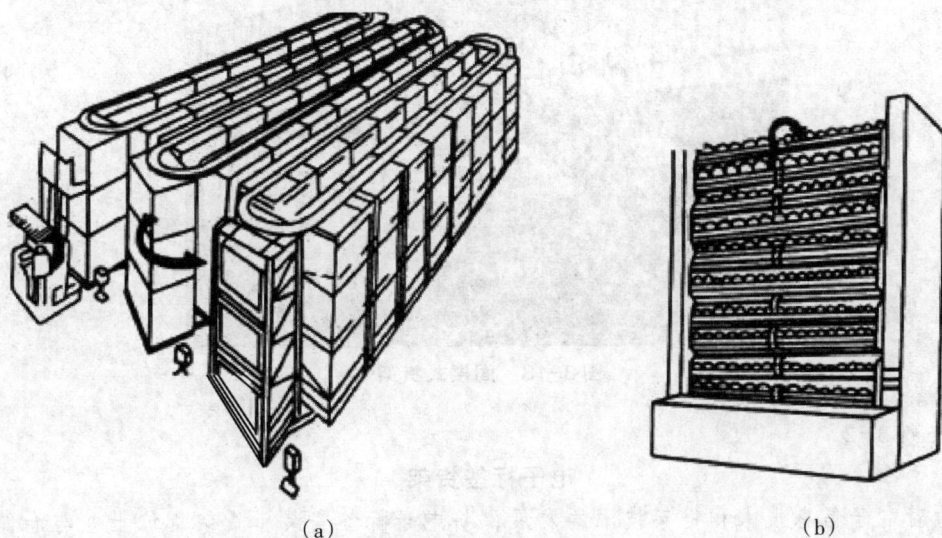

（a）　　　　　　　　　　　　　　　　　　　（b）

图 3-11　旋转式货架

3.2.6　层架

层架由立柱、横梁、层板构成，层间用于存放货物。层架的应用非常广泛，有多种类型。如果按层架存放货物的重量来分类,层架可以分为重型、中型和轻型;如果按其结构特点来分类,层架有层格式、抽屉式等类型(如图3-12所示)。

图3-12　层架

3.2.7　阁楼式货架

阁楼式货架是利用钢板、木板等材料做楼板,将储存空间作上下两层或多层规划,以提高储存高度,增加空间利用率(如图3-13所示)。底层一般存放快速流动的或较重的物品,或整箱、整托盘物品;上层一般存放轻量的物品、零担物品。

图3-13　阁楼式货架

❖ 小资料3-2

电子标签货架

随着电子信息技术和货架技术的发展,将电子标签安装于货架货位上并与仓储管理信息系统对接,当货物需要出库时,相应的电子标签即被点亮,出库人员按照其显示的货位及数量进行拣货、备货,大大提高了拣选的速度和准确率。

3.3　装卸搬运设备

物流装卸搬运设备主要分为装卸设备和搬运设备。装卸设备是指具有装卸功能的机械设备，如手拉葫芦、起重机等；搬运设备是指具有搬运功能的机械设备，如搬运车、带式输送机等。下面介绍库房中常用的装卸搬运设备。

3.3.1　堆垛机

堆垛机是立体仓库中重要的起重运输设备，其主要作用是在立体仓库的通道内运行，在三维空间（行走、升降、双侧向伸缩）中按照一定的顺序组合进行往复运动，以完成对集装单元或拣选货物的出入库作业。

3.3.1.1　桥式堆垛机[①]

桥式堆垛机根据其构造可以分为支撑桥式堆垛机和悬挂桥式堆垛机。

支撑桥式堆垛机的大车轮沿着轨道顶面运行（如图 3-14 所示）。支撑桥式堆垛机有大车、小车、立柱、货叉等主要零部件。大车桥架在仓库上方运行，回转小车在桥架上运行。立柱是货叉和司机室导向并支撑载荷的结构件，分伸缩立柱和固定立柱。货叉同样分伸缩式或者固定式，是用来堆取成件物品的叉型取物装置。

图 3-14　支撑桥式堆垛机

资料来源　杭州杭起起重设备有限公司网站的产品展示图片。

悬挂桥式堆垛机的车轮沿着工字钢下翼缘运行。

3.3.1.2　巷道堆垛机

巷道堆垛机是指用于自动存取货物的设备。巷道堆垛机按结构可分为单立柱式和双立柱式。单立柱式巷道堆垛机使用于起重量 2 000 千克以下、起升高度 20 米以下的场合（如图 3-15 所示）。双立柱式巷道堆垛机使用于高大场合，最大起重量达 10 吨以上（如图 3-16 所示）。巷道堆垛机按操作方式可分为带司机室和不带司机室，也可按运行方式

[①] 本部分改编自：冯耕中，李毅学，华国伟. 物流配送中心规划与设计 [M]. 2 版. 西安：西安交通大学出版社，2011.

可分为直线运行式和转轨式等形式。

图3-15　单立柱式巷道堆垛机

图3-16　双立柱式巷道堆垛机

3.3.2　叉　车

3.3.2.1　叉车的含义、结构和作用

叉车（fork lift truck）是指具有各种叉具及属具，能够对物品进行升降和移动以及装卸作业的搬运车辆。（国家标准《物流术语》（GB/T 18354—2021））。

叉车又称铲车，具有自行的轮胎底盘，并由能升降、前后倾斜的货叉、门架等部件组成。叉车主要以货叉作为拣取货物的装置，一般依靠液压装置升降货物，靠轮胎实现货物的水平搬运。

叉车还可以更换叉车属具，实现一机多用。叉车属具是指为扩大叉车对特定货物的作业而附加或替代原有货叉的装置，主要有货叉、旋转叉、推拉板、串杆、夹板、旋转夹板、压板式货叉、套筒、挂钩、侧面移动器等。

叉车是仓库装卸搬运机械中应用最广泛的一种设备，主要用来装卸、搬运和堆码单元货物，具有选用性强、机动灵活、效率高的优点。

3.3.2.2 叉车的分类

叉车按人员操作姿势可分为步行式和坐立式。步行式叉车的操作速度通常在 5 千米/时以下，单向搬运距离在 100 米以内。坐立式叉车的操作速度通常在 6 千米/时以下，单向搬运距离可大于 100 米。

叉车按采用的动力方式可分为手动叉车、内燃叉车和电瓶叉车。

叉车按结构特点可分为平衡重式叉车、侧面叉车、插腿式叉车、前移式叉车、伸缩臂式叉车、拣选叉车和高架叉车等。

3.3.2.3 常用叉车及其特点[①]

（1）平衡重式叉车

平衡重式叉车是使用最为广泛的叉车（如图 3-17 所示）。因其所载货物在前轮重心以外，为了克服装卸搬运时货物产生的倾覆力矩，避免叉车翻倒，通常在叉车的尾部装有平衡重或者以底盘来配重。这种叉车的运行速度比较快，而且有较好的爬坡能力，爬升高度一般为 2 ~ 4 米，因此非常适用于露天货场作业。在取货或者卸货时，叉车门架可以左右移动或者向前移动，便于货叉插入；取货后，叉车门架可以后倾，使物料重心后移，以保证货物在搬运中稳定。

图 3-17 平衡重式叉车

资料来源 佚名. 平衡重式叉车的介绍 [EB/OL]. [2024-03-17]. https://zhidao.baidu.com/question/202235601292580525.html.

（2）侧面叉车

这种叉车在司机室的侧面有一个放置货物的平台，门架与货叉在车体的中央，可以横向伸出取货，然后缩回车体内将货物放在平台上即可行走（如图 3-18 所示）。操作该叉车的司机视野好，所需货物的搬运通道也较窄。侧面叉车可用于在较小空间内对长件货物进

---

① 本部分改编自：陈虎. 物流配送中心运作管理 [M]. 北京：北京大学出版社，2011.

行装卸、堆拆垛和短距离搬运。

图 3-18 侧面叉车

资料来源 浙江吉鑫祥叉车制造有限公司网站的产品展示图片。

（3）插腿式叉车

插腿式叉车的车体前两条外伸的车轮支腿在作业时跨在货物两侧，货叉位于支腿之间，无论是在取货时还是在运行时，都不会失去稳定性（如图 3-19 所示）。其尺寸较小，转弯半径小，在库内作业比较方便。但是货架或者货箱的底部必须留有一定的空间，在作业时使叉车的两条支腿能够插入。支腿的高度会影响仓库的空间利用率，所以必须使其尽量低。前轮的直径也比较小，对地面的平整度要求比较高。

图 3-19 插腿式叉车

资料来源 佚名. 插腿式叉车 [EB/OL]. [2024-03-17]. https://baike.baidu.com/item/%E6%8F%92%E8%85%BF%E5%BC%8F%E5%8F%89%E8%BD%A6/22809009?fr=aladdin.

（4）前移式叉车

前移式叉车是门架或者货叉可以前后移动的叉车（如图3-20所示）。其一般采用蓄电池为动力，不会污染空气。蓄电池可起到一定的平衡作用，不需配备专门的平衡重。它常用于室内作业，所以一般采用实心轮胎，车轮直径也比较小。整个车体的尺寸较小，转弯半径也不大，在巷道内作业时，巷道宽度比平衡重式叉车小得多，从而可以极大地提高仓库面积的利用率。

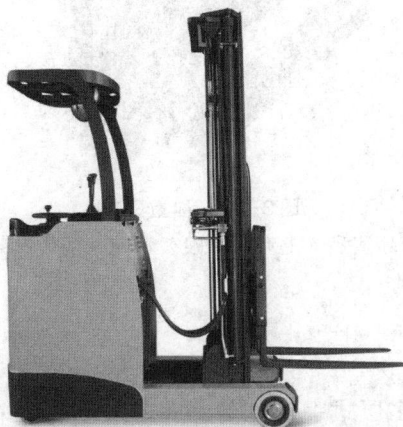

图3-20 前移式叉车

资料来源 佚名. 前移式叉车［EB/OL］.［2024-03-17］. https://baike.baidu.com/item/%E5%89%8D%E7%A7%BB%E5%BC%8F%E5%8F%89%E8%BD%A6/3077105?fr=aladdin.

除了上面一些常用的叉车外，还有一些特殊叉车，如转向式叉车、倍深式叉车（如图3-4所示）、夹抱叉车（如图3-21所示）和称重叉车（如图3-22所示）等。随着叉车技术的发展，各种新型叉车也在不断地推出。

图3-21 夹抱叉车

资料来源 佚名. 抱夹［EB/OL］.［2024-03-17］. https://baike.baidu.com/item/%E6%8A%B1%E5%A4%B9/4413240?fr=aladdin.

图 3-22　称重叉车

资料来源　梅特勒-托利多国际贸易（上海）有限公司网站的产品展示图片。

3.3.3　手推台车

常见的手推台车有立体多层式手推台车、登高式手推台车、折叠式手推台车和升降式手推台车（如图 3-23 至图 3-26 所示）等。

图 3-23　立体多层式手推台车

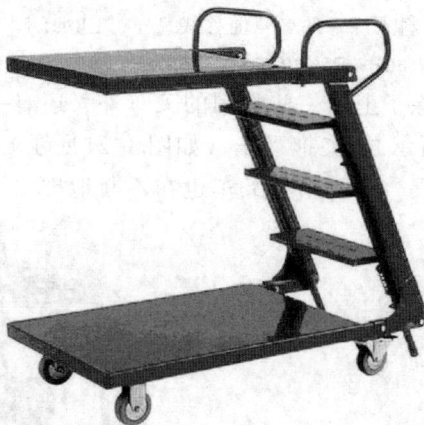

图 3-24　登高式手推台车

图 3-25　折叠式手推台车

资料来源　耐朗（上海）工业设备有限公司网站的产品展示图片。

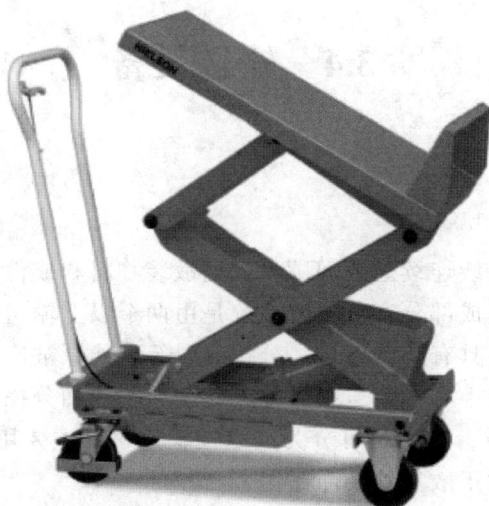

图 3-26　升降式手推台车

资料来源　耐朗（上海）工业设备有限公司网站的产品展示图片。

3.3.4　自动导引车

自动导引车（automatic guided vehicle，AGV）是指在车体上装备有电磁学或光学等导引装置、计算机装置、安全保护装置，能够沿设定的路径自动行驶，具有物品移载功能的搬运车辆（国家标准《物流术语》（GB/T 18354—2021））（如图 3-27 所示）。根据导引方式的不同，自动导引车可分为固定路径导引（包括电磁导引、光导引和磁带导引等）和自由路径导引（包括激光导引、惯性导引等）等。该车装有自动导引装置，能够沿规定的路线行驶，在车体上还具有编程和停车选择装置、安全保护装置以及各种物料移载功能。

图 3-27　自动导引车

资料来源　佚名. 激光叉车式 AGV［EB/OL］.［2024-03-17］. https://www.chenghe.info/?p=260.

多台不同类型的、用计算机控制的自动引导车组成自动导引车系统（AGVS），该系统一般由自动导引装置、计算机信息管理系统、交通管制系统、调试和监控系统、安全系统等组成。各台自动导引车在计算机的交通管制下有条不紊地运行，并通过物流系统软件集成在物流系统、生产系统中。自动导引车系统被广泛应用于柔性制造系统（flexible manufacturing system，FMS）、柔性搬运系统和自动化立体仓库中。

3.4　输送设备

3.4.1　输送机

输送机是按照规定路线连续地或间歇地运送散装物料和成件物品的搬运机械。其是现代物料搬运系统的重要组成部分。输送机系统是由两个以上输送机及其附件组成的一个比较复杂的工艺输送系统，具有装卸搬运、分拣物料等功能，被广泛应用于企业的生产流水线、物料输送线以及物流中心、配送中心物料的快速拣选和分拣。

根据不同的货物性质，输送机可分为间歇性输送机（主要用于集装单元的装卸搬运）和连续性输送机（主要用于散货的装卸搬运）。

按动力性质划分，输送机可分为：

①有牵引构件的输送机，如带式输送机（如图3-28所示）、链式输送机、板式输送机、悬挂式输送机等；

图3-28　带式输送机

②无牵引构件的输送机，如滚轮式输送机（如图3-29所示）、螺旋输送机（如图3-30所示）、振动输送机；

③气力输送装置，如悬浮式气力输送装置、推送式气力输送装置等。

图3-29　滚轮式输送机

图 3-30　螺旋输送机

❖ **小案例 3-1**

　　滚轮式输送机具有坡度大时传送速度快、坡度小时传送速度慢的特点。传送速度太快，货物到达滚轮式输送机的终端时容易发生碰撞、损坏；传送速度慢，有时货物不动，效率低。

　　问题：如何解决这一矛盾？

❖ **小案例 3-2**

　　武汉某医药配送中心，分拣出货终端是用皮带传送的。因为地方狭小、可用距离短，传送带的坡度较大，所以时常发生货箱倾倒的情况，尤其是货箱横着摆放时。货箱倾倒会导致药品散落。

　　问题：如何解决这一问题？

3.4.2　分拣输送系统

　　分拣输送系统是将随机的、不同类别、不同去向的物品，按其要求（产品类别或产品目的地）进行分类的一种物料搬运系统。随着社会生产力的提高、商品品种的日益丰富，在生产和流通领域中的物品分拣作业，已成为耗时、耗力、占地大、差错率高、管理复杂的部门。为此，物品分拣输送系统已经成为物料搬运系统的一个重要分支，被广泛应用于邮电、航空、食品、医药等行业以及物流中心和配送中心等。

　　在分拣输送系统中，分拣机是最主要的设备（如图 3-31 所示）。分拣机的种类有很多，按工作方式可分为横向推出式、升降推出式、倾斜式、悬吊式。

（a）

（b）

图 3-31　分拣机

3.4.3 托盘

3.4.3.1 托盘的含义

托盘（pallet）是指在运输、搬运和存储过程中，将物品规整为货物单元时，作为承载面并包括承载面上辅助结构件的装置（国家标准《物流术语》（GB/T 18354—2021））。托盘又称栈板、夹板，在装卸搬运、保管、运输和包装等各个物流环节中具有很重要的衔接功能。作为一种集装设备，托盘被广泛应用于生产、运输、仓储和流通等领域，被认为是20世纪物流产业的两大关键性创新之一。

3.4.3.2 托盘的种类[①]

按材料，托盘可分为木质托盘（如图3-32所示）、钢制托盘（如图3-33所示）、塑料托盘（如图3-34所示）、纸托盘、复合材料托盘等。

图 3-32 木制托盘

图 3-33 钢制托盘

资料来源　河北森久仓储设备厂网站的产品展示图片。

---

① 本部分改编自：傅莉萍. 仓储管理［M］. 北京：清华大学出版社，2015.

图3-34　塑料托盘

资料来源　佚名．塑料托盘［EB/OL］．［2024-03-17］．https://baike.baidu.com/item/%E5%A1%91%E6%96%99%E6%89%98%E7%9B%98/4802619?fr=aladdin.

按货叉插入口，托盘可分为两口型和四口型。

按使用面，托盘可分为单面型和双面型。

按应用，托盘可分为平托盘、柱式托盘、箱式托盘、轮式托盘、特种专用托盘等。

（1）平托盘

仓库中最常见的托盘是平托盘。平托盘由双层板或单层板另加底脚支撑构成，无上层装置，用途广泛，品种多样。其特点是存放货物方便、快捷，缺点是缺乏对货物的保护，容易散垛。

（2）柱式托盘

柱式托盘分为固定式和可卸式。其基本结构是托盘的4个角有钢制立柱，柱子上端有横梁连接，形成框架型（如图3-35所示）。柱式托盘的主要作用是：第一，利用立柱支撑货物，往高叠放；第二，可防止托盘上放置的货物在运输和装卸过程中发生塌垛现象。

图3-35　柱式托盘

资料来源　佚名．柱式托盘［EB/OL］．［2024-03-17］．https://wiki.mbalib.com/wiki/%E6%9F%B1%E5%BC%8F%E6%89%98%E7%9B%98.

（3）箱式托盘

箱式托盘是四面有侧板的托盘（如图3-36所示）。有的箱式托盘的箱体上方有顶板，有的没有顶板。箱板有固定式、折叠式、可卸下式三种。箱式托盘的防护能力强，可防止塌垛和货损，可装载异型的不能稳定堆码的货物，应用范围广。

图 3-36　箱式托盘

资料来源　大连中车集装箱有限公司网站的产品展示图片。

（4）轮式托盘

轮式托盘与柱式托盘和箱式托盘相比，多了下部的小型轮子。因此，轮式托盘具有能短距离移动、自行搬运或进行滚上滚下式装卸等优势，用途广泛，适用性强。

（5）特种专用托盘

这是指为特殊物品专门设计的托盘，如平板玻璃集装托盘、轮胎专用托盘、长尺寸物托盘和油桶专用托盘等。

3.4.3.3　托盘的尺寸

托盘的尺寸是否具有统一标准，直接影响物流运作效率的高低。统一托盘的规格，能够最大限度地节约物流成本。由于托盘规格的标准影响不同国家和地区集团的经济利益，所以有关托盘问题的利益平衡在短时期内难以做到，一些已在某些国家和地区推行的托盘规格不可能妥协与退让。这样，ISO 统一全球联运托盘的规格存在很大的困难，最终只能对已在相关国家和地区推行的 1 200mm×1 000mm、1 200mm×800mm、1 219mm×1 016mm（48 英寸×40 英寸）、1 140mm×1 140mm、1 100 mm×1 100 mm 和 1 067mm×1 067mm 等 6 种托盘的规格在 ISO 6780《联运通用平托盘　主要尺寸及公差》中采取兼收并蓄的态度，将这 6 种托盘的规格并列称为全球通用的国际标准。

中国的托盘标准选的是 1 200mm×1 000mm 和 1 100mm×1 100mm 两种规格，且特别注明 1 200mm×1 000mm 为优先推荐规格。国标《木质平托盘　通用技术要求》（GB/T 31148—2022）于 2022 年 10 月 1 日开始实施。

❖ 小资料 3-3

托盘的优缺点

1.托盘的优点

作为最常用的集装单元器具之一，托盘的主要优点是：

（1）自重量小。

（2）返空容易。

（3）装盘容易。

（4）装载量适宜，组合量较大。

（5）可以节省包装材料，降低包装成本。

2.托盘的缺点

托盘除了具有上述优点外，也有以下缺点：

（1）在保护产品性能方面不如集装箱。

（2）露天存放困难，需要有仓库等设施。

（3）托盘本身的回运需要一定的运力消耗和成本支出。

❖ 课堂讨论 3-4

用不同尺寸的托盘摆放方块形或圆柱形货物时，可按照国家规定的摆放方式（图谱）进行摆放；除此之外，是否可用优化方法进行三维优化摆放？

3.5　包装设备与其他设备

（1）包装设备

包装设备是指完成全部或部分包装过程的机械设备，如打包机、捆扎机、纸箱成型机、开箱机、贴标机、封箱机、包装机（如图 3-37 所示）、缠绕机（如图 3-38 所示）、裹包机、堆码机、装箱机等。

（a）

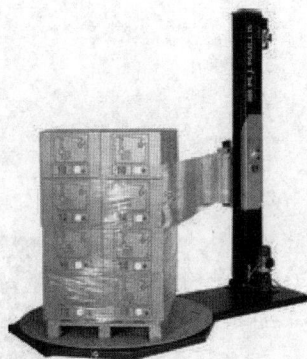
（b）

图 3-37　包装机

知识链接 3-1　缠绕机的故障及处理办法

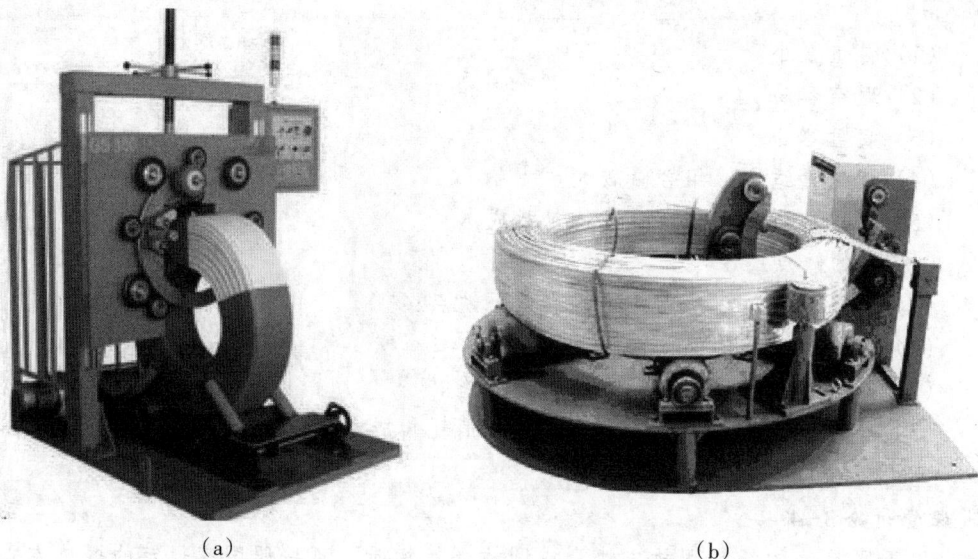

　　　　　　（a）　　　　　　　　　　　　　　　　　　（b）

图 3-38　缠绕机

资料来源　派楷包装设备（上海）有限公司网站的产品展示图片。

（2）计量设备

　　计量设备是指货物在入库验收、在库检查和出库交接中使用的度量衡称量设备及检验货物的各种仪器仪表。其主要包括磅秤、地重衡、轨道衡、汽车磅秤、拣货设备（如图3-39所示）、质量检验设备（如图3-40所示）、货物体积重量测量仪（如图3-41所示），以及直尺、卷尺、游标卡尺等。

图 3-39　拣货设备

图 3-40　质量检验设备

资料来源　梅特勒-托利多国际贸易（上海）有限公司网站的产品展示图片。

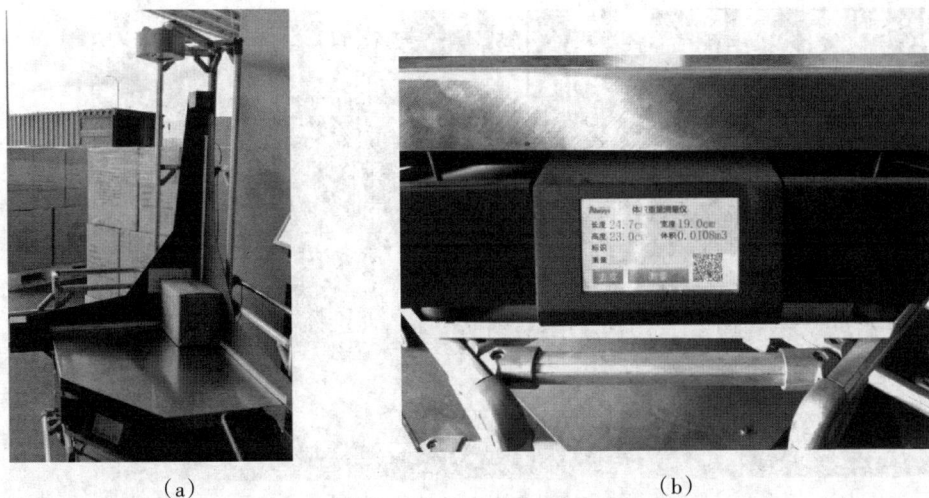

|(a)|(b)|

图 3-41 货物体积重量测量仪

（3）养护检验设备

养护检验设备是指商品进入仓库验收和在库内保管测试、化验以及防止商品变质、失效的机具、仪器，如温度仪、测潮仪、吸潮器、烘干箱、风幕（设在库门处，以控制内外温差）、空气调节器等。在规模较大的仓库中这类设备使用较多。

（4）通风、保暖和照明设备

通风、保暖和照明设备是根据商品保管和仓储作业的需要而设的。

（5）消防安全设备

消防安全设备是仓库必不可少的设备。它包括报警器、消防车、手动抽水器、水枪、消防水源、砂土箱、消防云梯等。

（6）劳动防护用品

劳动保护用品主要用于确保仓库职工在作业中的人身安全。

（7）其他用品和用具

不能划入以上 6 类的设备被归类为其他设备。

3.6 自动化立体仓库

3.6.1 自动化立体仓库的含义与发展状况

3.6.1.1 自动化立体仓库的含义

立体仓库（stereoscopic warehouse）是指采用高层货架配以货箱或托盘储存货物，用巷道堆垛机及其他机械进行作业的仓库。自动化立体仓库又称自动化高架仓库或自动仓储系统（AS/RS 系统），是一种基于高层货架，采用计算机进行控制管理，利用自动化存取输送设备自动进行存取作业的仓储系统（如图 3-42 所示）。自动化立体仓库是实现高效率物流和大容量储藏的关键系统，在现代化生产和商品流通中具有举足轻重的作用。

图3-42 苏宁云商自动拣选系统

资料来源 陈晓琼. 中国企业引领全球智慧零售转型 苏宁云商模式进入收获期 [EB/OL]. [2024-03-11]. http://www.p5w.net/kuaixun/201710/t20171025_1998804.htm.

知识链接3-2 智能仓储

3.6.1.2 自动化立体仓库的发展状况

自动化立体仓库是第二次世界大战之后生产和技术发展的结果。20世纪50年代初，美国出现了采用桥式堆垛机的立体仓库；50年代末60年代初，美国出现了司机操作的巷道式堆垛机立体仓库；1963年，美国率先在高架仓库中采用计算机控制技术，建立了第一座计算机控制的立体仓库。此后，自动化立体仓库在美国和欧洲得到迅速发展。20世纪60年代中期，日本开始兴建立体仓库，并且发展速度越来越快，成为当今世界上拥有自动化立体仓库最多的国家之一。

我国于1963年研制成第一台桥式堆垛机，于1973年开始研制第一座由计算机控制的自动化立体仓库（高15米），该库于1980年投入运行。2018年，我国新建自动化立体库超过800座；2019年，中国自动化立体仓库保有量为6 000座左右；2021年，中国自动化立体仓库行业专利申请量达63件，同比增长8.62%，自动化立体仓库的市场规模已达到1 145.5亿，2026年立体仓库市场规模有望达到2 665.3亿元，2021—2026年年复合增长率预计达到18.4%。

3.6.2 自动化立体仓库的基本组成

自动化立体仓库一般由高层货架、巷道堆垛机、出入库输送机系统、自动控制系统、计算机仓库管理系统及其他周边的设备组成，可对集装单元货物实现大量储存、自动存取和计算机管理。

（1）高层货架

高层货架是指用于储存货物的钢结构，目前主要有焊接式货架和组合式货架两种基本形式。

（2）巷道堆垛机

请参见3.3.1部分的相关介绍。

（3）出入库输送机系统

出入库输送机系统是指立体仓库的主要外围设备，负责将货物运送到堆垛机或从堆垛机上将货物移走。

（4）自动控制系统

自动控制系统被用于驱动自动化立体仓库系统的各个设备，目前主要采用现场总线控制模式。

（5）计算机仓库管理系统

计算机仓库管理系统是自动化立体仓库系统的核心。目前典型的自动化立体仓库系统均采用大型的数据库系统（如 Oracle、Sybase 等）构筑典型的客户机/服务器体系，可以与其他系统（如 ERP 系统等）联网或集成。周边设备还包括搬运机、自动导向车、叉车、台车、托盘等。其作用是配合巷道堆垛机完成货物输送、搬运、分拣等作业，还可以临时取代其他主要搬运系统，使自动存取系统维持工作，完成货物出入库作业。

3.6.3　自动化立体仓库的主要作用

3.6.3.1　提高空间利用率

早期立体仓库构想的基本出发点就是提高空间利用率，充分节约有限、宝贵的土地。立体仓库能充分利用垂直空间，使其单位面积储存量远大于普通的单层仓库，一般能达到单层仓库的4~7倍。目前，世界上最高的立体仓库达40多米，容量超过数万甚至10多万个货位。

3.6.3.2　便于形成先进的物流系统

传统仓库只是货物储存的场所，保存货物是其唯一的功能，是一种静态仓储。自动化立体仓库采用先进的自动化物料搬运设备，是一种动态仓储。以制造业为例，自动化立体仓库不仅能使货物在仓库内按需要自动存取，而且可以与仓库以外的生产环节进行有机的连接，并通过计算机管理系统和自动化物料搬运设备使仓库成为企业生产物流中的一个重要环节。对物流业来说，先进的自动化物料搬运设备不仅能使货物在仓库内按需要自动存取，而且可以与客户需求、配送计划进行有机的连接，并通过计算机管理系统和自动化物料搬运设备使配送作业更加精准，仓储与配送管理更加精细，有利于提高物流企业的管理水平。

❖ **小案例 3-4**

激光三维导引装置

　　某物流公司为了节约成本，在花 25 万元购买前移式高位叉车后，投资 20 万元进行无人驾驶改进（如图 3-43 所示），每台叉车可节约成本近 50 万元。该叉车用激光导航（如图 3-44 所示）定位，克服有些 AGV 需要电磁轨道的弊端，行走路线可容易地更改。

图 3-43　技术改造后无人驾驶前移式高位叉车

图 3-44　货架边缘白色激光定位导航装置

3.6.3.3　提高生产效率

　　自动化立体仓库因采用计算机管理系统和自动化设备，大幅度提高生产效率，主要体现在以下几个方面：

　　①采用自动巷道堆垛机取代人工存放货物和人工取货，既快捷又省力。由于工人不必进入仓库内工作，工作环境大为改善。

　　②采用计算机管理系统对货物进行管理，大大增强了管理能力，使仓库管理科学化，准确性和可靠性有质的提高，出入库管理、盘点、报表等工作变得简单快捷，工人的劳动强度大大降低。

　　③自动化立体仓库系统辅以库前辅助输送设备，使出入库变得简单方便。

④自动化立体仓库系统所需要的操作人员和系统维护人员很少,既节省了人力、物力、财力,又改善了工作环境,一举多得。

3.6.3.4 提高货物仓储质量

自动化立体仓库采用计算机进行仓储管理,可以方便地做到先进先出,防止货物自然老化、变质、生锈,也能避免货物的丢失。在库存管理中采用计算机,可以迅速、准确地清点盘库,大大提高货物的仓储质量。

知识链接3-3 仓储设备的"三级保养"

❖ **案例窗3-1**

华为自动化立体仓库

一、公司相关介绍

华为技术有限公司于1987年成立于中国深圳,是全球领先的电信解决方案供应商。在30多年的时间里,华为基于客户需求持续创新,在电信网络、全球服务和终端三大领域都确立了端到端的领先地位。凭借在固定网络、移动网络和IP数据通信领域的综合优势,华为已成为全IP融合时代的领导者。华为2023年全球销售收入为7 042亿元,同比增长9.6%;净利润为870亿元,同比增长144.5%。

二、项目介绍与分析

华为制造业务实现了原材料到自动化立体仓库的集自动收货、质检、储存、分拣和发货为一体的配套系统,包括自动传输系统、物料分拣系统、货架系统、堆垛机系统、输送机系统、业务管理和控制系统、条形码系统、箱式输送系统等的设计、制作、运输、装卸、安装及调试验收交付、技术资料、验证文档、售后服务等全过程。

物流中心采用国际、国内领先技术及设备,集光、机、电、信息于一体的高度复杂的自动化物流系统工程,以配合华为的整体战略思想,展示华为与时俱进的形象及现代化的物流管理能力。

客户解决方案的特点是:

(1)从入库到出库的全程自动化。

①入库周转箱从月台到拆包装区的自动化搬送;

②入库托盘与周转箱的自动上架;

③补货料箱的自动化搬送与分流;

④拣选货物的自动供给;

⑤分拣机的自动化分拣。

(2)业务优化。

①GTP(general data transfer platform,通用数据传输平台)作业模式;

②PTL（pick to light，借助安装在货架上的LED显示的电子标签进行拣货）灯光指示拣选；

③提前拣选；

④高价值商品的紧急应对；

⑤夹层拆包、贴标业务处理。

（3）有限空间的充分利用。

①自动化立体仓库实现密集储存；

②水平旋转货架，创造更多的拣选点。

（4）空托盘/料箱收集与供应。

（5）逆向物流的自动化作业。

解决方案过程中融入的新技术与创新管理理念（亮点分析）：

1.GTP站台

其采用"货到人"的接力式拣选模式，有效地节省了人工搬运距离，提高了作业效率。本站台的设计完全符合人体工程学，有效地将PTL拣选模式、自动输送模式整合一体；同时，本设计方案具备后续业务的扩展性。

2.夹层

夹层方案设计对料箱业务进行提前的预处理，有效地利用了物流中心建筑的空间，提高了空间利用率，保证了入库暂存区的面积。有效利用同一层面的自动化立体仓库的空间，设置料箱业务的二次回库及出库作业，增加货位，增强库存能力。

3.侧边拣选

侧边拣选区域实现了集自动化入库、补货、PTL拣选于一体的立体拣选模式，采用接力拣选模式为生产线直接供料。

4.大件在线拣选

对拉手条等大件商品实现在线直接拣选，提高作业效率，节省离线作业的暂存场地；同时，在设计时充分考虑作业高峰期的应对策略，设计备用暂存拣选站台。

5.特殊情况下的灾备方案

整个华为物流中心的设计采用了一二级仓库分级管理，确保整个供料系统可以有双重防护面对临时灾难性状况导致的供料中断，通过各功能区的并行库存管理及多站点式拣选，有效降低单个站点或功能区障碍导致的无法拣料。华为在项目设计伊始就充分考虑了防灾预备方案，确保整个物流中心在紧急情况下仍然可以为生产线供料。

资料来源　佚名.华为自动化立体仓库［EB/OL］.［2024-03-16］. http://www.gongkong.com/article/201807/81751.html.（有改编）

学思践悟

党的二十大报告指出，"加快发展物联网，建设高效顺畅的流通体系，降低物流成本"，加强"产业链供应链韧性"与"产业链供应链安全"。这不仅对现代物流业发展提出了更高的要求，也为其未来发展指明了方向。物流业要从现代物流加快向智慧物流发展演进。随着物流业加快与制造业、商贸业联动发展，加强与物联网、互联网的深度融合，带动新技术、新模式、新业态不断涌现，智慧物流进入新的发展阶段。

我国物流业智慧物流发展态势良好。

首先，以京东物流为例，2023年第一季度总收入达367.3亿元，同比增长34.3%。"亚洲一号"投用10年，京东物流已建成亚洲规模最大的智能仓群。在智能大数据方面，京东物流自主研发、自主集成的WCS系统、WMS系统、ERP系统，共同组成"亚洲一号"的"智能大脑"。全国各地的仓储设施成为京东物流服务网络的关键网络节点，通过"智能大脑"的大数据技术进行监控和管理。京东物流凭借全方位的智慧功能和积累的多年经验，物流各环节的运转效率和质量得到了很大程度的提升。

其次，顺丰等企业在智慧物流方面取得可喜战绩。顺丰发布了大数据平台、数据灯塔和丰溯三大产品，目标是构建"完整的数字化供应链体系"。

资料来源 ［1］刘旷. 菜鸟、顺丰、京东物流：无"智"难行？［EB/OL］．（2022-08-29）［2024-03-15］．http://news.sohu.com/a/580789640_250147．［2］中国质量新闻网. 京东物流持续领跑！单季一体化供应链收入184.5亿元，头部客户粘性持续增强［EB/OL］．（2023-05-11）［2024-03-15］．https://www.cqn.com.cn/cj/content/2023-05-11/content_8938087.htm．

本章小结

3.1部分介绍了仓储设备及其种类。仓储设备是指进行仓储作业、辅助作业及保证仓库作业安全所配备的各种机械设备的总称。仓储设备可分为存货、取货设备，分拣、配货设备，验收、养护设备，流通加工设备，防盗设备，控制管理设备等。

3.2部分分别介绍7种不同类型的货架，即托盘式货架、重力式货架、悬臂式货架、移动式货架、旋转式货架、层架和阁楼式货架。

3.3部分介绍了装卸搬运设备中的堆垛机、叉车、手推台车和自动导引车。

3.4部分介绍了输送设备中的输送机、分拣输送系统和托盘。

3.5部分介绍了常见的包装设备、计量设备和养护检验设备等。

3.6部分介绍了自动化立体仓库的含义与发展状况、基本组成和主要作用。自动化立体仓库又称自动化高架仓库或自动仓储系统，是一种基于高层货架，采用计算机进行控制管理，利用自动化存取输送设备自动进行存取作业的仓储系统。

基本训练

第3章单选题

第3章判断题

❖ 简答题

1.常见的货架的种类有哪些？

2.箱式托盘的适用范围是什么？

3.叉车的种类有哪些？

4.移动式货架的优缺点分别是什么？

5.自动化立体仓库的主要作用有哪些？

6.货物单件体积、重量都比较小，厢式货车装卸货物的效率低，如何解决这些问题？

7.常见的托盘种类有哪些？

8.常见的输送机有哪些？

第4章 仓储收货管理

❖ 引例

天虹&宝洁：供应链数字化协同

一、项目产生的背景

全球经济增速放缓，对各行业尤其零售商带来巨大挑战，如何与零售商一起降本增效，提升客户服务、加强技术创新，带来双方价值共创是供应链合作的重点。天虹、宝洁在供应链上多年来保持密切合作并不断突破创新，在优化库存结构、零供协同补货、需求提前单等协同计划方面已经取得了非常大的进展和突破，并在持续挖掘新的机会点和增长点。

宝洁在天虹销售的 SKU 超 800 个，天虹以子品类维度下单，越库、在库和货架等订单种类复杂多样，每月订单数量达 800 左右，双方交接效率低，签单报单延迟率达到 30% 以上。天虹、宝洁通过供应链价值流工作坊，识别出物流运作中的机会点，通过一系列流程优化提高报单准时率，提高收货效率，减少拒收率，加速报单。但物流交接过程中有几大效率瓶颈无法通过流程优化解决，导致供应链价值流工作成果无法长期保持，旺季反复出现如下问题：①宝洁拆单发运多仓出库和天虹以订单为单位收货的矛盾；②人工预约效率低；③人工报单效率低；④仓库收货手工录入数量和批次效率低；⑤平均报单时间延迟 3 天，影响后续开票付款流程。

二、供应链数字化协同方案

为了从根本上突破单凭流程优化无法解决的瓶颈，天虹、宝洁积极探索，开展端到端数字化供应链（e-OSB）项目，通过宝洁传输工具安全系统（TVSS）、天虹 ERP、B2B、WMS 系统的物流信息同步互联，从预约、发运到收货明细信息同步，实现订单送货收货全链路数字化协同。

具体解决方案如下：

1. 预约环节

目前卸货预约需人工在天虹 B2B 平台操作，以订单为单位预约，每月需耗费人工工时 40 小时左右。由于天虹 B2B 人工操作端口对预约时间有严格限制，可预约时间只有不到 24 小时，不能灵活应对业务需求。

新流程以车辆为单位进行电子预约，解决同一订单不同车辆送货的预检、收货和签单困难，提升预约准确性和及时性。由于系统打通，电子预约无时间限制，更加灵活高效。

2. 收货环节

天虹收货流程需根据供应商预约信息进行预检，提前根据预约数量安排仓库人员资源；但订单数量与实际分货及送货数量不是100%一致，有时差异比较大，会导致浪费资源。天虹收货需录入准确的产品信息、到货数量和批次，之前的操作方式无法在收货之前获得这些信息，到货后需手工录入，这部分操作占据整体收货20%的工作量，大大降低收货效率。

在新流程中，新技术会在到货前自动传输准确的品种信息、数量和批次信息。一单一结，一车一结，提高收货效率，节约20%的收货时间。

3.报单环节

天虹报单延迟率在所有宝洁零售商中占比前五，财年至今延迟率比例为24%，占比全国所有宝洁区域零售客户的84%，急需利用数字化工具解决该问题。

在新流程下，天虹收货后自动传输收货信息到宝洁SAP（System Applications and Products）系统（企业管理解决方案的软件名称）做核单POD（proof of delivery，交货证明）操作，对于无拒收情况（95%以上），e-POD可以自动做POD，大大减少人工操作。

三、项目实施效果

天虹-宝洁供应链端到端数字化项目（太仓工厂和供应链运筹中心共同做到了端到端的完全整合和动态数字规划，其中包括端到端实时可视化、集成人工智能、数字化规划执行等）通过优化关键流程，提高效率、降低成本、提升利润、加速现金流，从而实现价值共创。项目提升收货效率约20%，缩减回款天数约20%，改善POD延期情况约45%。项目创造生意增长168万元，加速宝洁回款273万元。从10月e-OSB陆续上线以来报单准时率持续提高，12月取得了过去18个月以来最高报单准时率。

天虹-宝洁通过不断探索和创新，建立端到端数字化供应链物流系统和流程协同，减少人员干预，提高物流运作效率，加速产品快速上架。此外，天虹东莞仓（覆盖整体生意75%以上）在2022年年初切换自动化立体仓，天虹和宝洁将继续深挖供应链合作机会，共同创造更多价值，助力生意增长。

资料来源　佚名.【ECR实践案例】天虹&宝洁：供应链数字化协同［EB/OL］.（2023-03-15）［2023-12-10］. https://www.sohu.com/a/654598292_649545.

4.1　仓储收货管理概述

4.1.1　仓储收货管理的含义

仓储收货管理包括收货、储存、发货管理3个阶段。这3个阶段还可细分成接车、卸车、理货、检验、入库（狭义的入库概念，不包括接运）、储存、分拆、堆码、保管保养、盘点、装卸搬运、加工、包装和发运等若干具体作业环节。为了提高运作效率、降低成本，我们需要对作业流程进行细致的分析、持续改进，精益求精，科学合理地计划、组织，以达到物流仓储与配送系统整体最优。收货作业流程也称入库作业流程（广义入库的概念与收货或进货的含义相同）或进货作业流程，其主要内容包括收货前准备工作、接运与卸货、分类与标识、核对单据、入库验收、搬运与堆码、入库信息处理。

4.1.2　收货作业管理的原则

为安全有效地卸货和仓库能按期、准确地组织货物入库，在组织收货作业时必须注意以下几项原则：

（1）合理安排收货计划，充分利用人力及设备等资源

在组织和安排收货作业时，要考虑现有的人力和设备资源，资源调度安排要与收货作业的活动分布相配合。对供应商能够直接送货入库的，应要求对方自行卸货，以减少仓库作业人员，并保证卸货作业能正常进行。

（2）各环节有效衔接，仓储与配送整个系统最优

要充分考虑收货作业和储存作业、发货作业的有效衔接。仓库储存、发货一般采用托盘、箱、小包及单件 4 种包装方式，因此收货也应采用这 4 种包装方式。在收货作业时，必须通过拆箱、重新包装等方式将入库包装单位转换成适合储存的包装单位。同时，尽量使用可流通的容器，节省更换容器的时间，同时有利于配合装卸搬运设备的使用。

（3）消除一切浪费现象，提高运作效率

进行价值分析，运用科学理念和方法，消除一切浪费现象，提高运作效率。力求将卸货、分类、标记、验货等作业环节集中在一个场地完成，这样既可以减少对空间的占用，也可以减少货物装卸搬运的次数，从而降低作业成本，提高作业效率。要制定作业相关性分析图，合理布置作业顺序，合理安排作业时间，避免倒装、倒流、等待、运输距离过长、运作时间长等浪费现象。

❖ **小案例 4-1**

一家货代公司代理外地一家出口贸易公司的 1 600 吨货物入保税仓库，但是货物实际离境时竟然少了 30 吨，货物价值接近 20 万元人民币。送货方为货主委托的另外的 A 仓库，他们说没有少送货；保税仓库也说自己没有遗失货物，肯定是入区（库）的 A 仓库少送货物了。在入区（库）时，保税仓库没有进行过磅点数就签下了 A 仓库的收货单。

问题：

（1）如果货代公司申请立案，原告是由货代公司申请还是由委托方出口贸易公司申请？

（2）现在无法证明是 A 仓库少送还是保税仓库丢货，那么被告方是否可以同时为 A 仓库和保税仓库？

资料来源　佚名. 保税区仓库货物丢失 [EB/OL]. [2024-03-16]. http://www.110.com/ask/problem/1146576/.

4.2　收货作业流程

在仓储配送中心的基本作业流程中，收货作业完成后还能开始进行其他作业环节。收货作业是后续作业的基础和前提，其质量直接影响到后续作业的质量。不同类型企业的收货作业流程略有所不同，一般的流程如图4-1所示。

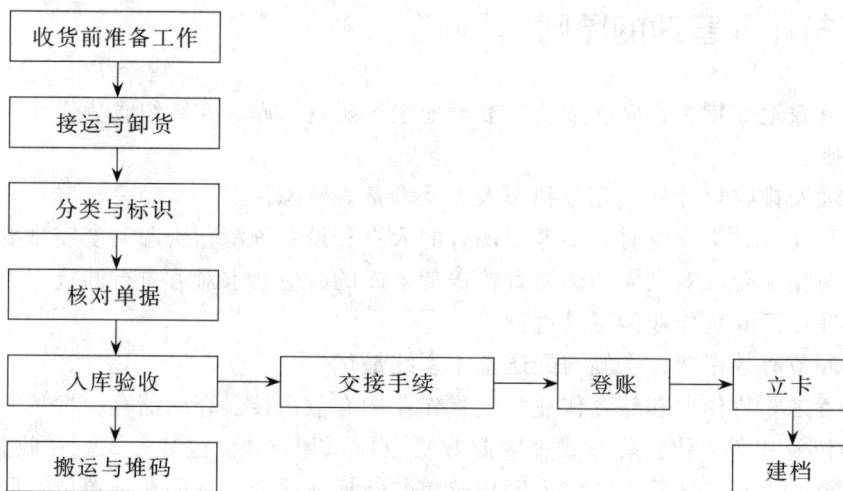

```
收货前准备工作
     ↓
接运与卸货
     ↓
分类与标识
     ↓
核对单据
     ↓
入库验收  →  交接手续  →  登账  →  立卡
     ↓                               ↓
搬运与堆码                          建档
```

图4-1　收货作业流程

拓展阅读4-1　影响入库作业的具体因素

4.2.1　收货前准备工作

在货物到达仓储配送中心之前，必须根据收货作业计划，在掌握入库货物的品种、数量和到库日期等具体情况的基础上做好入库准备。做好入库准备是保证货物入库稳中有序的重要条件。准备工作的主要内容有：熟悉入库货物，掌握仓库情况，制订仓储计划，优化安排货位，科学、合理组织人力，做好货位准备，准备苫垫材料、作业用具，准备验收，设定装卸搬运工艺，准备文件、单证等内容。

4.2.2　接运与卸货

有些货物通过铁路、公路、水路等公共运输方式转运到达，需仓储配送中心从相应站港接运货物；对直接送达仓储配送中心的货物，必须及时组织卸货入库。

这部分内容较多，在流程中不作详细介绍，将在4.4部分详细论述。

4.2.3　分类与标识

在对货物进行初步清点的基础上，需按储放地点、货物特点进行分类与标识。分类是为了有条理地管理和存放货物。

4.2.4　核对单据

入库货物通常会具备下列单据或相关信息：送货单（如图 4-2 所示）、采购订单、采购进货通知、供应方开具的出仓单（如图 4-3 所示）、发票、磅码单、发货明细表等。除此之外，有些货物还有随货同行的质量保证说明书、检验检疫证书、装箱单等。对由承运企业转运的货物，接运时还需审核运单，核对货物与单据反映的信息是否相符，以保证进库货物无误。

送 货 单　№

收货单位
地　　址　　　　　　　　　　　　　　　　　　　　20　年　月　日

货号	名　称　及　规　格	单位	数　量	单价	金　额 十万千百十元角分	①存根(白) ②客户(红) ③回单(黄) ④记账(蓝) ⑤财务(绿)
合计金额	佰　拾　万　仟　佰　拾　元　角　分					

收货单位
及经手人(盖章)　　　　　　　　　送货单位
及经手人(盖章)

图 4-2　人工记账纸质送货单

出 仓 单　3006809

提货部门：　　　　　　　　　　　　　　　　　　　　　年　月　日

编号	名　称　及　规　格	单位	数量	单价	金　额 十万千百十元角分	附注
合计金额	佰　拾　万　仟　佰　拾　元　角　分　¥					

部门主管　　　会计　　　记帐　　　保管　　　提货人　　　制单

图 4-3　人工记账纸质出仓单

4.2.5 入库验收

入库验收是对即将入库的货物，按规定的程序和手续进行数量、质量和包装的检验，也是保证库存质量的第一个重要的工作环节。货物的检验方式有全检和抽检两种。全检主要是针对重要的货物在批量到达或抽检发现问题时进行。对大批量到达货物，规格、尺寸和包装整齐的货物，大多进行抽样检查。货物检验方式、抽样检查方案（如抽检样本大小、判断接受标准等），一般由供货方和接货方通过签订协议或在合同中明确规定。

货物验收包括数量验收、质量验收和包装验收3个方面的内容，即复核货物数量是否与入库凭证相符、货物质量是否符合规定的要求、货物包装能否保证在储存和运输过程中的安全。

4.2.5.1 数量验收

通常货物数量的验收有计件和计重两种方法。

（1）计件法

计件法分为标记计件法、分批清点法和定额装载法等。计件货物应全部清查件数（带有附件和成套的机电设备须清查主件、附件、零件和工具等）。固定包装的小件物资，如内包装完整，可抽验5%～15%的内包装；无差错或其他问题时，可不再拆验内包装。贵重货物应酌情提高检验比例或全部检验。

（2）计重法

计重法分为衡器称重和理论换算两种方法。衡器称重是将计重货物在衡器上称重后再进行核对的方法。理论换算主要适用于规格、长度较一致，如批量大的钢材，以及以根、支、颗粒为单位的散装货物的计重。

4.2.5.2 质量验收

仓储配送中心按照货物的质量检验程序验收，然后才能决定接收或拒收货物。仓储配送中心的质量验收通常采用感官检验和仪器检验等方法。

（1）感官检验

感官检验是指验货人员利用感觉器官，如视觉、听觉、触觉、嗅觉和味觉检验货物质量的方法。

（2）仪器检验

仪器检验是指利用各种试剂、仪器和机械设备，对货物规格、成分、技术标准等进行物理和生化的分析测定。

4.2.5.3 包装验收

包装验收是货物入库验收的重要内容。包装验收的标准与依据包括：国家颁布的包装标准、购销双方合同或订单的要求与规定。包装验收的具体内容有：包装是否安全牢固；包装标识是否符合要求；包装材料的质量是否良好。

拓展阅读 4-2　验收业务流程

4.2.6　搬运与堆码

入库验收完成后，搬运人员就可把验收场地上经过检验合格的入库货物，按每批入库单开制的数量和相同的品种集中起来，按照预先安排的货位，利用搬运工具将货物搬运到指定货位，并堆码好。要做到进一批、清一批，严格防止货物品种互串和数量溢缺。

本书将在 4.5 部分详细介绍"搬运与堆码"内容。堆码的内容较多，本书将在 4.6 部分、4.7 部分继续介绍相关内容。

4.2.7　入库信息处理

货物清点、验收完毕，即通过搬运与堆码过程进入指定货位储存，进入储存阶段；与此同时，工作人员必须进行入库过程中相关信息的处理。

入库信息处理内容详见 4.8 部分。

❖ **课堂讨论 4-1**

在电子化、无纸化或无人仓库环节下，如图 4-1 所示的收货作业流程会有哪些改进与不同？

❖ **小案例 4-2**

戴尔公司无零配件库存模式

戴尔公司采用准时生产方式，最大限度地减少库存数量。戴尔公司取消众多零配件库存，零配件供应商提前 2 小时把生产电脑所需零配件运到总装厂外等候；需要时，直接把所需零配件按生产现场所需数量和装载工具运到指定工位，大幅度降低生产制造成本。戴尔公司除了采取准时生产方式外，还间接运用了消除一切浪费现象的理念。

问题：这些举措都消除了哪些不创造价值的环节？

4.3　入库作业计划与货位分配方法

4.3.1　入库作业计划

入库作业计划是根据采购部门提供的物品采购进货计划来编制的。物品采购进货计划的主要内容包括各类物品的进库时间、品种、规格、数量等。这种计划通常又被称为物品储存计划。仓储主管根据采购部门提交的采购进货计划，结合仓库本身的储存能力、设备条件、劳动力情况和各种仓库业务操作过程所需要的时间，来确定物品入库计划，并将计划下达到各相应的作业人员手里。

采购部门的采购进货计划经常发生变化，为适应这种情况，仓储主管在编制入库作业计划时可采取长计划、短安排的办法，按月或周编制作业计划。

拓展阅读4-3　指派技术在入库作业计划中的运用

4.3.2　货位分配方法

根据货位分配原则，有很多货位分配方法，这里只介绍根据出货频率高低确定货位的方法。

【例4-1】某仓库电器货区的8种货物以往的统计资料见表4-1。电器货区平面图如图4-4所示，库区只有一个出入口，货架在通道两侧。若不考虑重量因素，试确定这8种货物的具体货位。

表4-1　　　　　　　　　　　　　某仓库电器货区的统计资料

序号	货物种类	搬运次数	所需货位数	重量修正系数
1	A.电视	900	4	1.5
2	B.电烤箱	660	3	1.5
3	C.电熨斗	300	1	1.0
4	D.台式电风扇	280	1	1.2
5	E.微波炉	420	2	1.5
6	F.空调	530	2	1.5
7	G.充电器	720	1	1.0
8	H.电磁炉	560	2	1.2
合计				

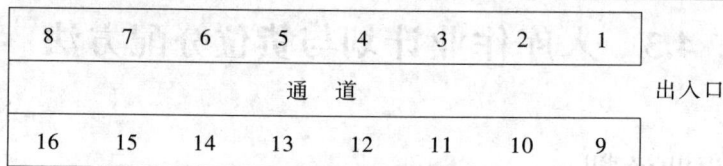

8	7	6	5	4	3	2	1

通　道　　　　　　　　　　出入口

16	15	14	13	12	11	10	9

图4-4　电器货区平面图

【解】靠近出入口的优先顺序见表4-2，根据表4-2可安排一个如图4-5所示的可行方案。为了使相同货物尽量在同一区域、货架同一侧，在如图4-5所示方案的基础上给出改进后方案，如图 4-6 所示。在图 4-6 中，B 和 E 改进后放在同一侧，分别是上面货架最后一个和下面货架倒数第二个。

表 4-2　　　　　　　　　靠近出入口的优先顺序计算表

序号	货物种类	搬运次数	所需货位数	每个货位的搬运次数	靠近出入口的优先顺序
1	G.充电器	720	1	720	1
2	C.电熨斗	300	1	300	2
3	D.台式电风扇	280	1	280	3
4	H.电磁炉	560	2	280	4
5	F.空调	530	2	265	5
6	A.电视	900	4	225	6
7	B.电烤箱	660	3	220	7
8	E.微波炉	420	2	210	8

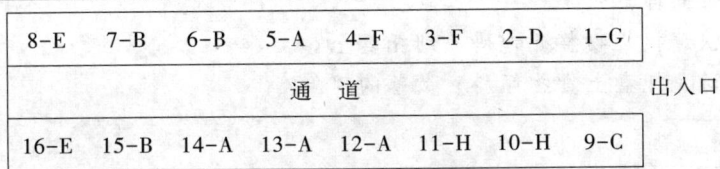

8-E	7-B	6-B	5-A	4-F	3-F	2-D	1-G

通　道　　　　　　　　　　　　出入口

16-E	15-B	14-A	13-A	12-A	11-H	10-H	9-C

图 4-5　初始货区平面图

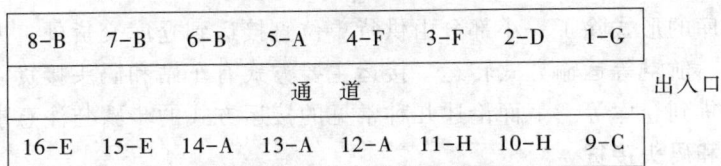

8-B	7-B	6-B	5-A	4-F	3-F	2-D	1-G

通　道　　　　　　　　　　　　出入口

16-E	15-E	14-A	13-A	12-A	11-H	10-H	9-C

图 4-6　改进后货区平面图

❖ 课堂实训 4-1
　　在例 4-1 中，若考虑重量因素，重量修正系数参见表 4-1 最后一列，如何安排货位？

🔲 4.4　接运作业与卸货作业 🔲

4.4.1　接运作业

❖ 小案例 4-3
　　某仓储物流企业，人工把货物一件一件从货车上搬卸到地面上（有的企业是搬卸到地面托盘或运输工具上），再搬运到验收区，检验后搬运到运输工具上，运到货架旁边，放在指定货位上（如图 4-7 所示）。有些货物是按体积收取储存费用的，不足一个托盘的货物按一个托盘所占体积计算，因此，验收货物时既需要测量体积，又需要测量单件货物的重量，当货物数量多时，耗时、费力。这个环节可分为两个部分：一是物的位移，从货车上最终到货位上；二是核对、验收、交接、入账等程序。

图4-7　卸货场景

问题：

（1）如何提高卸货效率？

（2）如何快速把货物整齐地码放到托盘上？

（3）如何避免托盘上货物倾斜、散落的现象？

4.4.1.1　接运（接货）方式[1]

货物到达仓库的形式除了一小部分由供货单位直接运到仓库交货外，大部分要通过铁路、公路、水路、航空等运输方式转运。接运主要方式有车站和码头接货、自提货、铁路专用线接货和送货到仓库等。下面论述几种常见的接运方式的步骤与注意事项。

（1）到车站和码头接货

负责接货的仓管人员到车站和码头等承运单位提货时，一般遵照以下步骤（如图4-8所示）：①安排接运工具；②前往承运单位；③出示领货凭证；④检查货物状况；⑤装载并运回货物；⑥办理内部交接手续。

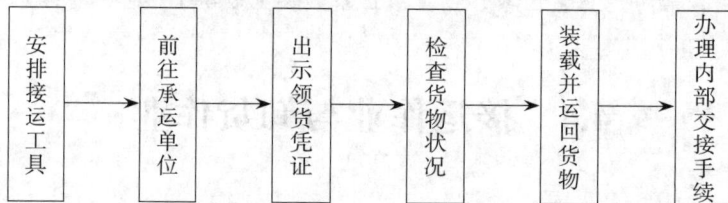

图4-8　到车站和码头接货的步骤

（2）自提货

自提货是指负责接货的仓管人员到供货单位处提货并自行运回的接货方式。此时验货与提货是同时进行的，步骤具体如下（如图4-9所示）：①做好接货准备；②前往供货单位；③出示提货凭证；④现场验货；⑤办理收货手续；⑥装卸并运回货物；⑦质量复检；⑧办理入库手续。

---

[1]　本部分改编自：尤美虹. 仓储管理实务［M］. 武汉：武汉大学出版社，2013.

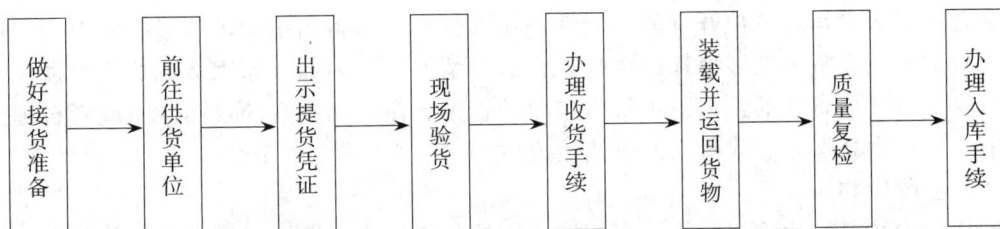

图 4-9　自提货的步骤

（3）铁路专用线接货

铁路专用线接货是铁路部门将转运的货物直接运送到仓库内部专用线的一种接运方式。接货人员在接到车站到货的预报后，一般按照以下步骤做好接货工作（如图 4-10 所示）：①接车卸货准备；②卸车前检查；③卸车作业；④卸车后清理；⑤填写到货台账；⑥办理内部交接手续。

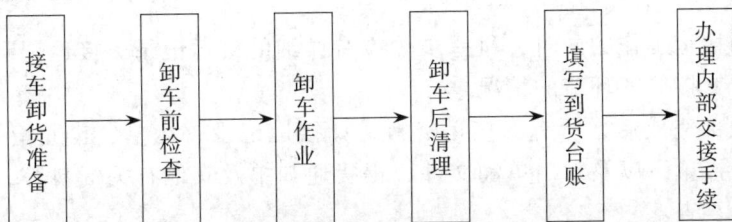

图 4-10　铁路专用线接货的步骤

（4）送货到仓库

送货到仓库是指供货单位或其委托的承运单位将货物直接送达仓库的一种供货方式。当货物到达后，接货人员及验收人员应直接与送货人员办理接收工作，当面验收并办理交接手续。若接货工作正常，接货人员在送货回单上盖章表示货物收讫；如发现异常情况，应该会同送货人员查实，必须在送货单上详细注明并由送货人员签章确认，作为事后处理的依据。

这种接运方式的特点是：单货同行；随到随收；收货方仓库交接。

❖ **课堂讨论 4-2**
　　如图 4-8 至图 4-10 所示的接货步骤，在电子化、无纸化的环境下有何不同？

4.4.1.2　接运差错处理

在接货过程中，有可能会遇到错发、混装、漏装、丢失、损坏、受潮和污损等差错。面对这些情况，仓管人员要先确定差错产生的原因，并要求责任单位作出合理赔偿。

（1）确认差错原因

接货人员到承运单位接货，发现物品丢失、短少、变质、污染、损坏等时，应首先核对承运单位提供的运输记录，以确定差错发生的原因。

运输单位提供的运输记录主要有货运记录及普通记录两种：

①货运记录包括：货物名称、件数与运单记载是否相符；货物是否被盗、丢失或损坏；货物是否污损、受潮、生锈、霉变；其他货物差错方面的内容。货运记录可以明确事故责任，也可以作为货主的索赔依据。

②普通记录是承运单位开具的一般性证明文件，不具备向承运单位索赔的效力，但可以作为收货人向发货人交涉处理的依据。在通常情况下，因如下原因造成的货物损失，承运单位是不负赔偿责任的：由不可抗力造成的损失；由货物本身的自然性质或者合理损耗造成的损失；由托运人、收货人的过错造成的损失。

（2）签收货物

确认货物情况与运输记录的内容相符后，接货人员应在运输记录中的"收货人"栏内签名，并领取运输记录的货主联。

（3）申请赔偿

收货人向承运单位申请赔偿是有一定时间限制的。在通常情况下，自领到货运记录的次日起180日内，收货人可以向货物到达站或发运站提出赔偿。

4.4.1.3　做好接运记录

在完成货物接运工作的同时，每一步骤应有详细的接运记录。接运记录应详列接运货物到达、接货、交接等各环节的情况。

接运工作全部完成后，所有的接运资料，如接运记录、运单、普通记录、货运记录、损耗报告单、交接单，以及索赔单和文件、提货通知单及其他有关资料等，均应分类输入计算机系统以备复查。

4.4.2　卸货作业

办理完接运手续后，要进行卸货作业。卸货通常是指将货物由车辆搬至站台（或称平台、月台）的作业。影响卸货效率与质量的因素主要有装载方式、运输工具结构、装卸搬运工具、车辆与站台间的间隙、车厢底部与站台平台高度差等。卸货作业是一项系统工程。为提高卸货效率与质量，可采取如下措施：

4.4.2.1　选用车尾附升降台式货车

车尾所附的升降台是装置于配送货车尾部的特殊平台（如图4-11和图4-12所示）。当装卸货时，可运用此平台将货物装上货车或卸至站台。车尾附升降台可延伸至月台，亦可倾斜放至地面。其设计有多种样式，适用于没有站台设施的仓库配送中心或零售点。

图4-11　车尾附升降台（一）

图4-12　车尾附升降台（二）

4.4.2.2 选用多门式货车

只有后门的厢式货车，装卸最里侧的货物时不方便，严重降低装卸效率。为了便于装卸货物，可选用多门式货车。这种货车不仅有后门，还有侧门，这样便于装卸货和拼车，实施投递式送货（如图4-13和图4-14所示）。

图4-13 多门可倾斜式厢式货车

图4-14 带侧门的小型厢式货车

资料来源 梁山挂车制造总厂网站的产品展示图片。

飞翼车（如图4-15和图4-16所示）是对普通厢式货车的改进，通过动力弹簧、手动装置或液压装置，能开启车厢两侧翼板的专用车辆。该车顶部、前板和后门结构同铁瓦楞厢式车，侧边由翻转板、上边板、下边板组成。其具有装卸速度快、效率高、可侧面装卸等优点，是现代物流企业十分青睐的运输工具。

图4-15 小型飞翼式厢式货车

图4-16 飞翼车

资料来源 佚名. 飞翼车［EB/OL］.［2024-03-17］. https://baike.baidu.com/item/%E9%A3%9E%E7%BF%BC%E8%BD%A6/365582?fr=aladdin.

4.4.2.3 创新改造可放多层托盘的厢式货车或集装箱，提高装卸效率

众所周知，采取托盘装卸货物的效率高。但从高度上看，摆放一层托盘时，车厢高度不能充分利用，还剩余很大空间；摆放多层托盘时，底层超过负荷，货物损坏。此外，有时货箱长度和宽度也不能充分利用，且货物摆放不稳定，容易损坏。为了解决这个问题，我们可对货箱进行改造，设计可折叠货架、二层固定货架、可调节固定带，克服托盘装箱率不高的弊端，提高装卸效率（如图4-17和图4-18所示）。

图4-17　货物固定示意图

图4-18　折叠翻板厢式货车

资料来源　上海浦东畅新汽车销售有限公司网站的产品展示图片。

4.4.2.4 运用升降平台，减少高度差和间隙

最安全也最有弹性的卸货辅助器应该是升降平台，而升降平台分为卡车升降平台及码头升降平台两种。当配送车到达时，以卡车升降平台为例，可提高或降低车的后轮的高度，使得车底板高度与站台一致，从而方便装卸货；码头升降平台可通过调整码头平台高

度来配合配送车车底板的高度，因而两者有异曲同工之效。升降平台（平台高度调节板）如图4-19所示。

图4-19 升降平台（平台高度调节板）

4.5 搬运与堆码

4.5.1 搬运作业

4.5.1.1 搬运的含义

搬运是指在同一地域范围内进行的以改变物的存放状态和空间位置为主要内容和目的的活动。搬运是将不同形态的散装、包装或整体的原料、半成品或成品，在平面或垂直方向加以提起、放下或移动，可能是运送，也可能是重新摆放，使商品能适时、适量地移至适当的位置或场所存放。

4.5.1.2 搬运管理的目的与意义

在物流各环节的前后和同一环节的不同活动之间，都会进行搬运作业。以美国制造业为例，全部生产过程中只有5%的时间被用于加工制造，95%的时间都被用于搬运、储存等物流过程。根据运输部门考察，在运输的全过程（包括运输前后的搬运）中，搬运所占的时间为全部运输时间的50%。

管理搬运作业的目的是确定最恰当的搬运方式，力求减少作业次数，合理配置和使用搬运设备，达到节能、省力、减少损失、提高作业速度，取得较好的经济效果。

4.5.2 堆码作业

商品堆码是指根据商品的包装、外形、性质、特点、种类和数量，结合仓库储存条件、季节、气候情况，以及储存时间的长短，将商品按一定的规律码成各种形状的货垛的作业。堆码的主要目的是便于对商品进行维护、查点等管理，以及提高仓库利用率。堆码直接影响商品保管的安全性、清点数量的便利性以及仓库容量的利用率。

4.5.2.1　商品堆码操作要求

①牢固。码垛应遵循不偏不斜、不歪不倒、牢固坚实、上小下大、上轻下重等牢固原则，确保堆垛的安全和牢固。

②合理。不同商品的性能、规格、尺寸等不相同，保管和养护方法也不尽相同。各种商品应分类摆放，采用各种不同的垛形。不同品种、产地、等级、批次、单价的商品，应分开堆码，以便收发、保管，提高运作效率。

③整齐。在遵循养护要求、安全要求和摆放数量最多的前提下，货垛应按一定的规格、尺寸叠放，排列整齐、规范。商品包装标识应一律向外，便于查找。

④定量。为了经济和安全起见，商品储存量不应超过仓储定额，即应储存在仓库的有效面积、地坪承压能力和可用高度允许的范围内；同时，应采用"五五化"堆码原则，便于记数和盘点，提高运作效率。

⑤节约。堆垛时应注意节省空间位置，充分利用空间，科学、合理地安排货位的使用，运用优化方法，优化布局和堆垛方法，提高仓容利用率。

4.5.2.2　堆垛设计的内容[①]

（1）货垛"五距"要求

货垛的"五距"指的是垛距、墙距、柱距、顶距和灯距。货垛"五距"应符合安全规范要求。

①垛距是指货垛与货垛之间的必要距离，常以支道作为垛距。垛距方便存取作业，起通风散热的作用，方便消防工作。库房垛距一般为0.3~0.5米，货场垛距一般不少于0.5米。

②墙距。为了防止库房墙壁和货场围墙上的潮气对商品的影响，也为了通风散热、消防、建筑安全、收发作业，货垛必须留有墙距。内墙距是指货物离没有窗户的墙体的距离，此处潮气相对少些，一般距离为0.1~0.3米；外墙距是指货物离有窗户的墙体的距离，这里湿度相对高些，一般距离为0.1~0.5米。

③柱距。为了防止库房柱子的潮气影响货物，也为了保护仓库建筑物的安全，必须留有柱距。柱距一般为0.1~0.3米。

④顶距是指货垛堆放的最大高度与库房、货棚屋顶横梁间的距离。顶距能便于装卸搬运作业和通风散热，有利于消防工作和收发、查点。顶距一般为0.5~0.9米，具体视情况而定。

⑤灯距是指货垛与照明灯之间的必要距离。为了确保储存商品的安全，防止照明灯发出的热量引起靠近商品燃烧而发生火灾，货垛必须留有足够的安全灯距。灯距按规定应有不少于0.5米的安全距离。

（2）堆码设计

为了达到堆码的基本要求，必须根据保管场所的实际情况、商品本身的特点、装卸搬运条件和技术作业过程的要求，对商品堆垛进行总体设计。设计的内容包括垛基、垛形、

---

① 本部分改编自：何庆斌. 仓储与配送管理 [M]. 2版. 上海：复旦大学出版社，2015.

货垛参数、堆码方式、货垛苫盖、货垛加固等。

4.5.2.3 商品堆码的基本方法

（1）散堆法

散堆法适用于露天存放的没有包装的大宗商品，如煤炭、矿石等，也适用于库内少量存放的谷物、碎料等散装商品。

（2）堆垛法

对有包装（如箱、桶）的商品，包括裸装的计件商品，采取堆垛的方式储存。堆垛储存方式能够充分利用仓容，做到仓库内整齐，方便作业和保管。商品的堆垛方式主要取决于商品本身的性质、形状、体积、包装等。

在采用堆垛法时，具体采用哪种码放（摆放）方式形成垛，可根据货物的形状、属性的因素来决定。常见的堆码（摆放）方式包括重叠式、纵横交错式、仰伏相间式、压缝式、通风式、栽柱式、衬垫式和"五五化"堆码等。

①重叠式堆码又称直堆法，是逐件、逐层向上重叠堆码，一件压一件的堆码方式（如图 4-20 所示）。

②纵横交错式堆码是指每层货物都改变方向向上堆放，相邻两层货物的摆放旋转 90 度。一层横向放置，另一层纵向放置，每层间有一定的咬合效果（如图 4-21 所示）。

图 4-20　重叠式堆码

图 4-21　纵横交错式堆码

③仰伏相间式堆码是指对上下两面有大小差别或凹凸的货物，如槽钢、钢轨等，将货物仰放一层，在反面伏放一层。仰伏相向相扣的堆码如图 4-22 所示。

图 4-22　仰俯相间式堆码

④压缝式堆码是指将底层并排摆放，上层放在下层的两件货物之间的堆码方式（如图

4-23所示)。

图4-23 压缝式堆码

资料来源 天津鑫宝拓钢铁贸易有限公司网站的产品展示图片。

⑤通风式堆码是指货物在堆码时,任意两件相邻的货物之间都留有空隙,以便通风;层与层之间货物的摆放采用压缝式或者纵横交错式(如图4-24所示)。通风式堆码可以用于所有箱装、桶装以及裸装货物堆码,起到通风散热、防潮散湿的作用。

⑥栽柱式堆码是在码放货物前先在堆垛两侧栽上木桩或者铁棒,然后将货物平码在桩柱之间,码完几层后用铁丝将相对两边的柱拴连,再往上摆放货物的堆码方式(如图4-25所示)。此法适用于棒材、管材等长条状货物。

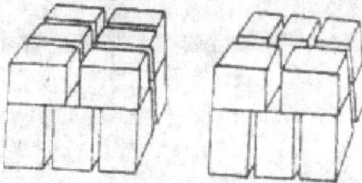

图4-24 通风式堆码

图4-25 栽柱式堆码

⑦衬垫式堆码是指在码垛时,隔一层或隔几层铺放衬垫物,衬垫物平整牢靠后再往上码的堆码方式。该方式适用于不规则且较重的货物,如无包装电机、水泵等。

⑧"五五化"堆码是指以5为基本计算单位,堆码成各种总数为5的倍数的货垛,在固定区域内堆放,使货物"五五成行、五五成方、五五成包、五五成堆、五五成层",堆放整齐,上下垂直,过目知数(如图4-26所示)。该方法便于货物的数量控制、清点盘存。

(3)托盘堆码

由于托盘在物流系统中的运用得到认同,因此形成了货物在托盘上的堆码方式。托盘堆码即将货物码放在托盘上,可采用自身堆码采用的码放形式,然后用叉车将托盘所载货物一层层堆码起来。对一些怕挤压或形状不规则的货物,可将货物装在货箱内或带立柱的托盘上。由于货箱堆码时,是由货箱或托盘立柱承受货垛的重量,故这种托盘应具有较高的强度和刚度。

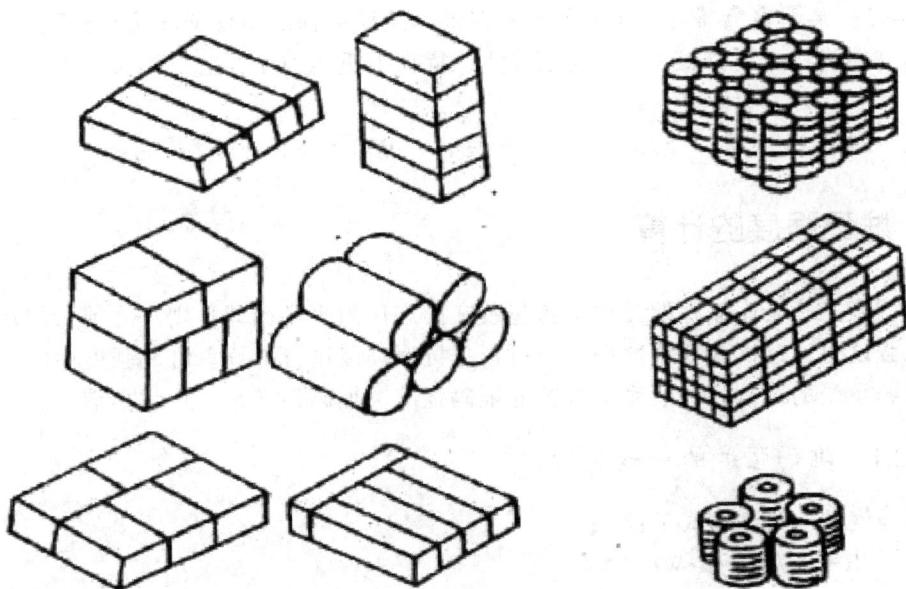

图 4-26　"五五化"堆码

❖ 小资料 4-1

堆码图谱

　　托盘是具有标准规格尺寸的集装工具，因此，在托盘上堆码物品可以参照典型堆码图谱来进行。例如，硬质直方体在 1 200mm×1 000mm 托盘上，可按《硬质直方体运输包装尺寸系列》（GB/T 4892—2021）中该规格托盘规定的图谱摆放货物。

　　采用托盘堆码时，其堆码和出入库作业常采用叉车或其他堆垛机完成。采用桥式堆垛机时，堆垛高度可达 8 米以上，故其仓库容积利用率和机械化程度比自身堆码有较大幅的提升。

　　（4）货架堆码

　　这是指在仓库内设置货架，将货物或托盘放在货架上的堆码方式。采用货架堆码的最大优点为：货物的重量由货架支撑，互相之间不会挤压，可实现有选择地取货或先入先出的出库原则。总之，货架堆码为仓库的机械作业和计算机管理提供了必要的条件。

4.6　堆码相关计算

　　货物堆码作业要考虑到库房最大负荷量和堆码强度。

4.6.1　库房负荷的计算

　　库房最大负荷量是每单位面积能够负荷的最大货物重量。常见货物堆码形式之一是货物直接码放在库房地面上，在这种情况下，应满足如下条件：

　　货垛货物总重量（千克）/货垛与库房地面接触面积（平方米）≤库房负荷　　　　（4-1）

【例4-2】某库房负荷为1 000千克/平方米，某种货物的单位面积为0.5平方米，货垛最底层摆3件货物，一共摆4层，每层3件，货物毛重为100千克。要求：货垛货物是否超重？

【解】（3×4×100）÷（0.5×3）=800（千克）≤1 000千克，所以不超重。

4.6.2　堆码强度的计算

堆码强度是指仓库储存的瓦楞纸箱包装在静态压力下堆垛即将坍塌之前所能承受的载荷。堆码强度可通过试验获得数据，也可根据抗压强度进行推算。堆码强度中的载荷是指最底层纸箱承受的载荷，即最底层纸箱的堆码强度。堆码强度是一个临界值。

4.6.2.1　堆码强度的一般表达式[①]

堆码强度的一般表达式是：

$$P_w = \left[(H-h)/h \right]_1 \cdot k \cdot W \tag{4-2}$$

式中：P_w 为堆码强度，表示承载能力；H为箱体堆码高度；h为瓦楞纸箱外部高度；k为瓦楞纸箱的疲劳系数（与堆码时间有关）；W为商品重量（产品加箱重）；符号"$[\ ]_1$"表示向下取整，Excel函数公式为int（x）语句。

箱体的堆码强度与堆码高度可由堆码试验得出，比理论计算的结果更为准确。新型材料瓦楞纸箱由石头纤维构成，堆码强度更高。

瓦楞纸箱的疲劳系数与堆码时间密切相关，时间越长，疲劳系数越大（见表4-3）。

表4-3　　　　　　　　　　疲劳系数与堆码时间的关系表

序号	堆码时间	疲劳系数
1	<30	1.60
2	30~100	1.65
3	>100	2.00

【例4-3】瓦楞纸箱的堆码载荷为110千克，纸箱的外部高70厘米，每箱货物的毛重为25千克，堆码高度为3米，堆码时间有将近30天。要求：①这种堆码方式是否符合瓦楞纸箱的堆码载荷要求？②每箱货物重多少千克符合瓦楞纸箱的堆码载荷要求？

【解】$P_w = \left[(H-h)/h \right]_1 \cdot k \cdot W$

　　　　$= \left[(300-70)÷70 \right]_1 × 1.6 × 25$

　　　　$= 120（千克）> 110千克$

所以这种堆码方式不符合瓦楞纸箱的堆码载荷要求。

∵ 110>1.6×Y×3

∴ Y<110÷4.8=22.92（千克）

每箱货物的重量小于22.92千克时符合瓦楞纸箱的堆码载荷要求。

①　本部分改编自：何庆斌. 仓储与配送管理［M］. 2版. 上海：复旦大学出版社，2015.

4.6.2.2　堆码强度的安全系数法

堆码强度的安全系数是指瓦楞纸箱在实际堆码情况下所具有的安全程度，用公式表达就是纸箱的抗压强度与其最大堆码负荷之比。

（1）堆码强度的安全系数计算公式

$$K_A=P/P_s \tag{4-3}$$

式中：K_A 为安全系数；P 为抗压强度（空箱），表示堆码强度；P_s 为最大堆码负荷（实际承载能力）。通常，$P/P_s>1$。

$$P_s=G(N_{max}-1) \tag{4-4}$$

式中：G 为单个纸箱的重量；N_{max} 为最大堆码层数。

通常，K_A 的取值范围为 2~5。

$$K_A=1/[(1-\alpha)(1-\beta)(1-\gamma)] \tag{4-5}$$

式中：α 为箱体开孔强度降低率；β 为运输过程强度降低率；γ 为仓储过程强度自然降低率。

$$\because K_A=P/P_s$$
$$P_s=P/K_A$$
$$P_s=G(N_{max}-1)$$
$$P_s/G=N_{max}-1$$
$$\therefore N_{max}=[P/(K_A G)+1]_1 \tag{4-6}$$

【例4-4】某仓库堆放电视机，所用纸箱箱体开孔（强度降低10%），运输过程强度降低20%，仓储过程强度自然降低30%，单个纸箱重量为15千克，空纸箱抗压强度为190千克。试用安全系数法求出最大堆码负荷（承载能力）和最大堆码层数。

【解】$K_A=1/[(1-\alpha)(1-\beta)(1-\gamma)]$
$\qquad\quad =1/[(1-10\%)(1-20\%)(1-30\%)]$
$\qquad\quad =2$

最大堆码负荷（承载能力）：$P_s=P/K_A=190\div2=95$（千克）

最大堆码层数：$N_{max}=[P/(K_A G)+1]_1=[190\div(2\times15)+1]_1=7$

（2）堆码强度的安全系数的影响因素

纸箱在流通过程中，除了受堆码重量的影响外，还受堆放时间、温度和湿度环境、内装物水分、放置方式、振动冲击等因素的影响。考虑到这些因素都会造成纸箱抗压强度下降，因此必须设定一个安全系数，确保纸箱在各种因素的作用下，在抗压强度下降后仍有足够的能力承受堆码在其上面的纸箱的重量。

$$K_A=1/[(1-a)(1-b)(1-c)(1-d)(1-e)] \tag{4-7}$$

式中：a 为温度和湿度变化导致的抗压强度减损率；b 为堆放时间导致的抗压强度减损率；c 为装箱后堆放方法导致的抗压强度减损率；d 为装卸过程导致的抗压强度减损率；e 为其他因素导致的抗压强度减损率。

①温度和湿度环境。货物装箱后从出厂到销售的过程中，储存于干燥阴凉的环境中，抗压强度减损率为10%；装箱后通过陆路流通，抗压强度减损率为30%；纸箱所处的温度和湿度环境变化较大，装箱后入货柜，走海运出口，抗压强度减损率为60%。

②堆放时间。货物堆放时间越长，抗压强度减损率越高。纸箱装货后存放时间30天，抗压强度减损率约为20%；存放90天，抗压强度减损率约为50%。

③装箱后堆放方法。纸箱采用角对角平行式堆码，抗压强度减损率为5%。纸箱堆放时不能箱角完全对齐。纸箱堆放整齐，抗压强度减损率为20%；纸箱杂乱堆放，抗压强度减损率为30%。

④装卸过程。流通过程中仅装卸一次，且装卸时很少受到撞击，抗压强度减损率为10%；虽经多次装卸，但装卸时对纸箱撞击较少，抗压强度减损率为20%；从工厂到超市需经过多次装卸，而且运输装卸过程中常受撞击，抗压强度减损率为50%。

4.6.2.3 垫垛数量的计算

$$n=\left[Q_m/\left(L\cdot W\cdot q-Q_z\right)\right]^1 \tag{4-8}$$

式中：符号"$[\ ]^1$"表示向上取整；n 为衬垫物的数量；Q_m 为物品总重量（衬垫物上的货物重量）；L 为垫垛的长度；W 为垫垛的宽度；q 为仓库地坪的承载能力；Q_z 为衬垫物的自重。

【例4-5】某仓库要存放自重为32吨的设备，设备底部为2条2m×0.2m的钢架，仓库地面的承载能力为3吨/平方米。要求：①需不需要垫垛？②若使用规格为2m×1.5m、自重为0.5吨的垫垛，则需要几个？

【解】因为货物地面压强为：

$P_{货}=32\div\left(2\times2\times0.2\right)=40$（吨/平方米）$>3$吨/平方米

所以需要垫垛的数量为：

$$n=\left[Q_m/\left(L\cdot W\cdot q-Q_z\right)\right]^1$$
$$=\left[32/\left(2\times1.5\times3-0.5\right)\right]^1$$
$$=4（个）$$

❖ 小资料4-2

托盘上的货物摆几层需考虑的因素

（1）货架每层的高度。

（2）堆码载荷。

（3）重心不超过高度的2/3。

（4）托盘载重。

（5）货物加托盘高度（总高度）一般不超过1 600毫米。

（6）木制托盘按载重可分为50千克、100千克、500千克、1 000千克、1 500千克5个级别。

（7）金属托盘按载重可分为500千克、1 000千克、1 500千克、2 000千克4个级别。

4.7　堆码（装箱）优化方法

　　货物的堆码和装箱问题具有许多共同的特点，许多优化方法可以共用，故把堆码和装箱优化方法放在一起论述。物流仓储与配送过程中有货物入库堆码、出库装车配送等环节。如何高效、快速地将货物堆码、放入容器或集装箱内的问题是入库堆码和出库配送所关注的问题，这项工作直接影响工作效率和物流运作成本。这里只介绍堆码（装箱）优化方法。

　　物流堆码（装箱）环节效率低是成本居高不下的主要因素之一。货物三维堆码（装箱）问题属于非确定性多项式（non-deterministic polynomial，NP）问题（也称 NP 难问题），这一直是困扰人们的难题。在实际工作中，许多企业凭经验堆码（装箱），通常需要反复试装才能堆码（装箱），堆码（装箱）效率低，优化程度不高。虽然已有一些堆码（装箱）软件和许多堆码（装箱）优化方法，但因复杂、高深，有时需反复试装才能完成堆码（装箱）工作，最终有可能优化程度不理想，严重影响企业应用。这里我们介绍一种简便的线性规划解法，来解决部分堆码（装箱）问题。

4.7.1　矩形单一货物二维堆码（装箱）优化方法

4.7.1.1　简单摆放方式

　　两种简单摆放方式是指：

　　第一，货物长尺寸按货箱长度方向统一摆放，摆放后若货箱长度剩余空间的尺寸大于货物宽度，在剩余空间内再把货物长尺寸按货箱宽度方向摆放，这种摆放方式可简称为"货长对箱长"（简称"长–长"）或"货宽对箱宽"（简称"宽–宽"）（如图 4-27 所示）。

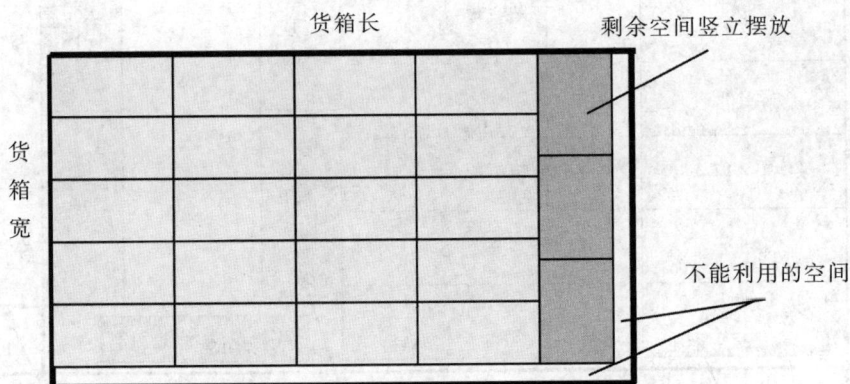

图 4-27　简单摆放方式之一（货长对箱长）

　　第二，货物宽尺寸按货箱长度方向统一摆放，摆放后若货箱宽度的剩余空间尺寸大于货物宽度，在剩余空间内再把货物长尺寸按货箱长度方向摆放，这种摆放方式可简称为"货宽对箱长"（简称"宽–长"）或"货长对箱宽"（简称"长–宽"）（如图 4-28 所示）。

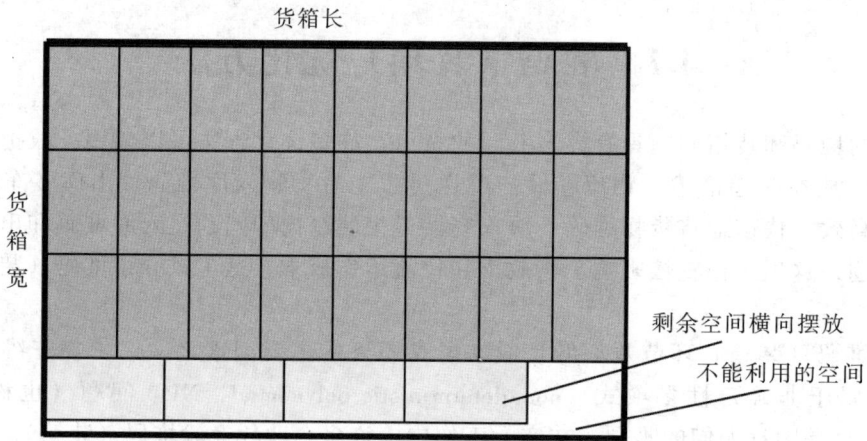

图 4-28　简单摆放方式之二（货宽对箱长）

4.7.1.2　规划解法简介

两种基本简单摆放方式的优化程度不高，为了提高优化程度，可用优化方法进行平面优化摆放，以此为基础可大幅度提高三维摆放的优化程度。线性规划解法通常只能进行单维度优化，另一个维度简单摆放，两个维度分别优化（如图 4-29 和图 4-30 所示），择优作为最终优化结果。两个维度同时优化的数学模型为非线性规划，这里不作介绍，只介绍单维度优化的线性规划数学模型。单维度优化的目标函数是摆放数量，在模型中没考虑剩余空间可摆数量问题，只是规划求解后，再计算剩余空间的可摆数量，然后计算最优摆放数量，所以不能保证一定获得最优解，但优化程度非常高。

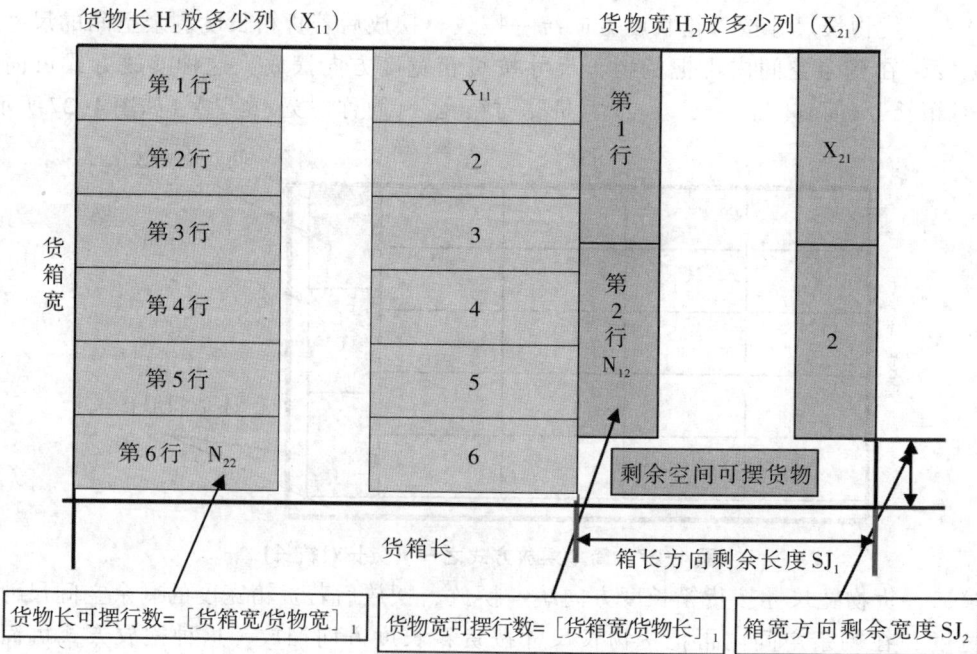

图 4-29　按货箱长度优化组合摆放方式

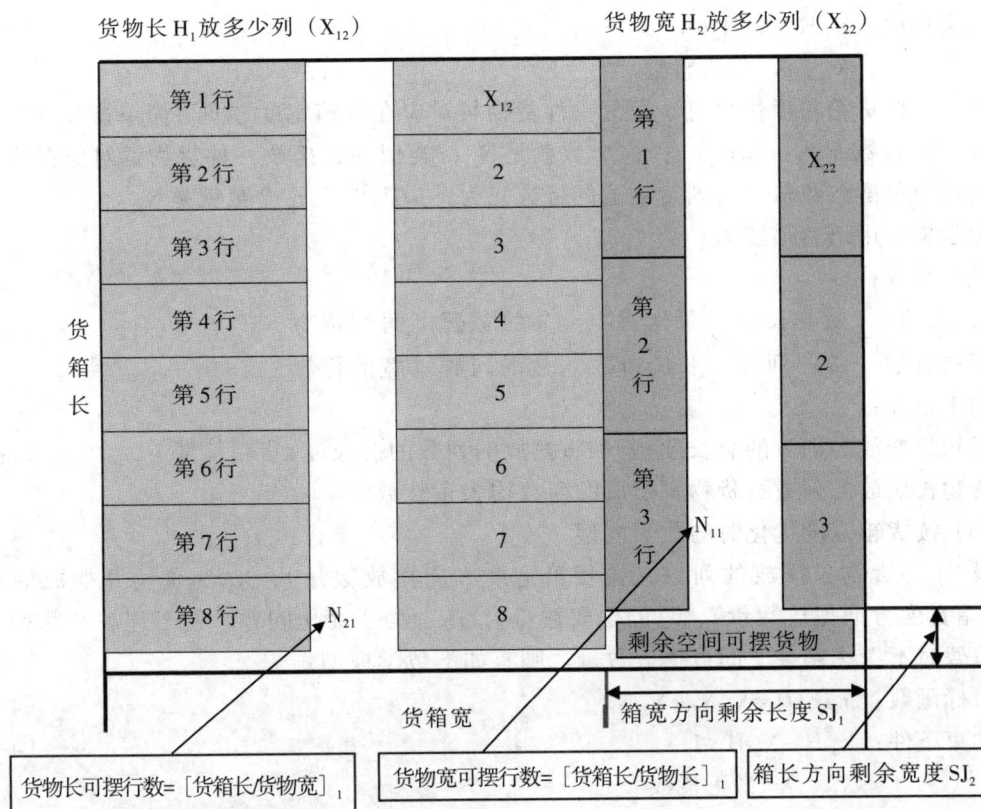

图 4-30　按货箱宽度优化组合摆放方式

4.7.1.3　线性规划解法的数学模型[①]

（1）基本假设及相关计算公式

设货箱长为 J_1，宽为 J_2；货物长为 H_1，宽为 H_2；货物长对货箱长度方向摆放数量为 N_{11}，货物长对货箱宽度方向摆放数量为 N_{12}；货物宽对货箱长度方向摆放数量为 N_{21}，货物宽对货箱宽度方向摆放数量为 N_{22}。

在符号 N_{ij} 中，i 代表货物维度，1 代表货物长，2 代表货物宽；j 代表货箱维度，1 代表货箱长，2 代表货箱宽，则有如下计算公式：

$$N_{ij}= [J_j/H_i]_1 \tag{4-9}$$

式中：符号"$[\ ]_1$"代表向下取整。例如：$N_{12}= [J_2/H_1]_1$，代表货物长在货箱宽度方向上最多可摆放的货箱数量。

（2）按货箱长度优化时的数学模型

设 X_{11} 为货物长摆放的列数（按货箱长度方向摆放数量），X_{21} 为货物宽摆放的列数（按货箱长度方向摆放数量），总的摆放数量为 QJ_1。为了简化问题，便于理解和掌握，我们这里暂时不考虑剩余空间可摆放的数量，则有如下数学模型：

目标函数：$\max QJ_1=X_{11}N_{22}+X_{21}N_{12}$ (4-10)

① 本部分改编自：张梅娟，吴铃，顾婷婷，等. 单一货物摆放无约束三维装箱优化方法［J］. 宁波工程学院学报，2018，30（1）：33-38.

约束条件：$X_{11}H_1+X_{21}H_2 \leqslant J_1$ (4-11)

X_{11}、X_{21}为正整数

注：在按货箱长度优化时，摆放一件货物长对应在货箱宽度方向可简单摆放数量（每列货物长的行数）为$[J_2/H_2]_1$，这个数就是N_{22}；类似的，摆放一件货物宽对应在货箱宽度方向可简单摆放数量（每列货物宽的行数）为$[J_1/H_2]_1$，这个数就是N_{12}。

数学模型用语言描述为：

目标函数：

$$\frac{最大的}{摆放数量} = \frac{货物长摆}{放的列数} \times \frac{每列货物}{长的行数} + \frac{货物宽摆}{放的列数} \times \frac{每列货物}{宽的行数} \quad (4-12)$$

约束条件：

货物长摆放的列数的总长度+货物宽摆放的列数的总长度≤货箱长度 (4-13)

货物长摆放的列数、货物宽摆放的列数均为正整数

（3）按货箱宽度优化时的数学模型

设X_{12}为货物长摆放的列数（按货箱宽度方向摆放数量），X_{22}为货物宽摆放的列数（按货箱宽度方向摆放数量），总的摆放数量为QJ_2。为了简化问题，便于理解和掌握，我们这里暂时不考虑剩余空间可摆放数量，则有如下数学模型：

目标函数：$\max QJ_2 = X_{12}N_{21} + X_{22}N_{11}$ (4-14)

约束条件：$X_{12}H_1 + X_{22}H_2 \leqslant J_2$ (4-15)

X_{12}、X_{22}为正整数

用语言描述宽度优化数学模型与长度优化数学模型类似，从略。

最终方案摆放数量（ZQ）为：

$ZQ = \max(QJ_1, QJ_2)$ (4-16)

最终方案摆放数量=max（长度优化摆放总数，宽度优化摆放总数） (4-17)

❖ **小思考4-1**

在平面二维装箱问题的线性规划解法中，求解过程是先按货箱长度方向优化组合摆放货物，即摆多少个货物长、多少个货物宽，目标函数是追求摆放数量最多，约束条件是货物长和宽组合摆放长度不超过货箱长度；然后按货箱宽度方向优化组合摆放货物，即摆多少个货物长、多少个货物宽，目标函数是追求摆放数量最多，约束条件是货物长和宽组合摆放长度不超过货箱宽度，两个优化结果最好的作为最终优化方案。这一问题与"在一根棒料上截取两种不同尺寸产品A和B，每种产品获利不同，A和B各截取多少根才能获利最多"是否类似？

【答】类似。以按货箱长度优化为例说明二者是相似的。下料问题中获利最多相当于摆放数量最多；下料问题中每件（根）A产品获利，相当于在货箱长度方向上摆放一个货物长尺寸，在另一个维度上货箱宽度方向上货物能摆放的数量；下料问题中每件（根）B产品获利，相当于在货箱长度方向上摆放一个货物宽尺寸，在另一个维度上货箱宽度方向上货物能摆放的数量。约束条件均分别不超过棒料长度和货箱长度，因此二者类似。

【例 4-6】以 1 200mm×800mm 托盘为例，货物二维尺寸分别为长 225 毫米、宽 185 毫米，货物摆放要求是竖立摆放。要求：按托盘长和宽优化摆放各能摆多少货物（相当于按货箱长度和宽度，以下用按货箱长度和宽度代替按托盘长度和宽度。不考虑剩余空间可摆放货物数量）？

【解】①计算按货箱长度优化时的摆放数量：

按货箱长度优化时，摆放一个货物长时能摆放的货物数量为货物宽对货箱宽的摆放数量，其计算公式为：

$N_{22} = [J_2/H_2]_1 = [800/185]_1 = 4$

按货箱长度优化时，摆放一个货物宽时能摆放的货物数量为货物长对货箱宽的摆放数量，其计算公式为：

$N_{12} = [J_2/H_1]_1 = [800/225]_1 = 3$

具体数学模型为：

目标函数：$\max QJ_1 = 4X_{11} + 3X_{21}$

约束条件：$225X_{11} + 185X_{21} \leq 1\ 200$

X_{11}、X_{21} 为正整数

解得：$X_{11} = 2$，$X_{21} = 4$，$\max QJ_1 = 4 \times 2 + 3 \times 4 = 20$

②计算按货箱宽度优化时的摆放数量：

按货箱宽度优化时，摆放一个货物长时能摆放的货物数量为货物宽对货箱长的摆放数量，其计算公式为：

$N_{21} = [J_1/H_2]_1 = [1\ 200/185]_1 = 6$

按货箱长度优化时，摆放一个货物宽时能摆放货物数量为货物长对货箱长的摆放数量，其计算公式为：

$N_{11} = [J_1/H_1]_1 = [1\ 200/225]_1 = 5$

具体数学模型为：

目标函数：$\max QJ_2 = 6X_{12} + 5X_{22}$

约束条件：$225X_{12} + 185X_{22} \leq 800$

X_{12}、X_{22} 为正整数

解得：$X_{12} = 1$，$X_{22} = 3$，$\max QJ_2 = 1 \times 6 + 3 \times 5 = 21$

最终方案摆放数量为：

$ZQ = \max(QJ_1, QJ_2) = \max(20, 21) = 21$

答：不考虑剩余空间可摆放货物数量时，按货箱长度优化可摆 20 件货物，按货箱宽度优化可摆 21 件货物。

【例 4-7】在 1 200mm×1 000mm 托盘上，拟摆放货物的尺寸为长 77 毫米、宽 52 毫米，要求竖立摆放货物（见表 4-4）。要求：①若不考虑剩余空间可摆放货物数量，按托盘长进行数量优化时能摆多少件货物？②若不考虑剩余空间可摆放货物数量，按托盘宽进行数量优化时能摆多少件货物？

【解】①若不考虑剩余空间可摆放货物数量，按托盘长进行优化时能摆的货物数量计算如下：

表4-4　　　　　　　　　　　　　原始数据及求解过程（一）

	B	C	D	E	F	G
2			货物长	货物宽		
3			77	52		
4	货箱长	1 200	15	23		
5	货箱宽	1 000	12	19		
6	一个货物长和宽对应的摆放数量		19	12		
7						
8	变量区域		14	2	1 182	1 200
9			X_{11}	X_{21}		
10						
11	目标函数			QJ_1	290	

为了便于理解，建立数学模型，暂时忽略剩余空间可摆放货物数量。根据单元格D5（在货箱宽度方向上，货物长可摆放数量）和E5（在货箱宽度方向上，货物宽可摆放数量），分别计算单元格D6（一个货物长在货箱宽度方向上可摆放数量，D6=E5）和E6（一个货物宽在货箱宽度方向上可摆放数量，E6=D5）的摆放数量，在此基础上就容易理解，在货箱长度方向上货物长和宽各摆多少个，才能使总的摆放数量最多。

在表4-4中，设X_{11}为货物长在货箱长度方向上摆放数量，X_{21}为货物宽在货箱长度方向上摆放数量，对应变量区域为D8：E8，累计长度为F8=SUMPRODUCT（\$D\$8：\$E\$8，D3：E3），目标函数（摆放数量）为F11=SUMPRODUCT（\$D\$8：\$E\$8，D6：E6），G8=C4，建立Excel规划求解参数设计如图4-31所示，求解结果参见表4-4。Excel规划求解结果是：$X_{11}=14$，$X_{21}=2$，摆放数量为290件。

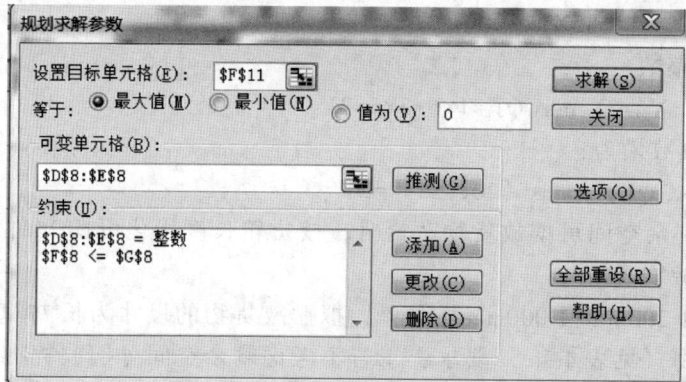

图4-31　Excel规划求解参数设计

②若不考虑剩余空间可摆放货物数量，按托盘宽进行优化时能摆的货物数量计算如下：

这里多数情况与①的情况类似，只有以下几处不同：D6=E4，E6=D4，G8=C5，F11=

SUMPRODUCT（D$8：E$8，D6：E6），相同之处从略，求解结果参见表 4-5：$X_{12}=12$，$X_{22}=1$，摆放数量为 291 件。

表 4-5　　　　　　　　　原始数据及求解过程（二）

	B	C	D	E	F	G
2			货物长	货物宽		
3			77	52		
4	货箱长	1 200	15	23		
5	货箱宽	1 000	12	19		
6	一个货物长和宽对应的摆放数量		23	15		
7						
8	变量区域		12	1	976	1 000
9			X_{12}	X_{22}		
10						
11	目标函数			QJ_2	291	

❖ 课堂实训 4-2

（1）在例 4-7 中，若考虑剩余空间可摆放货物数量，则两种情况下分别能摆放多少件货物？

（2）在例 4-7 中，若按边长优化，不考虑剩余空间可摆放货物数量，则两种情况下分别能摆放多少件货物？

拓展阅读 4-4　三维装箱
问题实例

拓展阅读 4-5　三维装箱
问题的探讨

拓展阅读 4-6　单一货物
三维装箱优化方法

4.7.2　圆柱形货物堆码（装箱）优化方法

4.7.2.1　圆柱形货物堆码方式的种类

圆柱形货物堆码方式可分三大类 5 种：

（1）上下对齐式

该种方式简称为对齐式，如图 4-32 所示。

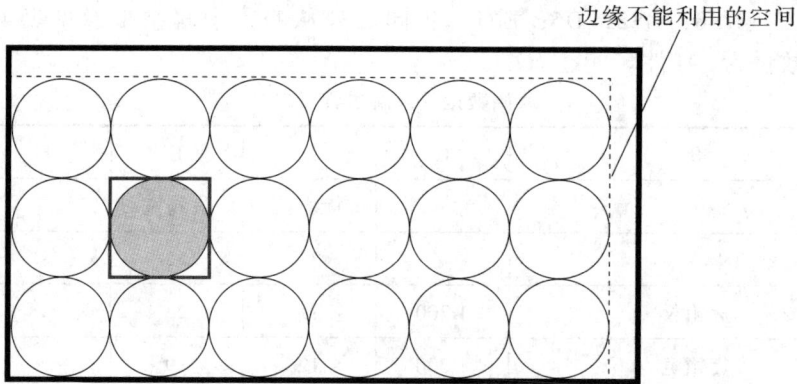

图4-32 对齐式堆码方式

（2）紧凑式

该种方式可再分为两种方式：

①横排紧凑压缝式，简称横紧凑式：货箱长度L方向对应货物摆放高度方向，货箱宽度K为横向摆放，如图4-33所示。

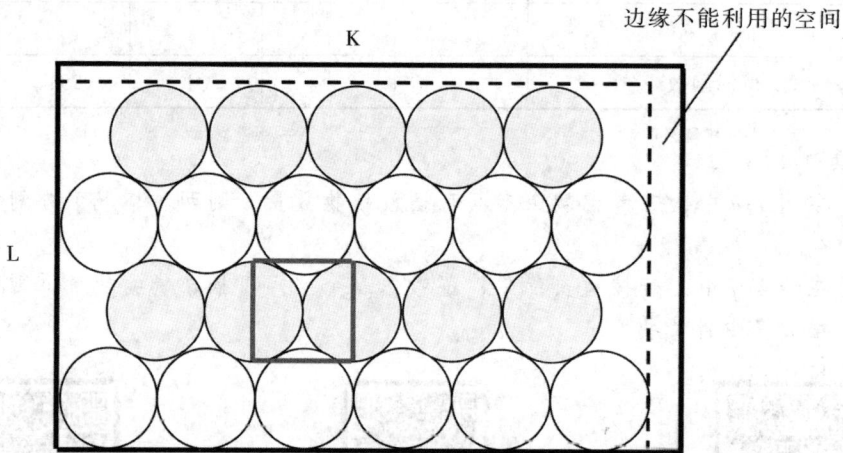

图4-33 横紧凑式堆码方式

②竖排紧凑压缝式，简称竖紧凑式：货箱宽度K方向对应货物摆放高度方向，货箱长度L为横向摆放，如图4-34所示。

（3）松散压缝式

松散压缝式（如图4-35所示）与紧凑式类似，也分为两种方式。因其摆放效率低，多数情况下优化程度也低，不常用，故不作具体论述。

4.7.2.2 圆柱形货物堆码方式的利弊分析

圆柱形货物堆码的5种方式各有利弊，在一定条件下都有摆放数量最多的可能性。例如，当货箱横竖摆放货物数量都比较少且横或竖边长剩余尺寸很小时，对齐式摆放数量最多的可能性大；当货箱横竖摆放货物都比较多且横或竖边长剩余尺寸大于货物半径时，紧凑式摆放数量最多的可行性大；当紧凑式摆放剩余尺寸大于货物半径时，松散压缝式摆放数量最多的可行性大。大多数情况下，紧凑式摆放数量多的概率大。因为在以圆的直径构成的正方形内，对齐式摆放只利用了 1 个圆的面积，如图 4-32 所示的小正方形及其内左右 2 个半圆（组成 1 个圆）的面积；紧凑式摆放利用了多余 1 个圆的面积，如图 4-33 所示的小正方形及其内除了左右 2 个半圆还有上下圆的一部分的面积，后者的平均利用面积大于前者。

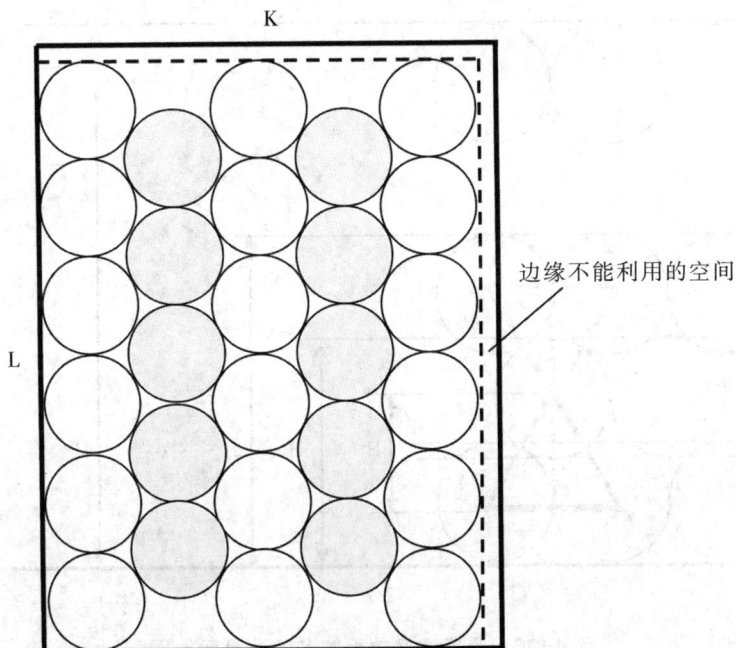

图 4-34 竖紧凑式堆码方式

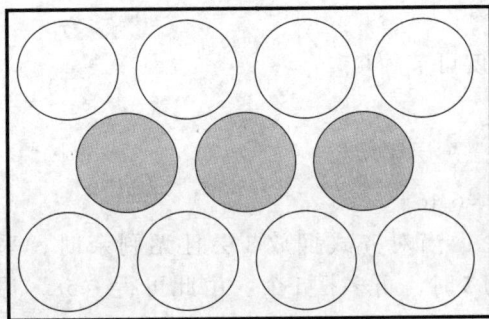

图 4-35 松散压缝式堆码方式

4.7.2.3 圆柱形货物堆码方式的相关计算

（1）对齐式摆放货物数量的计算

设圆柱形货物的半径尺寸为 R，则在给定平面尺寸长为 L、宽为 K 时，可摆放货物数量为 NQ，则有如下计算公式：

$$NQ = \lfloor L/2R \rfloor \cdot \lfloor K/2R \rfloor \tag{4-18}$$

式中：符号"$\lfloor\ \rfloor$"表示向下取整。

$$\begin{array}{c}\text{对齐式摆放}\\\text{货物数量}\end{array} = \begin{array}{c}\text{货箱长度方向可}\\\text{摆数量（层数）}\end{array} \times \begin{array}{c}\text{货箱宽度方向可}\\\text{摆数量（层数）}\end{array} \tag{4-19}$$

（2）紧凑式摆放相关计算公式

①紧凑式每层高度H：

紧凑式每层高度H等于图4-36中等边三角形的高度，由勾股定理可得：

$$H^2+R^2=（2R）^2 \tag{4-20}$$

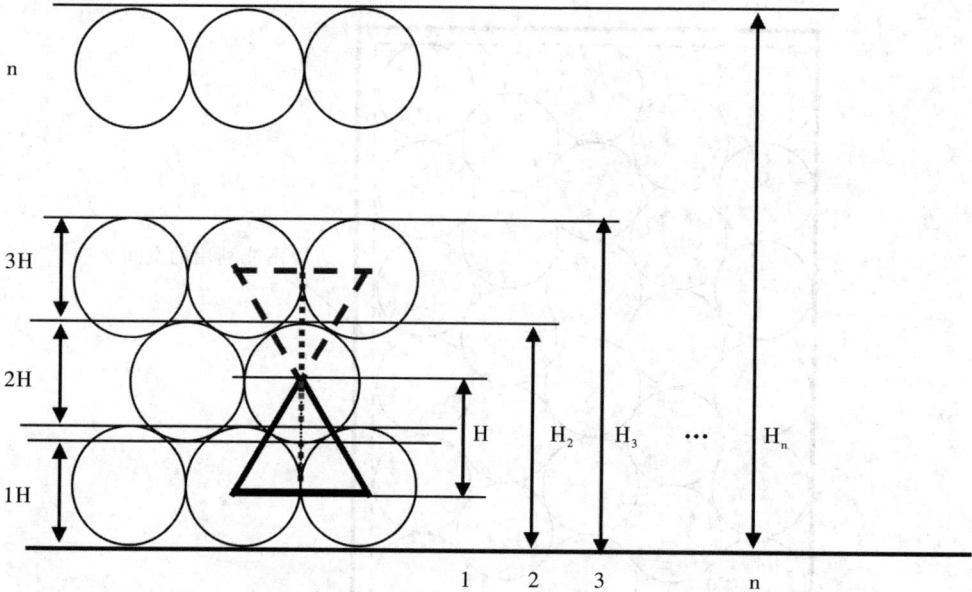

图4-36 紧凑式摆放相关参数计算示意图

解得：

$$H=\sqrt{3}R \tag{4-21}$$

②紧凑式每摆一层高度可节约G：

$$G=2R-\sqrt{3}R \tag{4-22}$$

③累计摆X层时可多摆一层紧凑层：

$$X\geqslant\sqrt{3}R/（2R-\sqrt{3}R）=6.46 \tag{4-23}$$

取7层，可得出结论：当对齐式摆放8层且无剩余时，采用紧凑式摆放可多摆1层；若宽度对齐式摆放为5时，可多摆1个。由此可得"58"原则：在对齐式摆放无剩余尺寸时，当行数和列数摆放层数分别大于8和5时，紧凑式摆放数量多于对齐式摆放数量。

④最多可摆层数n（货箱长L为摆放高度时）：

因为摆放高度为：

$$H_n=R+（n-1）H+R$$

$$=R+（n-1）\sqrt{3}R+R$$

$$=（n-1）\sqrt{3}R+2R \tag{4-24}$$

又因摆放高度不能超过货箱长度，即

$$（n-1）\sqrt{3}R+2R\leqslant L \tag{4-25}$$

所以得如下计算公式：

$$n\leqslant\left\lfloor\left\lfloor(L-2R)/(\sqrt{3}R)\right\rfloor+1\right\rfloor \tag{4-26}$$

摆放数量 NJ_L（货箱长 L 为摆放高度时）分两种情况：

当 $K-\lfloor K/2R\rfloor 2R<R$ 时：

$$NJ_L=n\lfloor K/2R\rfloor-\lfloor n/2\rfloor \tag{4-27}$$

当 $K-\lfloor K/2R\rfloor 2R\geqslant R$ 时：

$$NJ_L=n\lfloor K/2R\rfloor \tag{4-28}$$

写成一个通式：

$$NL=n\lfloor K/2R\rfloor-\{\lfloor K/2R\rfloor-\lfloor(K-R)/2R\rfloor\}\cdot\lfloor n/2\rfloor \tag{4-29}$$

当货箱宽 K 为摆放高度时，计算公式与上面类似，只需把 L 和 K 互换即可。

【例 4-8】一种圆柱形货物的半径为 23 厘米，需要存放在长 4 200 厘米、宽 234 厘米的容器内，参见表 4-6。要求：如何摆放（对齐式与紧凑式两种形式）才能使每一层摆放圆柱形货物数量最多（不考虑剩余空间可摆放货物数量）？

表 4-6　　　　　　　　　　　　　原始数据及计算结果（一）　　　　　　　　　　　　单位：厘米

	B	C	D	E	F	G
2	横紧凑式摆放	货箱长 L	货箱宽 K		货物半径 R	货物直径 2R
3		4 200	234		23	46
4						
5	对应摆放高度	105	5			
6	单数层摆放数量	53	5	265		
7	双数层摆放数量	52	4	208		
8	横紧凑式摆放总数			473		
9	竖紧凑式摆放	货箱宽 K	货箱长 L		货物半径 R	货物直径 2R
10		234	4 200		23	46
11						
12	对应摆放高度	5	91			
13	单数层摆放数量	3	91	273		
14	双数层摆放数量	2	90	180		
15	竖紧凑式摆放总数			453		
16	紧凑式摆放总数			473		
17						
18	对齐式摆放	货箱长 L	货箱宽 K			
19	摆放数量	91	5	455		
20	最终摆放数量			473		

【解】根据上面分析及计算公式，编制 Excel 摆放计算公式，计算结果如表 4-6 所示，

其中单元格计算公式分别如下：

直径 G3=F3*2=46

①横紧凑式：

L 对应摆放高度 C5=INT（（C3−G3）/（3^0.5*F3）+1）=105

K 对应摆放高度 D5=INT（D3/G3）=5

L 单数层摆放数量 C6=CEILING（C5/2，1）=53

K 单数层摆放数量 D6=D5=5

单数层总的摆放数量 E6=C6*D6=265

L 双数层摆放数量 C7=INT（C5/2）=52

K 双数层摆放数量 D7=IF（（D3−D5*G3）>F3，D5，D5−1）=4

双数层总的摆放数量 E7=C7*D7=208

横紧凑式总的摆放数量 E8=SUM（E6：E7）=473

②竖紧凑式：

C10=D3=234　　D10=C3=4 200

K 对应摆放高度 C12=INT（（C10−G10）/（3^0.5*F10）+1）=5

L 对应摆放高度 D12=INT（D10/G10）=91

K 单数层摆放数量 C13=CEILING（C12/2，1）=3

L 单数层摆放数量 D13=D12=91

单数层总的摆放数量 E13=C13*D13=273

K 双数层摆放数量 C14=INT（C12/2）=2

L 双数层摆放数量 D14=IF（（D3−D12*G3）>F3，D12，D12−1）=90

双数层总的摆放数量 E14=C14*D14=180

竖紧凑式总的摆放数量 E15=SUM（E13：E14）=453

紧凑式摆放总数 E16=MAX（E8，E15）=473

③对齐式：

K 方向对齐式摆放数量 C19=INT（C3/G3）=91

L 方向对齐式摆放数量 D19=INT（D3/G3）=5

对齐式摆放总数 E19=C19*D19=455

最终摆放数量 E20=MAX（E16，E19）=473

只要把原始数据输入 Excel 表中带底色部分，就可自动得出优化方案。

拓展阅读 4-7　圆柱形货物堆码（装箱）优化方法——规划求解法

4.8　入库信息处理

4.8.1　入库单据处理

4.8.1.1　登录货物入库信息

到达仓储配送中心的货物，经验收确认后一般应填写入库单，单据的格式根据货物及业务形式而不同，但一般包含如下信息：

①供应商信息，包括供应商名称、送货日期、送货订单完成情况等。

②货物信息，包括品种、数量、质量验收记录、生产日期或批号、保质期等。

③订单信息，包括订单对应号、序号、当日收货单序号等。

货物信息登录的目的在于为后续作业，如采购进货、储存、拣货、出货等环节提供管理和控制的依据。

对初次收到的货物，需要严格进行入库检验，并将信息及时输入仓储配送中心的货物信息系统中。货物入库信息通常需要录入以下内容：

①货物一般特征，包括名称、类别、规格、型号、包装单位、包装尺寸、包装容器、单位重量及价格等。

②货物的原始条形码、内部编号、进货入库单据号码、货位等。

③供应商信息，包括供应商名称、编号、合同号等。

4.8.1.2　签单

货物验收入库后，应及时按照仓库货物验收记录的要求签回单，以便向供货单位和货主表明收到货物的情况；如果出现短少等情况，也可作为货主向供货方交涉的依据，因此签单必须准确无误。

4.8.1.3　收集与整理作业辅助信息

在进货通道、站台、库房布局等硬件设施的设计与布局中，需要考虑许多相关因素，才能达到既能控制适当的规模、节省投资，又能满足作业需要的目的。这些相关因素主要是在进货作业中对进货产生直接影响的因素，以下信息是设计进货系统需要参考的重要依据：

①货物的一般特征和数量分布；

②货物的包装尺寸、容器、单件重量的分布状况；

③每一时段内进货批次的分布；

④卸货方法及所需时间；

⑤进货入库的场所。

这些信息将决定进货工作量的大小、装卸货方式及设备的选择、库内外卸货站台的空间大小、进货验收对人员及设备等方面的需求、进货作业活动所需场地和空间的大小、车辆等运输工具的安排。进货辅助信息主要来自进货作业过程中发生的相关信息，因此，仓管人员必须注意收集与整理，以便为管理决策提供重要的参考数据。

4.8.2 入库账目处理

货物验收合格后，仓管人员应该为货物办理入库手续，根据货物的实际检验及入库情况填写入库单，然后对货物进行登账、设卡以及建档管理。

4.8.2.1 登记明细账

为了便于对入库货物的管理，正确地反映货物的入库、出库及结存情况，并为对账、盘点等作业提供依据，仓管人员还要建立实物明细账，以记录库存货物动态。登账凭证要妥善保管，装订成册，不得遗失。实物保管要经常核对，保证账、卡、物相符。

明细账是反映在库储存货物进、出、存的动态账目，也是核对储存货物动态和保证与财务总账相符的主要依据。明细账除有货物的品名、规格、批次之外，还要标明货物存放的具体位置、货物单价和金额等。

4.8.2.2 设置保管卡

货物保管卡又称货卡、料卡，它是一种实物标签（在无纸化、电子化运作模式下，不需要该内容，二维码等技术代替该项目等内容），是仓管人员管理货物的"耳目"，能够直接反映该垛货物的品名、型号、规格、数量、单位、出动态和积存数。

（1）确定保管卡内容

卡片应按入库通知单所列内容逐项填写。货物入库堆码完毕，应立即建立卡片，一垛一卡。货物保管卡的内容主要有以下几个方面：

①表示货物的状态，如待检、待处理、不合格、合格等。

②表明货物的名称、规格、供应商和批次。

③货物的入库、出库与库存动态等信息。

保管卡上的内容不是一成不变的，仓管人员可以根据仓储业务的具体情况，对货物保管卡的具体内容作适当的调整。例如，对设置了专门的待检区、待处理区、合格产品区、不合格产品区的仓库，在设置保管卡时，可以省略货物的状态；为了便于对货物存量进行控制及管理，则可以在货物保管卡上增加货物的估计用量、安全库存等信息。

（2）管理保管卡

为了使保管卡充分发挥其作用，仓管人员在管理保管卡时需要注意以下问题：

①选择恰当的放置位置。货物保管卡一般悬挂在上架货物的下方或放在货物堆垛上。仓管人员在放置保管卡时，悬挂位置要明显、牢固，并便于随时填写。

②及时更新内容。在使用保管卡时，仓管人员要根据作业的内容，及时更新保管卡上的内容。当新货物入库时，要为其设置专门的保管卡；当货物入库、出库、盘点后，要立即在卡上的相关位置填写具体信息；当某货物清库后，要将保管卡收回，并放置于该货物的档案中。

4.8.2.3　建立货物档案

建立货物档案是指将与收货作业全过程有关的资料、证件进行整理、核对，建立资料档案，从而详细地了解货物入库前后的活动全貌，以便管理货物和保持客户联系，为将来发生争议时提供凭据；同时，有助于总结和积累仓管经验，为货物的保管、出库业务创造良好的条件。

❖ 案例窗 4-1

京东仓储成本及管理优势

2023年，我国物流总费用占全国GDP的比重为14.4%，发达国家物流总成本只占GDP的8%左右。专家表示，一个百分点的下降意味着节约数千亿元成本。近些年我国物流成本居高不下，成为制约企业获得更大的利润、提供更好服务的一大门槛。因此，降低物流成本、加强仓储成本管理对物流企业尤为重要。

京东是我国自营电商市场的领头羊之一，在企业发展初期就建立了自己的物流体系，并发展建立了包含仓储网络、综合运输网络、"最后一公里"配送网络、大件网络、冷链物流网络和跨境物流网络在内的高效协同的六大网络。目前京东已成为中国领先的以技术驱动的物流与供应链综合服务商，在全国管理物流仓储总面积超3 000万平方米。

一、京东仓储成本的主要构成

1.建造、购买或租赁仓库等设备（仓库建筑物、货架等）所带来的成本

这是仓储成本的大部分，京东在全国范围有七大物流中心、256个大型仓库、6 906个配送站和自提点，覆盖全国2 655个区县。上海的"亚洲一号"是当今中国最大的物流中心之一，占地20万平方米，巨大的投资成本可想而知。自建仓库的投资及折旧构成显性成本，这些资金用来投资其他项目的盈利即机会成本，构成隐性成本。除了自建仓库，每年的租赁成本也是一笔很大的支出，租赁过程中可能出现的仓库损坏等风险构成风险成本。

2.员工工资及福利

京东的员工待遇除了五险一金，还享有其他高达38项福利。比如享有餐补、工龄补贴。京东共有员工约14万，其中仓储部门约3万，而仓储部门工作多为基层。可见，京东仓储部门员工工资及福利构成仓储成本的一部分。

3.各类仓储作业带来的成本，如装卸搬运成本、流通加工成本等

京东日平均订单量高达300多万。每一件商品从入库前的挑选准备到入库后的正确挑选及摆放，再到根据订单进行包装加工，最后出库，这一系列工作需要大量的人工投入。此外，低值易耗品的耗费、设备维修折旧费、装卸搬运费、管理费等间接费用构成了与仓储有关的作业成本。由于订单量巨大，这类成本也占据仓储成本的很大部分。

二、京东仓储成本管理的优势

1.缩短了供应链，从长远来看，成本较低

京东有一半的第三方物流，单同城配送，使用第三方物流每单成本约12元，京东

自营成本仅 7.44 元，每单节约 4~5 块钱的成本，每天约 300 万的订单，自然节约大量成本。究其原因，传统的物流为 C2C 模式，商品从生产商到消费者至少经过五六次转手。如农田里的西瓜，先要农民摘下放在小车里，然后拉到地头，从小车里搬出转到大卡车上；再由大卡车拉到集市上给批发商，批发商再给如沃尔玛这样的超市，最后到消费者手中，这样算来转手最少 6 次。京东自营直接从厂商到仓库，再送给消费者手中，没有中间商，减少商品搬运次数，成本自然很低。减少物品的流动是京东设计物流的一个核心点。

2. 配送速度快，有利于提升用户体验、增加用户量

京东自成立以来用户量不断上涨，得益于良好的服务，其实施的"211 限时达"广受好评。京东全国仓库众多，每笔订单都从最近的仓库发货，已实现 73% 的订单当天送达，92% 的订单 24 小时内送达。

自建仓库选址遵循三大策略：①市场定位策略，即选址离最终用户最近；②制造定位策略，即选址离产地最近；③中间定位策略，即选址在最终用户和产地中间。如自提点的设立，惠及广大上班族，下班后直接从楼下取件，解决不能及时收件的问题，也避免京东员工因无人收件改日再送一次，节约时间。物流快、服务好正是京东不断积累更多消费者的原因。

3. 方便员工管理，在第三方物流合作中有较大话语权

自建物流系统，员工由公司直接管理，有很大的自主权，可以辞退在绩效考核中一直表现很差的员工。京东也和第三方物流合作，但对合作对象有一定的要求，如果顾客投诉率过高，京东可关闭其窗口。这一举动看似霸道，归根结底还是因为京东有自己的仓库和物流系统，不依赖第三方物流，不会处于被动的地位。可见，自建仓储使京东走上了不同寻常的道路，能拥有更大的自主权和话语权。

互联网的发展为物流企业提供了广阔的发展前景，但是利润的获取是以高昂的物流成本为代价的。因此，对各企业来说这既是机遇，也是挑战，而解决问题最根本的方法就是有效地降低物流成本。

资料来源　王晨，徐晟 .【森哲咨询】企业仓储成本及其管理——以京东为例［EB/OL］.（2021-09-06）［2023-12-10］. https://mp.weixin.qq.com/s/cWErJZS9_05T0TuttX-OHQ.

学思践悟

党的二十大报告指出："我们经过接续奋斗，实现了小康这个中华民族的千年梦想，我国发展站在了更高历史起点上。我们坚持精准扶贫、尽锐出战，打赢了人类历史上规模最大的脱贫攻坚战，全国八百三十二个贫困县全部摘帽，近一亿农村贫困人口实现脱贫，九百六十多万贫困人口实现易地搬迁，历史性地解决了绝对贫困问题，为全球减贫事业作出了重大贡献。"为了脱贫攻坚，巩固脱贫成果，振兴乡村，物流行业作为基础性、先导性行业，多年来在发展乡村物流方面作出大量卓有成效的工作。

韵达发布专为 5G+ 末端物流场景设计的韵达 X470 无人机，其在"中国民营快递之乡"桐庐县村庄完成首次载货飞行。

京东物流从 2019 年起推出"千县万镇 24 小时达",旨在提升县、乡、村三级物流触达能力和服务时效,推动城乡物流普惠。京东物流在乌鲁木齐、银川、德阳等多地建设"亚洲一号"大型智能物流园区,大大提升了偏远地区的送货时效;在西藏拉萨投用超百台仓储机器人,青藏高原迎来首个大型智能物流仓。

乡村振兴,产业兴旺是重点,农民增收致富是关键。如果物流硬件设施跟不上,振兴乡村经济就会受阻。只有积极畅通物流,才能将好产品销售出去,同时将外部的资源聚拢过来。京东物流将积极推动三级物流体系建设,助力乡村振兴。

资料来源　[1] 桐庐县政府办公室. 韵达 5G 无人机来了![EB/OL].(2020-08-17)[2024-03-15]. http://www.tonglu.gov.cn/art/2020/8/17/art_1570138_54509750.html.[2] 热点资讯站. 京东物流推"千县万镇 24 小时达"计划 明年落地[EB/OL].(2019-08-30)[2024-03-15]. https://www.sohu.com/a/337553589_810827.

本章小结

4.1 部分介绍了仓储收货管理包括收货、储存、发货管理 3 个阶段。收货作业管理应遵循的原则是:合理安排收货计划,充分利用人力及设备等资源;各环节有效衔接,仓储与配送整个系统最优;消除一切浪费现象,提高运作效率。

4.2 部分介绍了收货作业流程:收货前准备工作、接运与卸货、分类与标识、核对单据、入库验收、搬运与堆码、入库信息处理。

4.3 部分介绍了收货作业计划与货位分配方法。

4.4 部分先介绍了接运作业中的接运方式、接运差错处理和做好接运记录,然后论述了提高卸货效率与质量可采取的四大具体措施。

4.5 部分介绍了搬运的含义、搬运管理的目的与意义,以及商品堆码操作要求、堆垛设计的内容、商品堆码的基本方法。

4.6 部分介绍了库房负荷的计算、堆码强度的计算。

4.7 部分论述了矩形单一货物二维堆码(装箱)优化方法和圆柱形货物堆码(装箱)优化方法。

4.8 部分介绍了入库单据处理和入库账目处理。物品验收合格后,仓管人员应该为物品办理入库手续,根据物品的实际检验及入库情况填写物品入库单,然后对物品进行登账、设卡以及建档管理。

基本训练

第 4 章判断题

❖ 简答题

1.影响收货作业的因素主要有哪些？

2.收货作业的基本流程包括哪些内容？

3.接运货物时出现差错应如何处理？

4.商品堆码操作要求有哪些？

5.货物接运的方式有哪些？

6.收货作业中哪些环节不创造价值？

7.货垛"五距"要求分别是什么？

8.货物堆码存放有哪些优化方法？

❖ 计算题

1.在 1 000mm×800mm 托盘上，摆放长 86 毫米和宽 57 毫米的货物，要求竖立摆放（见表 4-7）。要求：①若不考虑剩余空间可摆放货物数量，按托盘长进行数量优化时能摆多少件货物？②若不考虑剩余空间可摆放货物数量，按托盘宽进行数量优化时能摆多少件货物？

表 4-7　　　　　　　　　　　　原始数据及求解过程（三）　　　　　　　　　　　　单位：毫米

	B	C	D	E	F	G
2			货物长	货物宽		
3			86	57		
4	货箱长	1 000				
5	货箱宽	800				
6	一个货物长和宽对应的摆放数量					
7						
8	变量区域					1 000
9			X_{11}	X_{21}		
10						
11	目标函数			QJ_1		

2.采用 1 200mm×800mm 托盘，货物三维尺寸分别为长 309 毫米、宽 220 毫米和高 200 毫米，要求竖立摆放货物（见表 4-8），货物最高可摆 1 300 毫米（托盘包括托盘高度，托盘高 150 毫米）。要求：①托盘一层两种简单摆放方式各能摆多少件货物？②按这两种简单摆放方式，一个托盘最多能放多少件货物？③进行边长优化和数量优化摆放分别能放多少件货物？

表4-8 原始数据 单位：毫米

	B	C	D	E	F	G	H	I
2			摆放数量				剩余尺寸	
3			货物长	货物宽	货物高		货物长	货物宽
4	托盘高度	150	309	220	200		309	220
5	货箱长	1 200						
6	货箱宽	800						
7	货物高度	1 300						
8	可用高度	1 150			摆放数量			
9	上限	14	宽–长	长–长			宽–长	长–长
10	简单摆放数量							
11	最终简单摆放数量							
12	每层摆放	max						
13			X_{11}	X_{21}				
14	变量						长度优化	
15	变量						宽度优化	
16			X_{12}	X_{22}	小计	剩余空间摆放数量	合计	
17		摆放数量					长度优化	
18		摆放数量					宽度优化	
19	目标函数							
20	优化后每层摆放							
21	三维最终摆放数量							

3. 某种圆柱形货物半径为23厘米。要求：紧凑式每摆一层高度可节约多少厘米？

4. 一种圆柱形货物半径为21厘米，需要存放在长4 000厘米、宽234厘米的容器内，参见表4-9。要求：如何摆放，使每一层（对齐式与紧凑式两种形式）摆放圆柱形货物最多？要求对带#符号的单元格编辑Excel计算公式。

表 4-9　　　　　　　　　　　原始数据及计算结果（二）　　　　　　　　　单位：厘米

	B	C	D	E	F	G
2	横紧凑式摆放	货箱长 L	货箱宽 K		货物半径 R	货物直径 2R
3		4 000	234		21	#
4						
5	对应摆放高度	#	#			
6	单数层摆放数量	#	#	#		
7	双数层摆放数量	#	#	#		
8	横紧凑式摆放总数			#		
9	竖紧凑式摆放	货箱宽 K	货箱长 L		货物半径 R	货物直径 2R
10		#	#		#	#
11						
12	对应摆放高度	#	#			
13	单数层摆放数量	#	#	#		
14	双数层摆放数量	#	#	#		
15	竖紧凑式摆放总数			#		
16	紧凑式摆放总数			#		
17						
18	对齐式摆放	货箱长 L	货箱宽 K			
19	摆放数量	#	#	#		
20	最终摆放数量			#		

5. 某容器长 2 100 厘米、宽 1 500 厘米，用来装圆柱形货物，直径为 19 厘米。要求：① 对齐式摆放一层可摆放多少？② 对齐式与紧凑式摆放相结合最多能摆多少？

6. 瓦楞纸箱的堆码载荷为 98 千克，纸箱的外部高 66 厘米，每箱货物的毛重为 19 千克，堆码高度为 3.2 米，堆码时间有近 30 天，查表 k=1.6。要求：这种堆码方式是否符合瓦楞纸箱的堆码载荷要求？

7. 某仓库要存放自重为 36 吨的设备，设备底部为 4 条 2 米×0.3 米的钢架，仓库地面的承载能力为 5 吨/平方米。要求：① 需不需要垫垛？② 若选用规格为 2 米×1.6 米、自重为 0.6 吨的垫垛，需要多少？

第5章 物品养护

❖ 引例

数据采集技术助力危险品物流数字化监管

大连集发南岸国际物流有限公司是辽宁港口集团全资子公司，是大连口岸危险货物进出口的后方堆场，担负整个地区的危险品货物、集装箱物流职能。

危险品货物是具有易燃、易爆或具有强烈腐蚀性的化学物品，其生产、使用和存储的过程均涉及安全问题，必须保证危险品货物的物流仓储、运输、监管过程绝对安全。与普通货物不同，在危险品货物的操作和管理过程中，必须根据具体的货物特性，采取不同的安全管理措施，实施不同的运输、管理和操作工艺。

为此，公司借助信息化手段，在生产、安全管理、客户服务方面建立信息化管控体系；依据专业的危险品货物核心数据和技术文档，包括理化特性、性状、操作须知、包装、运输、仓储、作业工艺、主要危险、应急处置办法和历史作业数据，建立整个管理体系的数据基础；借助物联网软硬件，利用GPS技术、车载摄像头、车载传感器模块，实现危险货物车辆全程全方位实时数据采集，连接码头和场站危险品货物集装箱数据，打通船边、堆场、大门业务数据，实时跟踪、记录和管理所有业务点的操作数据；对危险品货物对应的化学品安全技术说明书（MSDS）电子化及在线提取，指导现场监管；在保证安全的大前提下，打造一个以客户和货物为核心的全链条物流服务平台。

资料来源　李文锋. 智慧物流［M］. 武汉：华中科技大学出版社，2022.

5.1 物品养护概述

5.1.1 物品养护的含义

物品养护是指物品在储存过程中所进行的保养和维护。它是根据物品在储存过程中的质量变化规律，采取相应科学的技术组织措施，对物品进行有效保养与维护，保持其使用价值及价值的活动。物品在储存过程中，由于本身的自然属性和环境因素的影响，其质量总要发生一定的变化。从广义上说，物品从离开生产领域而未进入消费领域之前这段时间的保养与维护工作，都被称为物品养护。

5.1.2 物品养护的内容

为了保持、维护物品的质量，根据物品的特点及储存条件的不同，物品养护的内容略有不同。通常物品养护的主要内容是防水防潮、防热防寒、防风吹日晒、防尘防震、防虫防霉、防火防爆、防锈蚀、防毒害、防老化、防挥发、防溶化、防风化、防熔化、防散失、防干燥等。物资养护的重点是进行温湿度控制，主要措施是通风、密封和吸湿。

物品只能在一定的时间内、一定的条件下保持其质量的稳定性。物品经过一定的时间，可能发生质量变化，这种情况在物品运输和储存中会出现。我们这里主要研究储存中的情况。要做好储存物品的养护工作，首先，要研究被储存物本身的自然属性，即物品的结构、成分和性质；其次，要了解商品的储存环境，包括温度、湿度、气压、空气成分，以及氧气、阳光、射线、微生物等情况。

5.1.3 物品的变化形式

物品在储存期间，由于本身的成分、结构、物理和化学性质，以及受到温度、湿度、光照、空气成分、微生物等客观外界条件的影响，会发生质量变化。除了使用价值外，物品由于受储存时间和资金的时间价值影响，也会发生经济价值的变化。这里只介绍质量变化的原因及主要形态。

5.1.3.1 物理变化[①]

物理变化是指仅改变物质本身的外表形态，不改变其本质，没有新物质的形成，而且有可能反复进行的质量变化的现象。物品的外表形态分为气、液、固三种。三态变化的结果消耗了物品，降低了质量。常见物理变化有溶化、熔化、挥发、串味、渗漏、玷污、破碎、变形、干裂等形式。

（1）溶化

溶化是指固体在液体中溶解的过程，具体地说，是指某固态物质在另一种液态物质中分散成单个分子或离子的扩散过程，如把糖放在水中溶化成为糖水等。此过程不需加热，但必须有液体。某些物质吸收空气或周围环境中的水分，当水分达到一定程度时就会发生溶化现象，如食盐、明矾、氯化钙等。溶化虽然没有改变物质的性质，但形态发生变化，给仓储、运输及销售带来不便。

（2）熔化

熔化是指物质受热后从固态变成液态的变化过程。熔化需要吸收热量，是吸热过程。物质熔化除受温度影响外，还与物质本身的熔点、物质中杂质的种类与含量密切相关。熔点越低，杂质越多，越容易熔化。常见易熔化的物质有蜡烛、香脂、发蜡、胶囊等。

（3）挥发

挥发是指物质分子向四周自由散发、自由移动，不受温度的影响。液体和固体都会发

---

① 本部分改编自：黄中鼎，林慧丹. 仓储管理实务［M］. 武汉：华中科技大学出版社，2009.

生挥发的现象。挥发一般是指液体成分在没有达到沸点的情况下成为气体分子逸出液体表面。大多数溶液存在挥发现象，因为它们分子间的吸引力较小，并且在做永不停息的无规则运动，所以它们的分子就运动到空气中，慢慢挥发了。但是，由于溶质不同，表现出的挥发性也不同。挥发的速度与温度、空气流动速度、物质与空气接触面积密切正相关。常见的易挥发物质有酒精、白酒、花露水等。

（4）串味

串味是指同其他有特殊气味的物品放在一起，染上特殊气味的现象。串味的原因是吸附其他气体、异味，从而改变了物品本来的气味。这与其表面状况、与异味物质的接触面积和接触时间，以及环境中的异味浓度有关。具有吸附性的物品会吸收其他异味，如茶叶和化妆品在同处存放，彼此吸收异味，二者都会失去使用价值。

（5）渗漏

渗漏是指由包装容器密封不良、容器质量不好、运输时碰撞和振动、内装物膨胀使包装受损等导致的商品泄漏现象。发生渗漏的商品主要是液态商品。例如，包装容器有砂眼、气泡或焊接不匀、接口不严等；包装材料的耐腐蚀性差，受潮锈蚀；有些液体商品因气温升高或降低，体积膨胀或汽化，从而使包装内部压力加大而胀破包装容器等。

（6）玷污

玷污是指物品表面黏其他物质或有其他污染物，影响物品质量的现象。物品玷污主要是由生产、储运过程中卫生条件差或包装不严造成的。一些对外观质量要求高的物品预防玷污尤为重要。

（7）破碎与变形

破碎与变形是指物体受外力作用而产生体积或形状的改变。脆性大的物品容易发生破碎现象，如玻璃制品、瓷砖、酥饼等。塑性大的物品容易发生变形，如塑料制品、皮革、铝制品等。有些物品遇水也会发生变形或膨胀，如木材、复合板等。

（8）干裂

干裂是指物品在储存过程中，由于环境干燥，物品失水，出现物品干缩、开裂的现象，影响物品的使用性能与外观质量。例如，在干燥的环境中肥皂会干缩，部分木质乐器会干裂。

5.1.3.2 化学变化

化学变化是指构成物品的物质发生变化。常见的化学变化有氧化、分解、腐蚀、风化、燃烧与爆炸、老化等。

（1）氧化

氧化的含义有狭义与广义之分：在狭义上是指氧元素与其他的物质元素发生的化学反应；在广义上是指物质失电子（氧化数升高）的过程。通常物品在空气中氧的作用下会发生氧化反应。例如，棉、麻、丝等纤维织品若长期与日光接触，会变色、变质；桐油制品中桐油被氧化而放热，使温度升高，引起自燃。

（2）分解

分解是指物品在光、热、酸、碱以及潮湿空气的作用下，由一种物质生成两种以上新物质的现象。例如，溴化银在光的作用下生成银和溴的曝光现象就是一种分解反应。

（3）腐蚀

腐蚀是指材料与环境间发生的化学或电化学相互作用而导致材料功能受到损伤的现象。对金属而言，腐蚀通常被称为锈蚀。例如，钢铁在潮湿的空气中，温度越高，锈蚀越快。锈蚀现象在潮湿、高温地区尤为明显。

（4）风化

风化是指含结晶水的物品，在一定温度和干燥的空气中失去结晶水而使晶体崩解变成非晶态无水物质的现象，如玻璃的风化。

（5）燃烧与爆炸

燃烧与爆炸是在不同条件下发生的氧化还原反应，两者都放出热量，产生气体，只是反应速度前者较慢，后者迅速。燃烧是指发光、发热的剧烈的化学变化过程，按其特征可分为内燃、自燃（分外热自燃、本身自燃）。爆炸是指物质由一种状态迅速地转变成另一种状态，并瞬间放出大量能量的现象。爆炸分为物理爆炸、化学爆炸等。有些物品遇火、高温、撞击等情况会发生燃烧与爆炸，有些物品遇水会发生爆炸。

（6）老化

老化是指含有高分子有机物成分的物质（如橡胶、塑料、化纤织品等），在储存过程中在光、热、氧的作用下会出现发黏、发鼓、变脆、龟裂、褪色等现象。老化影响物品的使用性能。这类物质不易堆码过高，防止底层物品受压变形，防止橡胶制品黏连。

5.1.3.3 生化变化

生化变化是指有生命活动的有机体在生长发育过程中为了维持其生命活动，本身发生的一系列生理变化。例如，呼吸作用、发芽、胚胎发育、霉腐、虫蛀等现象，都属于有机体自身的生化变化。这些变化使有机体消耗了大量的营养物质，使物品发热增湿，造成微生物的繁殖，以致污染、分解物品，加速物品霉腐变质。

5.1.4 影响物品质量变化的外在因素

物品在储存期间的质量变化，除了物品本身内部组成结构的变化和运动的结果外，同时与储存的外界因素有密切的关系。影响物品质量变化的外在因素主要有空气中的氧含量、日光（光照）、空气温度、空气湿度、有害气体、微生物和仓储害虫等、卫生条件。

5.1.4.1 空气中的氧含量

组成空气的各种不同的气体可以被分成两类：一类是不可变气体，即各种气体成分间维持固定的比例关系，主要有氮和氧等；另一类为可变气体，即它们与其他各种成分间无固定比例，以水蒸气、二氧化碳、二氧化硫等气体为主。一些具有生命的有机体，如粮食、果蔬等，需要氧气进行有氧呼吸；物品的霉变、锈蚀、燃烧、爆炸、高分子材料的老化以及含有不饱和成分油脂的氧化、酸败现象，一般都需要氧参与作用。霉腐微生物可分为有氧和厌氧两类，质量变化均与空气中的氧含量有关。

5.1.4.2　日光（光照）

日光中紫外线的能量最强，对物品的影响最大。有些物品经过紫外线一定时间的直接照射后，温度升高，加速氧化反应，降低物品质量，如造成油脂加速酸败，酒类产品混浊，色布褪色，纸张发黄、变脆，竹木制品开裂、变形，橡胶制品表面龟裂、失去弹性。同时，紫外线具有很强的杀菌作用，可防止有机物的霉变。日光中红外线的能量较弱，但它有干燥作用，被物质吸收后变为热能，能蒸发物品中的水分，加速物品发生物理或化学变化。

5.1.4.3　空气温度

空气温度是表示空气冷热程度的物理量。空气温度的变化对某些物品的质量有很大影响。多数物品都有一个最佳仓储温度范围，超出最佳仓储温度范围或温差变动幅度过大都会损伤物品的质量。

5.1.4.4　空气湿度

空气湿度即空气的干湿程度。空气湿度的改变能引起物品含水量、化学成分、外形或结构发生变化。例如，空气湿度的变化会引起物品重量和质量的变化，湿度过大使某些化工材料潮解、溶化，还容易引起某些化学物品爆炸等。

5.1.4.5　有害气体

大气中的有害气体主要来自燃料，如煤、石油、天然气、煤气等排放出的烟尘和工业生产过程中的粉尘、废气。对空气的污染主要是二氧化碳、二氧化硫、硫化氢、氯化物等气体以及粉尘微粒。物品储存在有害气体浓度大的空气中，其质量变化明显。

5.1.4.6　微生物和仓储害虫等

影响物品变化的生物主要有微生物、仓储害虫、老鼠、鸟类等，其中以虫蚀、鼠咬危害最大。

5.1.4.7　卫生条件

物品本身和仓库的清洁卫生也是影响物品质量的重要因素。灰尘、垃圾、油垢、腥臭味道等不但容易造成某些物品外观产生疵点或感染异味，甚至为微生物和仓储害虫等提供生长繁殖的场所，引起物品的霉变和损坏。

5.2　仓库温度与湿度的控制方法和制度

仓库温度与湿度对多数物品的养护都是至关重要的，本节将重点论述温度与湿度相关知识及其在物品养护中的运用。

5.2.1　温度与湿度

多数物品对仓库温度与湿度都有一定要求（见表5-1），过高、过低的温度和湿度对许多物品的储存和保养都不利。

表 5-1　　　　　　　　　　　**几种物品对温度与湿度的要求**

种　类	温度（℃）	湿度（%）
汽油、煤油和轻油	≤30	≤75
合金碎末、树脂和油漆	0~30	≤75
金属及其制品	5~30	≤75
重质油和润滑油	5~35	≤75
仪表电器	10~30	≤70
塑料制品	5~30	50~70
轮胎	5~35	45~65
工具	10~25	50~60

5.2.1.1　温度的概念

温度（temperature）是表示物体冷热程度的物理量，微观上来讲是物体分子热运动的剧烈程度。温度只能通过物体随温度变化的某些特性来间接测量，而用来度量物体温度数值的标尺叫温标。温标规定了温度的读数起点（零点）和测量温度的基本单位。温度的国际单位为热力学温标开尔文（K）。目前国际上用得较多的其他温标有华氏温标（F）、摄氏温标（C）和国际实用温标。

与仓储有关的温度分为3种：

①气温，即库外露天的温度，是指空气的冷热程度，通常是指距离地面1.5米处高度的气温。

②库温，即仓库里的温度。

③垛温，即货垛物品的温度。

5.2.1.2　温度的变化规律

温度的变化可以改变货物的含水量，引起某些易溶、易挥发的液体货物以及有生理机能的货物发生质量变化。货物储存具有温度安全界限，即"安全温度"。

（1）气温的变化规律

气温是经常变化的。因不同地区的地理环境、经度、纬度不同，地球与太阳相对位置变化等因素，气温的变化有周期性变化和非周期性变化之分。周期性变化又可分为年变化和日变化。

①气温的年变化规律是指一年内气温的变化规律，一年四季，周而复始。在北半球，一年最高气温通常在7—8月，最低气温在1—2月。

②气温的日变化规律是指昼夜气温的变化规律。由于日照时间和角度不同等因素，昼夜气温呈周期性变化。当太阳升起时，气温逐渐上升，在14：00—15：00时达到最高值，之后气温逐渐下降，到太阳升起前达到最低值。从日出到中午（8：00—10：00），气温上升较快；中午到下午（14：00—15：00），气温上升较慢，之后缓慢下降；黄昏之后（18：00—20：00），气温快速下降。

（2）库温的变化规律

库温主要受气温的影响，库温的变化与气温的变化正相关且滞后1~2小时。库温的温差远小于气温的温差。

5.2.1.3　湿度的概念

湿度是表示大气干燥程度的物理量。在一定的温度下，一定体积的空气中含有的水蒸气越少，则空气越干燥；含有的水蒸气越多，则空气越潮湿。表示空气湿度的方法有绝对湿度、饱和湿度、相对湿度、露点等。

①绝对湿度是指单位体积的空气中实际所含水蒸气的量。

②饱和湿度是指在一定温度下单位体积中最大限度能容纳水蒸气的量。空气的饱和湿度随温度升高而增大，随温度降低而减小。

③相对湿度是空气中实际绝对湿度与当时气温下的饱和湿度的百分比。

④露点是表示空气中水蒸气含量和气压不变的条件下冷却达到饱和时的温度，即水蒸气开始液化成水的温度。当含有一定数量水蒸气的空气的温度下降到一定程度时，所含水蒸气就会达到饱和并开始液化成水，这种现象被称为结露。水蒸气开始液化成水的温度被称为露点。如果温度继续下降到露点以下，空气中的水蒸气就会凝集在物体的表面上，俗称"出汗"。一些表面光滑、导热较快的金属制品、水泥地、石块或柱脚上有一些水珠，就是这种现象。

5.2.1.4　湿度的测量方法

湿度的测量有多种方法，如用干湿球温度计（如图5-1所示）、电子温湿度测量仪和电子温湿度/露点测量仪测量（如图5-2所示）等。

干湿球温度计（也称干湿温度计）是一种测定气体温度和湿度的仪器。它由两支温度计组成。工作原理是：一支温度计用于测定气温，称干球温度计；另一支温度计的球部被用蒸馏水浸湿的纱布包住，纱布下端浸入蒸馏水中，称湿球温度计。根据测出的干球温度和湿球温度，就可换算出湿度。常见的换算方法有两种：一是根据干球和湿球的温度差换算（见表5-2）；二是干球和湿球的温度直接查表求得（见表5-3）。

最为简单、方便的方法是使用电子温湿度/露点测量仪测量，直接显示温度与湿度。

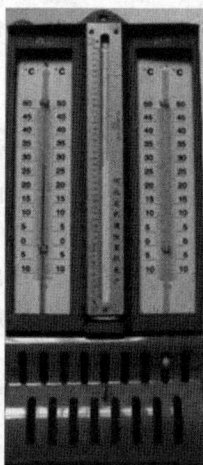

图 5-1 干湿球温度计

资料来源 佚名. 干湿球温度计 [EB/OL]. [2020-07-17]. https://baike. baidu. com/item/%
E5%B9%B2%E6%B9%BF%E7%90%83%E6%B8%A9%E5%BA%A6%E8%AE%A1/8689290?fr=aladdin.

图 5-2 电子温湿度/露点测量仪

资料来源 无锡斯洛森测控技术发展有限公司网站的产品展示图片。

表 5-2 温度与相对湿度查对表（节选）

温度差（℃） 露点及相对湿度 气温（℃）	干球温度-湿球温度									
	0		1		2		3		4	
	t_d（℃）	r（%）	t_d（℃）	r（%）	t_d（℃）	r（%）	t_d（℃）	r（%）	t_d（℃）	r（%）
16	16	100	14	89	12	79	10	69	9	60
17	17	100	15	90	14	80	12	70	11	61
18	18	100	16	90	15	80	13	71	12	62
19	19	100	17	90	16	81	14	72	13	63

表 5-3　　　　　　　　　　　　　干湿球温度表（节选）

湿度（%） 湿球温度（℃） 干球温度（℃）	20	25	30	35	40	45	50	55	60	65	70	75	80
10	2.55	3.06	3.58	4.09	4.58	5.07	5.54	6.02	6.49	6.95	7.41	7.86	8.29
11	3.24	3.78	4.32	4.65	5.37	5.88	6.38	6.87	7.36	7.84	8.31	8.77	9.24
12	3.94	4.50	5.06	5.62	6.15	6.68	7.21	7.72	8.23	8.72	9.21	9.70	10.17
13	4.62	5.21	5.79	6.38	6.93	7.49	8.04	8.57	9.09	9.61	10.12	10.62	11.12
14	5.30	5.92	6.53	7.13	7.72	8.29	8.85	9.42	9.96	10.50	11.02	11.54	12.05
15	5.98	6.62	7.26	7.89	8.50	9.10	9.68	10.26	10.83	11.38	11.93	12.47	12.99
16	6.64	7.32	7.99	8.64	9.28	9.90	10.51	11.11	11.69	12.27	12.83	13.38	13.93
17	7.31	8.02	8.72	9.39	10.06	10.70	11.34	11.95	12.56	13.16	13.73	14.31	14.87
18	7.98	8.72	9.43	10.13	10.82	11.50	12.15	12.80	13.42	14.03	14.64	15.23	15.80

注：t_d 表示露点；r 表示相对湿度，根据干球与湿球的温度差确定。

5.2.1.5　温度与湿度的关系

一个密闭的空间里的空气中含水量不会改变，这个空间的温度升高，因总的含水量不变（绝对湿度不变），吸收、容纳水的能力提高，饱和湿度就会提高，从而相对湿度降低。一般来说，在开放的空间，温度越高，湿度越大；温度越低，湿度越小。也可以这么理解，在温度低的时候，空气的含水量降低。这也就是人们在秋冬季节感觉口舌干燥，而在夏季一般会感到处于"桑拿天"的原因。库房因与外界连接程度不同，温度变化对库房的湿度影响有明显的差异。

温度与湿度的关系可概括如下：

①温度越高，水蒸气蒸发越多，绝对湿度越大；

②温度越低，水蒸气蒸发越少，绝对湿度越小；

③温度越高，饱和湿度越大；

④温度越低，饱和湿度越小；

⑤温度与绝对湿度和饱和湿度成正比；

⑥温度与相对湿度成反比。

绝对湿度不变，若温度提高，饱和湿度提高，则相对湿度降低；若温度降低，饱和湿度降低，则相对湿度提高。因此，温度与相对湿度密切相关。

5.2.2　温度与湿度的控制方法[①]

控制与调节温湿度，必须熟悉货物的性能，了解储存物质量的变化规律及储存的最适宜温湿度；掌握本地区的气候变化规律及气象、气候知识；采取相应措施控制温湿度的变化，对不适宜的温湿度要及时调节，保持适宜储存物安全储存的环境。调节温湿度常用的

---

① 本部分改编自：邓春姊，卢改红. 仓储管理 [M]. 南京：南京大学出版社，2016.

方法有以下几种：

5.2.2.1 密封

密封是指利用不透气、能隔热和隔潮的材料将货物密封起来，隔绝空气，减少空气湿度以及其他外界因素对货物的不良影响，切断感染途径，达到安全储存的目的。

5.2.2.2 通风

通风是指利用库内外空气对流，达到调节库内温湿度的目的。通风既能起到降温、除潮和升温、增湿的作用，又可排除库内的污浊空气，防止霉变，使库内空气适宜于储存货物。通风设备如图5-3所示。

图5-3 通风设备

5.2.2.3 吸湿

吸湿是利用机器或吸湿剂减少库房的水分，以降低库内湿度的一种方法。常用的吸湿剂有生石灰、氯化钙、氯化锂、硅胶、木灰、炉灰等。

5.2.2.4 气幕隔潮

人们利用鼓风机产生强风流，在库房门口等处产生气幕（俗称风帘），阻止库内外空气交换，防止湿气浸入，但不能阻止人和设备出入。气幕还可起到保持室内温度的作用。

此外，调节温湿度的方法还包括通过电器加热除潮，通过增湿器增潮，通过喷洒水降温、增湿等。

5.2.3 温度与湿度的控制与管理制度

①在库内外适当地点设立干湿球温度计。一般可在每个库房内的中部悬挂一个，悬挂的高度离地面约有1.5米；库外则应挂在百叶箱内。

②指定专人每天按时观察和记录。观察时间一般上下午各一次，记录干湿球温度计所表示的温度，依据换算表计算当时的相对湿度、绝对湿度和饱和湿度，并记录天气变化的情况。每天的天气和温湿度情况可用天气告示牌公布，以引起注意。每个大中型仓库都可以在库外设置天气告示牌，有关人员每天上下午及时将库外的天气变化情况通知仓库保管人员，以便根据库内外的温湿度情况及时控制和调节库内的温湿度。

③按月、季、年分析记录，统计该时期内最高、最低和平均温湿度，以便积累资料。

④当发现库内的温湿度超过标准时，应立即采取相应措施，以达到安全储存的目的。

❖ **小案例 5-1**

某仓库测得干球温度即气温为16℃，湿球温度为14℃，查表知，露点是12℃，相对湿度是79%。该仓库的货物保管条件是：温度为5℃～35℃，相对湿度为50%～60%。

问题：该仓库应该采取怎样的保管措施？

【答】因为露点是12℃，所以温度应控制在12℃以上，避免货物"出汗"。因为相对湿度为79%，高于规定湿度，所以应采取措施降低湿度。具体的除湿措施包括：用吸湿剂吸湿；用除湿器除湿；若库外空气湿度低于库内，可通风除湿，但要控制库内温度不低于12℃；提高库内温度（但要低于35℃）等。

❖ **课堂实训 5-1**

仓库储存某种塑料制品，查表知该货物的保管条件是：温度为5℃～30℃，相对湿度为50%～70%。电子温湿度/露点测量仪测得库内数据为：温度18℃、露点15℃、相对湿度80%。该仓库应该采取怎样的保管措施？

❖ **课堂实训 5-2**

仓库储存某种塑料制品，查表知该货物保管条件是：温度为5℃～30℃，相对湿度为50%～70%。电子温湿度/露点测量仪测得库内数据为：温度29℃、露点26℃、相对湿度30%。该仓库应该采取怎样的保管措施？

❖ **小思考 5-1**

1.从温度和湿度的角度思考，要想降低库内湿度，库外温度和湿度分别在什么条件下适合通风？

【答】当库外温度高于库内温度、库外湿度低于库内湿度时。

2.库内相对湿度变化规律和库外相对湿度变化规律是否一样？

【答】多数情况下库内相对湿度变化规律和库外相对湿度变化规律一样，但库内温度变化幅度通常小于库外温度变化幅度，且滞后2小时左右。

3.库内阳面和阴面、货堆上面和下面的相对湿度是否一样？为什么？

【答】受阳光照射、地表温度和湿度以及通风状况等因素影响，相对湿度会有所差异。

4.货物运输或配送时是否应考虑运送时间对应的温度和湿度对货物的影响？

【答】应考虑，因为这两个因素直接影响产品质量。

5.3 物品霉变防治工作

5.3.1 物品霉变概述

5.3.1.1 霉变现象

霉变是货物在霉腐微生物的作用下，营养物质被转变成各种代谢物，出现生霉、腐烂、产生异味等质量变化。霉腐微生物对商品的危害主要是通过生长繁殖破坏商品和产生的排泄物污染商品。

5.3.1.2 货物霉变的影响因素

霉腐微生物生存和生长是需要一定条件的，水是万物生存、生长的先决条件，还要有空气、合适的温度与大气压。微生物生存的基本条件是：

①一定的营养物质，主要是碳源、氮源、无机盐、生长因子和水；

②一定的自然环境，如温度、酸碱度等；

③一定的生存空间，如有氧或无氧的空间。

对货物影响较大的霉腐微生物主要有细菌、霉菌和酵母菌。一旦遇到适宜的环境条件，它们便能迅速生长繁殖。在高温、低温、高盐、高碱以及高辐射等普通生命体不能生存的环境中，依然存在一部分微生物。微生物在生命活动过程中分泌出一种酶，利用它把有机商品中的蛋白质、纤维质、糖、有机酸、果胶等物质，分解为简单的物质，加以吸收利用，从而使商品变质，丧失食用或使用价值。如皮革、纤维、橡胶、木材、油漆等制品，受到霉菌的侵蚀，发生霉变；霉菌也会沉积在金属表面，保持表面的水分，使金属发生锈蚀；细菌能引起食品变质、腐败。

适宜霉腐微生物生存和生长的环境条件为：

（1）仓库中的温度

多数霉腐微生物是中温性微生物，最适宜生长温度是20℃~30℃；10℃以下多数霉腐微生物不易生长，45℃以上其停止生长。人们在进行温度控制时，不仅要注意库房内外温度，还要注意垛温、货物与外界接触面的温度。

（2）仓库中的空气湿度

多数霉腐微生物生长繁殖的最适宜相对湿度为80%~90%；低于75%时，多数霉腐微生物不能正常发育。因此，通常把相对湿度75%称为物质霉变的临界湿度。霉腐微生物在合适的湿度环境下繁殖旺盛；反之，则处于休眠或死亡状态。

（3）空气成分

霉腐微生物可分为有氧和厌氧两类：对有氧才能生存的霉腐微生物，可通过增加二氧化碳浓度抑制其生长；对厌氧霉腐微生物，可通过增加氧气浓度（如通风或加氧）抑制其生长。

5.3.2　防治货物霉变的措施

5.3.2.1　加强库存货物管理

加强库存货物管理的主要措施有：

①严格入库验收。对易霉变的货物要检查是否有变形、生霉、潮解的现象，还要检查货物的含水量。

②入库后按规定要求摆放、储存货物。

③对仓库的温度、湿度等进行控制与管理。

5.3.2.2　使用化学药剂防霉

有些货物可采用化学药剂防霉，把防霉药剂喷洒在货物、包装物或库区内。对食用食品，应采用国家规定的食品防腐剂防霉。

5.3.2.3　低温储藏防霉

低温可以降低霉腐微生物体内酶的活性，抑制其生长繁殖。不同种类的食品冷藏温度有所不同。例如，水果和蔬菜适合在0℃～10℃储藏，鲜蛋最好在−2℃～2℃储藏，肉类可在−28℃～−16℃储藏。

5.3.2.4　光线照射防霉

多数霉腐微生物在日光照射4小时后会大部分死亡。日光中的紫外线能强烈破坏霉腐微生物的细胞和酶，最终导致其死亡。对不怕暴晒的物品，可在日光下暴晒，既可灭霉，又可除湿。除了用日光外，还可利用人造紫外线进行环境消毒防霉。

5.3.2.5　气调贮藏防霉

气调贮藏是指通过调整和控制食品储藏环境的气体成分和比例以及环境的温度和湿度来延长食品的储藏寿命和货架期的一种技术。在一定的封闭体系内，通过各种调节方式得到不同于正常大气组成的调节气体，以此来抑制食品本身引起食品劣变的生理生化过程或抑制作用于食品的微生物的活动过程。

5.3.2.6　微波防霉

微波防霉即微波杀菌，是电磁场的热效应和生物效应共同作用的结果。微波对细菌的热效应是使蛋白质变化，使细菌失去营养、繁殖和生存的条件而死亡。微波对细菌的生物效应是微波电场改变细胞膜断面的电位分布，影响细胞膜周围电子和离子的浓度，从而改变细胞膜的通透性能，细菌因此营养不良，不能正常进行新陈代谢，细胞结构、功能紊乱，生长发育受到抑制而死亡。此外，微波能使细菌正常生长和稳定遗传繁殖的核糖核酸（RNA）和脱氧核糖核酸（DNA）的若干氢键松弛、裂变和重组，从而诱发遗传基因突变或染色体畸变甚至断裂。

❖ 小思考 5-2
为何有些细菌在高氧环境下消失或失去活性？
【答】有些细菌厌氧，所以在高氧环境下消失或失去活性。

5.4 仓储害虫及防治工作

仓储害虫不仅危害物品和包装，而且对仓库建筑、苫盖用品等也有很大的危害。一般情况下，储存物品的仓库和货场常有一种至数种仓储害虫，如果不及时防治，轻者会使商品数量减少、品质降低，重者会使物品完全失去使用价值。很多物品是用动物性或植物性材料制成的，因而在储存中易遭虫害。

5.4.1 仓储害虫的主要来源

仓储害虫的危害主要有三点：一是取食造成直接重量损失、洞孔；二是取食、排泄物、蜕皮、尸体等影响食品的色、香、味，造成质量损失，污染货物；三是排泄物、产生的热量等造成霉菌生长，发生霉变。仓储害虫的防治要贯彻"以防为主，防治结合"的方针，即杜绝仓储害虫的来源，改变其生存环境，抑制其生存及繁殖。仓储害虫的防治工作首先了解其来源，然后针对不同的来源采取不同的措施。

仓储害虫的来源主要有以下方面：
①货物入库时已有害虫或虫卵潜伏其中；
②货物包装物中潜伏害虫或虫卵；
③运输工具或人员带入害虫或虫卵；
④库内潜藏、滋生害虫或虫卵；
⑤附近仓库、货垛货物生虫；
⑥仓库周围动植物传播害虫。

5.4.2 仓储害虫的防治措施

仓库一旦发生虫害，就必然造成极大危害。因此，必须加强入库验收，将物品根据具体情况分别入库，隔离存放。在储存期间，要定期对易染虫害的物品进行检查，做好预测、预报工作。

5.4.2.1 物理防治

利用物理因素如光、电、热、冷冻、超声波、远红外线、微波及高频振荡等，破坏害虫的生理机能与机体结构，使其不能生存或抑制其繁殖。常用的方法是：
①高温灭虫，是指在54℃的高温下，经2~6小时，使仓库内所有仓储害虫全部死亡。

②低温灭虫，方法主要有库外冷冻法、库内通风冷冻法、机械制冷法。

③灯光诱集灭虫，是利用害虫对光的趋向性在库房内安装诱虫灯，晚上开灯时，趋光而来的害虫随气流被吸入预先安置的毒瓶中中毒而死。

5.4.2.2　化学防治

化学防治是指利用化学药剂直接或间接毒杀害虫的方法。常用药剂有以下几种类型：

（1）杀虫剂

杀虫剂分为触杀剂和胃毒剂等。一些杀虫剂接触虫体后，能穿透其表皮进入体内，使害虫中毒死亡，为触杀剂，如敌敌畏等。还有一些杀虫剂被配成诱饵，害虫吞食后通过胃肠吸收进入体内，使其中毒死亡，为胃毒剂。

（2）熏蒸剂

化学药剂所产生的毒气通过害虫的气门、气管等通道进入其体内，使其中毒死亡。常用的熏蒸剂有磷化铝、溴甲烷、磷化锌等。

（3）驱避剂

利用固体药剂（萘丸、樟脑丸等）发出的刺激性气味与毒性气体，在物品周围保持一定的浓度，使害虫不敢接近或被毒杀。

在化学防治中，要选用对害虫有较高毒性的药剂，同时选择害虫抵抗力最弱的时期施药。施药时，应严格遵守药物使用规定，注意人身安全和被处理物品、库房建筑以及备品用具的安全；采取综合防治与轮换用药等方法，以防害虫形成抗药性。

5.4.2.3　库内温湿度调节防治法

每种仓储害虫都有自己正常生长发育的温湿度范围，被称为有效温度范围。仓储害虫繁殖发育的有效温度范围一般为15℃～35℃，最适宜温度范围为25℃～32℃，不活动范围一般为0℃～15℃或35℃～40℃。仓储害虫在不活动范围内延续一定时间后会死亡。

一般仓储害虫适宜在物品含水量13%以上、相对湿度70%以上的条件下生存。所以，只要将相对湿度控制在70%以下，物品含水量控制在安全含水量范围内，仓储害虫就不能正常生长和繁殖，从而达到防治的目的。

5.4.2.4　清洁卫生防治法

开展5S现场管理，保持库内外清洁卫生，是贯彻"以防为主，防治结合"方针的重要措施之一。清洁卫生不但利于防虫，而且是保证物品安全、防止火灾的有力措施。保持库内卫生，要求做到库内外无灰尘、无洞穴、无虫网、无杂草、无垃圾、无污水，经常保持清洁、低温、干燥的环境。此外，仓库应具备一定的密封条件，对被仓储害虫感染的物品，要做好隔离工作，定期进行消毒杀虫。

5.5 危险品及其保管

5.5.1 危险品的含义与分类

危险品又称化学危险品、危险货物。根据《危险货物分类和品名编号》（GB 6944—2012）的规定，危险货物是指具有爆炸、易燃、毒害、感染、腐蚀、放射性等危险特性，在运输、储存、生产、经营、使用和处置中，容易造成人身伤亡、财产损毁或环境污染而需要特别防护的物质和物品。

根据所具有的不同危险性，危险品分为九大类，其中有些类别又分为若干细项：[①]

5.5.1.1 爆炸品

爆炸品是指在外界作用（如受热、撞击等）下能发生剧烈的化学反应，瞬时产生大量的气体和热量，使周围压力急剧上升，发生爆炸，对周围环境造成破坏的物品；也包括无整体爆炸危险，但具有燃烧、抛射及较小爆炸危险，或仅产生热、光、音响或烟雾等一种或几种作用的烟火物品。

爆炸品按危险性分为6项：

①有整体爆炸危险的物质和物品，如爆破雷管、黑火药、导弹、硝酸甘油、液态二氧化碳等。

②有迸射危险，但无整体爆炸危险的物质和物品，如无引信炮弹、照明弹、枪弹、火箭发动机等。

③有燃烧危险并有局部爆炸危险或局部迸射危险或这两种危险都有，但无整体爆炸危险的物质和物品，如导火索、燃烧弹药、烟幕弹药等。

④不呈现重大危险的物质和物品，如演习手榴弹、安全导火索、礼花弹、烟火、爆竹等。

⑤有整体爆炸危险的非常不敏感物质，如铵油炸药、铵沥蜡炸药等。

⑥无整体爆炸危险的极端不敏感物品。

5.5.1.2 气体

①易燃气体，如甲烷、氢气等。

②非易燃无毒气体。这类气体不易燃，但有助燃作用或容易使人窒息，如氧气、二氧化碳等。

③毒性气体，是指引起中毒甚至死亡的气体，如氯气和二氧化硫等。

5.5.1.3 易燃液体

易燃液体是指易燃的液体或液体混合物或在溶液或悬浮液中有固体的液体，其闭杯试

---

① 本部分改编自：佚名. 危险品［EB/OL］.［2024-03-18］. https://baike.so.com/doc/2641077-2788748.html.

验闪点（闪点是在规定的试验条件下，使用某种点火源造成液体汽化而着火的最低温度）不高于60℃，或开杯试验闪点不高于65.6℃。

5.5.1.4　易燃固体、易于自燃的物质和遇水放出易燃气体的物质

①易燃固体、自反应物质和固态退敏爆炸品（用水或乙醇湿润或用其他物质稀释形成一种均匀的固体混合物，以抑制其爆炸性质的爆炸性物质），如酒精块等。

②易于自燃的物质，是指自燃点低，在空气中易于发生氧化反应，放出热量而自行燃烧的物品，如白磷等。

③遇水放出易燃气体的物质，是指遇水放出易燃气体，且该气体与空气混合能够形成爆炸性混合物的物质。有些易燃气体不需明火即能燃烧或爆炸，如钾、钠、铯和锂等。

5.5.1.5　氧化性物质和有机过氧化物

氧化性物质是指处于高氧化态，具有强氧化性，易分解并放出氧和热量的物质，如高价铁盐和浓硫酸等。其本身未必燃烧，但通常因放出氧可能引起或促使其他物质燃烧。

有机过氧化物是指含有两价过氧基结构的有机物质。其本身不一定可燃，但易燃易爆、极易分解，对热、震动和摩擦极为敏感，能导致可燃物的燃烧，与松软的粉末状可燃物能组成爆炸性混合物，如过氧化钾、过氧化钙和过氧化镁等物质。

5.5.1.6　毒性物质和感染性物质

毒性物质是指经吞食、吸入或与皮肤接触后可能造成死亡或严重受伤或损害人类健康的物质，如苯酚和甲醇等。

感染性物质是指已知或有理由认为含有病原体的物质。这类物质包括细菌、病毒、立克次氏体、寄生虫、真菌、重组体和突变体等，但不包括因基因改变而产生的微生物和生物体。

5.5.1.7　放射性物质

放射性物质是那些能自然地向外辐射能量、发出射线的物质。放射性物质一般都是原子质量很高的金属，如钚、铀等。放射性物质放出的射线有三种，分别是α射线、β射线和γ射线。

5.5.1.8　腐蚀性物质

腐蚀性物质是指通过化学作用使生物组织接触时造成严重损伤或在渗漏时会严重损害甚至毁坏其他货物或运载工具的物质。

5.5.1.9　杂项危险物质和物品，包括危害环境物质

本类是指存在危险但不能满足其他类别定义的物质和物品，如以微细粉尘吸入可危害健康的物质（如石棉制品）和锂电池组等。

5.5.2 危险品的管理

5.5.2.1 完善和执行相关管理制度

为了保证危险货物仓储的安全，仓库需要依据危险品管理的法律和法规，根据仓库的具体实际情况和危险品的特性，制定严格的危险品仓储管理的各类安全制度、责任制度、安全操作规程，并在实践中不断完善。仓库应根据国家安全生产和危险品管理相关规定制定并执行管理制度，主要制度有"危险货物管理规则""岗位责任""安全防护措施""安全操作规程""装卸搬运方法""保管检查要求""垛形和堆积标准""验收标准""残损溢漏处理程序""危险品应急处理方案"等。

5.5.2.2 做好出入库管理

严格把守出入库关，闲杂人员一律不得入内，认真核查品名、标识，检查包装，清点数量，细致地做好核查登记。对品名、性质不明，包装、标识不符，包装不良的危险品，仓库保管员有权拒收，或者依据残损处理程序进行处理；未经处理的包装破损危险品不得进入仓库。剧毒化学品实行双人收发制度。送、提货车辆和人员不得进入存货区，由仓库在收发货区接受和交付危险品。

危险品出库时，仓库保管员须认真核对危险品的品名、标识和数量，协同提货人、承运司机查验危险品，确保按单发货，并做好出库登记，详细记录危险品的流向、流量。

5.5.2.3 做好危险品的储存和保管工作

危险品的储存方式、方法与数量必须符合国家标准。根据国家标准、危险特性、包装、管理制度，仓库管理人员为危险品选择适合存放的位置；根据危险品对保管的要求，妥善安排相应的通风、遮阳、防水、控湿、控温条件的仓库或堆场货位。根据危险品的性质和包装确定合适的堆放垛形和货垛大小，其中桶装危险品不得超过3个桶高，袋装危险品不得超过4米。货垛顶距离灯具不少于1.5米；货垛距墙不少于0.5米；货垛之间不少于1米；消防器材、配电箱周围1.5米内禁止堆货或放置其他物品；仓库内消防通道不少于4米，货场内的消防主通道不少于6米。

危险品堆叠时要整齐，堆垛稳固，标识朝外，不得倒置。货堆头悬挂标有危险品编号、品名、性质、类别、级别、消防方法的标识牌。

危险品仓库实行专人管理，剧毒化学品实行双人保管制度。仓库存放剧毒化学品时须向当地公安部门登记备案。

仓库管理人员应遵守库场制度，坚守岗位，根据制度规定定时、定线、定项目、定量地进行安全检查和测查，相应地采取通风、降温、排水、排气、增湿等保管措施。

5.5.2.4 安全作业

进行危险品装卸作业前应详细了解所装卸危险品的性质、危险程度、安全和医疗急救措施等，并严格按照有关操作规程和工艺方案作业。作业人员应穿戴相应的防护用品。夜间装卸危险品，应有良好的照明。装卸易燃、易爆货物应使用防爆型的安全照明设备。作业现场须准备必要的安全和应急设备与用具。

5.5.2.5　妥善处置

对废弃的危险品及其货底、地脚货、垃圾、仓储停业时的存货和容器等，仓库要采取妥善的处置措施，如随货同行、移交、封存、销毁和掩埋等无害处理措施，不得留有事故隐患，且将处置方案在相应管理部门备案，并接受管理部门的监督。剧毒危险品发生被盗、丢失、误用的情况，立即向当地公安部门报告。

5.5.2.6　制定危险品应急措施

危险品应急处理是指发生危险品事故时的处理安排。危险品仓储必须根据库存危险品的特性、仓库的条件以及法律、法规和国家管理机关的要求，制定仓储危险品应急措施。

危险品应急措施包括发生危害时的措施安排和人员的应急职责，具体包括危险判定、危险事故信号、汇报程序、现场紧急处理、人员撤离、封锁现场、人员分工等。

危险品应急措施要作为仓库工作人员的专业知识，务必使每一位员工熟悉且熟练掌握其分工的职责行为和操作技能。

❖ **小资料 5-1**

仓库消防安全"十不准"

1. 不准在仓库内吸烟，擅自进行明火作业。
2. 不准占用疏散通道。
3. 不准在安全出口或疏散通道上安装栅栏等影响疏散的障碍物。
4. 不准在生产工作期间将安全出口大门上锁或关闭。
5. 不准随便动用消防器材。
6. 非机修人员不准擅自拆装机械设备。
7. 不准无证上岗操作危险机台。
8. 故障设备未修好前，不准使用。
9. 上班时间不准怠工、滋事、打架或擅离职守。
10. 不准赤膊光脚进仓库，不准带小孩进仓库。

知识链接 5-1　危险品标识示意图

❖ 案例窗 5-1

"8·12" 天津滨海新区爆炸事故

2015年8月12日，位于天津市滨海新区天津港的瑞海国际物流有限公司危险品仓库发生火灾爆炸事故，造成165人遇难（其中参与救援处置的公安消防人员110人，事故企业、周边企业员工和周边居民55人）、8人失踪（其中天津港消防人员5人，周边企业员工、天津港消防人员家属3人），798人受伤（伤情重及较重的伤员58人、轻伤员740人）。

经国务院调查组调查认定，天津港"8·12"瑞海公司危险品仓库火灾爆炸事故是一起特别重大生产安全责任事故。瑞海公司严重违法违规经营，是造成事故发生的主体责任单位。该公司严重违反天津市城市总体规划和滨海新区控制性详细规划，无视安全生产主体责任，非法建设危险货物堆场，在现代物流和普通仓储区域违法违规从2012年11月至2015年6月多次变更资质经营和储存危险货物，安全管理极其混乱，致使大量安全隐患长期存在。

调查组查明，事故的直接原因是：瑞海公司危险品仓库运抵区南侧集装箱内硝化棉由于湿润剂散失出现局部干燥，在高温（天气）等因素的作用下加速分解放热，积热自燃，引起相邻集装箱内的硝化棉和其他危险化学品长时间大面积燃烧，导致堆放于运抵区的硝酸铵等危险化学品发生爆炸。

资料来源 刘志强. "天津港"8·12"瑞海公司危险品仓库特别重大火灾爆炸事故调查报告公布 [N]. 人民日报，2016-02-06（6）.

本章小结

5.1 部分主要介绍物品养护的含义和内容，库存物品的物理变化、化学变化和生化变化，影响物品质量变化的外在因素：空气中的氧含量、日光、空气温度、空气湿度、有害气体、微生物和仓储害虫等、卫生条件。

5.2 部分主要介绍温度的概念及变化规律、湿度的概念及测量方法、温度与湿度的关系、温度与湿度的控制方法（密封、通风、吸湿和气幕隔潮）、温度与湿度的控制与管理制度。

5.3 部分主要介绍影响货物霉变的温度、湿度和空气三大因素；防治货物霉变的措施有加强库存货物管理、使用化学药剂防霉、低温储藏防霉、光线照射防霉、气调贮藏防霉和微波防霉。

5.4 部分主要介绍仓储害虫的主要来源，即货物入库时已有害虫或虫卵潜伏其中，货物包装物中潜伏害虫或虫卵，运输工具或人员带入害虫或虫卵，库内潜藏、滋生害虫或虫卵，附近仓库、货垛货物生虫，仓库周围动植物传播害虫；然后论述了仓储害虫的防治措施，即物理防治、化学防治、库内温湿度调节防治法和清洁卫生防治法。

5.5 部分主要介绍危险品的含义，危险品的种类——爆炸品、气体、易燃液体、易燃固体、氧化性物质和有机过氧化物、毒性物质和感染性物质、放射性物质、腐蚀性物质以及杂类危险物质和物品，危险品的管理——完善和执行相关管理制度、做好出入库管理、做好危险品的储存和保管工作、安全作业、妥善处置和制订危险品应急处理方案。

基本训练

第 5 章单选题

第 5 章多选题

第 5 章判断题

❖ 简答题

1.如何控制仓库的温度？

2.如何防治仓库货物霉变？

3.仓储害虫的主要来源有哪些方面？

4.气温的日变化规律是什么？

5.爆炸品爆炸的条件有哪些？

❖ 名词解释

1.绝对湿度

2.饱和湿度

3.相对湿度

4.露点

❖ 案例分析题

某仓库测得干球温度即气温为17℃，湿球温度为15℃，查表知，露点是14℃，相对湿度是80%。该仓库的货物要求保管在温度5℃～35℃、相对湿度50%～60%的范围内，仓库应该采取怎样的保管措施？

第6章　在库作业管理与库存控制

❖ 引例

海尔集团信息化成本管理案例分析

一、海尔集团信息化成本管理现状

1. 海尔集团信息化系统

海尔集团的信息化系统主要包括财务共享服务中心和管理会计信息系统。其中，财务共享服务中心是会计核算信息系统完善的标识，也是管理会计信息化的里程碑，改变了包括传统成本管理在内的传统管理会计模式，相比于传统会计，管理会计信息系统在成本控制、内部控制等方面都有显著优势。

管理会计信息系统以信息化系统收集的数据为基础，利用管理会计的基本原理和工具方法，对成本管理系统、内部控制系统、全面预算系统和绩效评价系统等进行信息化整合。管理系统能整合集团从工厂到报表的所有信息，端对端地提供各种管理决策信息，为海尔集团信息化成本管理新形式奠定基础。

2. 海尔集团信息化成本管理

海尔集团的成本管理以信息化低成本战略为核心，主要分为采购环节、生产环节及销售和售后服务环节。

（1）采购环节的成本管理。在采购环节，海尔集团在全球建立供应链采购网络，根据成本管控框架建立批量采购管理模式，将以往的散装采购替换为从稳定供应商手中进行大批量集中采购，提高了采购效率，保障了商品质量，并且由于采购数量增加，商品折扣可以进一步洽谈，根据"JIT"原则按需采购，极大地降低了采购成本。

（2）生产环节的成本管理。在生产环节，海尔集团根据信息系统，以市场信号和现有存货为基础，预测本期应生产的产品量，使结果更智能化，并推行"JIT"即时销售零库存模式，降低仓储成本，同时提高管理质量、减少废品损失。部分区域实行业务外包，"去制造化"，淡化生产环节，降低总成本；将重点放在销售和售后环节，并通过信息系统实时监控和分析成本，进而调控成本。

（3）销售和售后服务环节的成本管理。在销售和售后服务环节，海尔集团一直以来坚持以创造客户价值为导向，将成本重点放在销售和售后环节，力求把技术转化为给用户的服务方案。海尔集团运用科大讯飞语音合成技术建立了销售网络，进一步提高了信息利用率，高效使用销售数据，调节库存，降低成本，并根据售后数据进行进一步的智能化自我学习和成本决策。

二、海尔集团信息化成本管理存在的问题

1.信息不对称

海尔财务和业务也都有独立的运作系统，各个部门与信息技术部门之间建立了繁多的数据接口。各个分支机构对信息的集成度没有太高要求，拥有独立的系统和流程便于操作。但对于集团财务总部来说，分支机构的独立系统反而会导致出现"信息孤岛"现象，极大地增加集团财务部门的工作难度。

2."JIT"零库存模式存在风险

存货成本包括取得成本、储存成本和缺货成本，而海尔集团的零库存模式因没有计算误差而导致存货中断，并紧急采购代用材料解决库存中断的缺货问题，这些成本会消耗大量的流动资金。尽管零库存模式会降低仓储成本，但也使海尔集团的成本管理失去了灵活性。

3.营销成本占比过高

海尔集团将成本战略重心放在销售和售后服务环节，导致集团销售费用占比过高。海尔集团的销售费用高于研发费用，主打智能家居的营销占比过高，难以让顾客对产品的质量和智能化产生信任。

三、海尔集团信息化成本管理的改进意见

1.不断加强信息系统的优化

海尔集团要不断优化升级财务系统，紧跟时代，引进以"互联网+"为基础的财务信息系统，构建大数据分析模式，同时优化外部网络接口，增强外部接入系统的便利性，为顾客提供更加便捷的服务。海尔集团要想保证财务、业务流程更加完整，业务财务信息融合更加高效，就必须不断拓展财务信息系统的功能，充分注重业务流程接入财务共享服务中心的及时性，提高信息质量，保证信息系统顺畅运行。

2.适当设置保险储备

海尔集团的"JIT"零库存模式假定存货的供需稳定、每日需求量和交货时间固定不变，但实际上存货的每日需求量和交货时间都有可能发生变化，比如需求增加或因为各种不可抗力发生送货延迟的情况。为了避免这种情况的发生，海尔集团可以运用信息系统，根据缺货量的概率计算出总成本最低的最优方案准备保险储备，根据共享信息系统在不同地区调度应急存货，以备不时之需。

3.将成本重心由营销向研发转移

海尔集团的主要经营方向是智能家居的销售，但研发支出的占比显然不符合其市场定位。尽管海尔的管理信息系统和财务共享中心紧跟时代发展的步伐，但作为智能化战略的核心，智能家居的不断研发和更新换代是增强海尔集团核心竞争力的主要手段。因此，海尔集团应将成本中心由营销向研发转移。

资料来源　毛靖铷，雷雨馨．海尔集团信息化成本管理案例分析［J］．科技经济市场，2023（1）：107-109．（有改编）

在库作业管理是仓储与配送作业的核心环节，也是货物出库作业的基础。通过货物在库科学管理，不仅能保持货物原有的使用价值，还能增加货物的使用价值，并保证后续作业顺利进行。

6.1　在库作业管理概述

6.1.1　在库作业管理的含义

　　货物经过验收入库后，便进入在库作业管理阶段。货物的在库作业管理主要是根据仓库的实际条件、货物的性质，采用合理、经济的储存方法对在库货物进行保存和养护，实施库存现场5S管理及盘点，确保储存的货物数量与质量，实现货物时间上的优化配置，提高货物的使用价值。

6.1.2　在库作业管理的方法

6.1.2.1　建立健全各项仓库管理制度

　　为了有法可依、有章可循，提高仓库管理水平，应建立健全各项仓库管理制度，实施制度管理。仓库管理制度是指对仓库各方面的流程操作、作业要求、注意细节、5S管理、奖惩规定、其他管理要求等进行明确的规定，给出工作的方向和目标、工作的方法和措施，如仓库安全作业指导书、仓库日常作业管理流程、仓库单据及账务处理流程、仓库盘点管理流程、特殊情况处理制度等。

6.1.2.2　根据实际情况制定仓库保管员的主要职责

　　在库作业管理中，仓库保管员的主要职责包括：

　　①熟悉物料品种、规格、型号、产地及性能，对物料做好标记，分类储存，进行科学管理与养护。

　　②借助库存管理系统，随时掌握库存动态，控制货物库存数量与质量，保证及时供货，降低物流成本。

　　③通过盘点查明商品在库的实际数量，核对库存账面资料与实际库存数量是否一致。

　　④借助科学方法和手段，检查在库货物的质量有无变化，运用库存管理系统，自动预警货物的有效期或保质期的剩余天数，检查有无长期积压等现象，确保货物质量，降低浪费率。

　　⑤检查不同种类货物的保管条件是否与各种货物的保管要求相符合，堆码是否合理、稳固，库内温度、湿度、空气成分是否符合存货要求，各类计量器具是否准确等。

　　⑥检查各种安全措施和消防设备、器材是否符合安全要求，防水和防火等安全措施是否妥当。建筑物和设备是否处于安全状态，货物储存、摆放是否安全、可靠，及时消除不安全因素。

❖ **小资料 6-1**

　　零库存是一种特殊的库存概念，并不等于不要储备和没有储备。零库存是指物料（包括原材料、半成品和产成品等）在采购、生产、销售、配送等一个或几个经营环节中，不以仓库储存的形式存在，而均是处于周转的状态。它并不是指以仓库储存形式存在的某种或某些物品的储存数量真正为零，而是通过实施特定的库存控制策略，实现库存量的最小化。所以"零库存"管理的内涵是以仓库储存形式存在的某些物品数量为"零"，即不保存经常性库存，它是在物资有充分社会储备保证的前提下所采取的一种特殊供给方式。

　　资料来源　佚名. 零库存管理［EB/OL］.［2024-03-16］. https://baike.so.com/doc/5609160-5821769.html.

6.2　库区现场 5S 管理

6.2.1　5S 管理的产生与发展

　　5S（日文 seiri（整理）、seiton（整顿）、seiso（清扫）、seiketsu（清洁）、shitsuke（修养））起源于日本，是指在生产现场对人员、机器、材料、方法等生产要素进行有效的管理。这是日本企业独特的一种管理办法。这一理念的主要思想就是扔掉垃圾和仓库长期用不上的物品。

6.2.2　5S 管理的内容

6.2.2.1　整理

　　整理是指将工作场所的任何物品都明确、严格地区分为必要的物品与不必要的物品，不必要的物品要尽快处理掉，清理现场。整理的目的是腾出空间，空间活用；防止误用、误送；减少寻找时间，提高工作效率，有效确保安全生产，塑造清爽的工作场所。

6.2.2.2　整顿

　　整顿是指能在 30 秒内找到要找的东西，将寻找必需品的时间减少为零，即对整理之后留在现场的必要的物品分门别类放置，优化布置，摆放、排列整齐，拿取、归位方便，明确数量，有效标记，这样才能迅速取出，立即使用。

6.2.2.3　清扫

　　清扫是指将库区清扫干净，在整理、整顿后对库区进行彻底清扫，杜绝污染源。清扫的目的是消除库区脏污，保持库区干净明亮。

6.2.2.4 清洁

清洁是指库区随时保持整洁，是将上面"3S"的做法制度化、规范化，保持整理、整顿、清扫工作的结果。清洁的目的是通过制度化来维持成果。

6.2.2.5 修养

修养是培养员工的文明礼貌习惯，遵守规则，积极主动，使员工养成良好的工作习惯。其目的是提升员工的品质，使其成为对任何工作都认真的人。

6.2.3 5S之间的关系

整理、整顿、清扫、清洁、修养之间并不是各自独立、互不相关的。它们之间是一种相辅相成、缺一不可的关系。整理是整顿的基础，整顿又是整理的巩固，清扫显现整理、整顿的效果，而通过清洁和修养，企业的整体氛围有所改善。

可以用以下的简短语句来描述5S：

整理：分清必要与不必要物品，一留一弃。

整顿：留下的物品应优化布置与摆放，取用、归位方便。

清扫：清除垃圾，美化环境，点检、保养设备，调查污染源，预防"跑、冒、滴、漏"现象及其他。

清洁：制度化、公开化、透明化。巩固前3个"S"的成果，继续推进5S管理。

修养：形成修养，养成习惯，提高素质水平和增强能力。

6.2.4 5S管理核心内容推进的步骤①

6.2.4.1 整理推进的步骤与方法

（1）整理推进的步骤

①现场检查。检查办公场所、地面、室外、工装工具架、储存架、柜子、箱子、标识牌、标签、垫板等。

②定点摄影。把有问题、需要改进的地方拍照，分析存在问题，待以后改进。

③制定必需品和非必需品的判定基准。必需品是经常使用的物品，没有它就会影响正常生产。非必需品是指使用周期长（1个月以上）或对工作无任何作用的要报废的物品。

④根据使用频率确定物品指定场所基准。常见形式如下：1周多次使用，放在工作区内随手可得；1周使用1次，放在使用地点附近；1个月使用1次，放在工作场所内；2个月到1年使用1次，放在集中场所（工具室、仓库）里；1年不用1次，进行特别处理或废弃。

⑤开展红牌作战。将非必需品贴上红牌待处理。

⑥清理非必需品。

（2）整理推进的方法

整理推进的方法有如下7种：专人清理法；死角法；捡垃圾法；铲车法；考评法；持续改进、每周进一步法；提问法。

6.2.4.2　整顿推进的步骤与方法

（1）整顿推进的步骤

①分析现状。

②对物品进行分类。

③确定放置的场所。

④规定放置的方法。

⑤对现场进行画线、定位并做好标识。

⑥对物品和放置场所进行一对一的标识，实行定置管理。

（2）整顿推进的方法

①人机工程。根据节约动作的原理，经常使用的物品放在近处，不经常使用的物品放在远处。

②画线、定位，规划区域。

③优化流程。优化调整布局，减少逆向流动，进行流程分析与改进等措施。

④定位管理。做好四定（定置、定位、定量、定点）和四号定位（库房、货架、层次、货位）工作。

⑤形迹管理，是指根据物品或工具的形状来管理归位，将物品的投影形状在保管器具或墙上描画出来，按其投影的形状进行定位标识，使其易于取用和归位。

⑥目视管理，也称颜色管理或看板管理，是指利用形象直观又色彩适宜的各种视觉感知信息来组织现场生产活动，达到提高劳动生产率的目的。例如，合格品区域为绿色，废品区域为红色等。

6.3　仓库盘点作业

仓库盘点作业是指对在库物品进行定期或不定期的账目和数量方面的清点作业，即对仓库现有物品的实际数量和保管账上记录的数量进行核对，检查有无差异和质量问题，以便准确掌握物品的保管数量，进而核对库内物品金额。

❖ **小案例6-1**

某物流仓储企业的货物周转时间平均为15天，有的3个月，有的半年，长的可达2年以上。

问题：

（1）这种情况好吗？

（2）如何解决这一问题？

6.3.1 盘点作业的内容

6.3.1.1 检查物品数量

通过点数计数查明在库物品的实际数量，核对库存账面资料与实际库存数量是否一致，并进行账卡核对和账账核对。

6.3.1.2 检查物品质量

检查在库物品质量有无变化及变化的趋势，有无超过有效期或保质期的情况及有效期或保质期的剩余天数有多少，有无长期积压等现象及产生原因；必要时还必须对物品进行技术检验，掌握质量状况。

6.3.1.3 检查物品保管条件

检查物品保管条件是否与各种物品的保管要求相符合，如堆码是否合理稳固，库内温度是否符合要求，各类计量器具是否准确等，尤其是易腐蚀、易霉变等物品的保管条件是否妥当。

6.3.1.4 检查仓库空间利用率

检查物品摆放是否科学合理，在满足各种约束条件下摆放数量、方式是否最佳，充分利用仓库空间。

6.3.1.5 检查库存安全状况

检查各种安全措施是否落实，消防设备、器材是否符合使用要求，建筑物和设备是否处于安全状态，危险品保管是否处于安全状态。

6.3.2 盘点作业的基本步骤

不同类型的企业仓库物品的盘点步骤略有不同，主要可分为3个阶段（如图6-1所示）：

6.3.2.1 盘点前准备阶段

仓库盘点作业的事先准备工作是否充分，完全决定了仓库盘点作业进行的顺利程度。

（1）确定盘点时间

一般来说，为保证账物相符，货物盘点次数越多越好，但盘点需投入人力、物力、财力，所以，合理地确定盘点时间是非常有必要的。盘点时间间隔有每天、每周、每月、每季、每年等（见表6-1）。

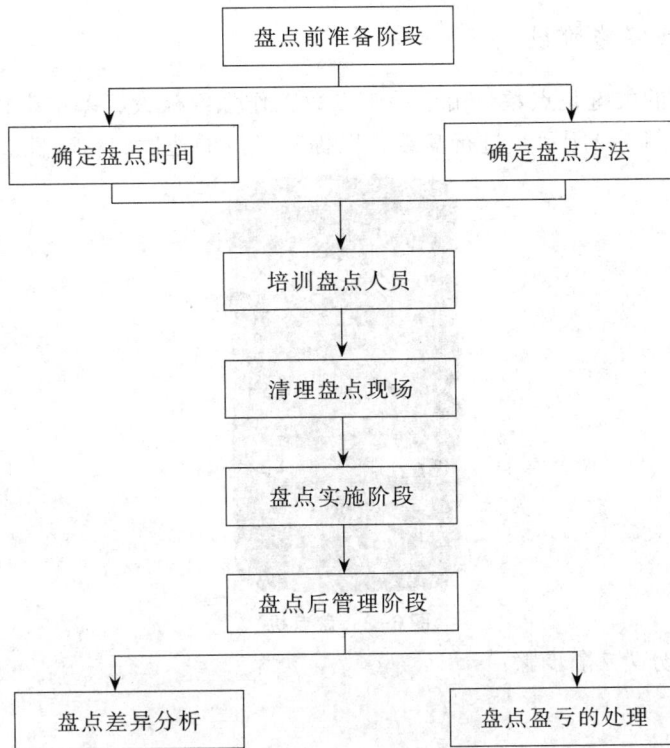

图 6-1 盘点步骤

表 6-1
盘点时间

盘点对象	盘点时间
主要物品（A 类物品）	每天或每周盘点一次
一般物品（B 类物品）	每两三周盘点一次
次要物品（C 类物品）	每月盘点一次

（2）确定盘点方法

因为不同现场对盘点的要求不同，盘点的方法也会有差异，为尽可能快速、准确地完成仓库盘点作业，必须根据实际需要确定盘点方法。盘点方法主要分为账面盘点、现货盘点和账物盘点。

（3）培训盘点人员

盘点人员通常应进行培训，熟悉盘点现场、盘点物品以及能够正确填制表格和单据。人员的培训分为两部分：一是针对所有人员进行盘点方法及盘点作业流程的训练，让盘点作业人员了解盘点目的、表格和单据的填写方法；二是针对复盘与监盘人员进行认识、辨别物品的训练，让他们熟悉盘点现场和盘点物品，对盘点过程进行监督，并复核盘点结果。

（4）清理盘点现场

盘点现场即仓库的作业区域，仓库盘点作业开始之前必须对其进行整理，以提高仓库盘点作业的效率和盘点结果的准确性。

6.3.2.2 盘点实施阶段

仓库盘点作业的关键是点数。由于手工点数工作强度极大，差错率较高，通常可采用条形码等技术（如图6-2所示）进行盘点，以提升盘点的速度和精确性。

图6-2 盘点机

实施盘点可细分为7个步骤：

①进行分工。

②清点货物数量。

③填写盘点单。

④复盘。初盘人员清点完货物并填写盘点单（见表6-2）后，复盘人员要对其进行检查，并据实填写盘点单第二联。

表6-2   盘点单

盘点日期：　　　　　编号：

物品编号	物品名称	存放位置	盘点数量	复查数量	盘点人	复查人

⑤统计盘点结果。

⑥填写盘点表（见表6-3）。

⑦填写其他表格（见表6-4）。

表6-3　　　　　　　　　　　　　　　　　　　　　盘点表

盘点部门：　　　　　　　　　　　　　仓库：　　　　　　　　　　　　盘点日期：

序号	物品编号	物品名称	计量单位	规格型号	账面数			实际盘点			盘盈			盘亏			备注
					数量	单价	金额	数量	单价	金额	数量	单价	金额	数量	单价	金额	

表6-4　　　　　　　　　　　　　　　　　　　库存变动明细表

品类	×××					
料号	品名和规格	单位	原有库存量	现有库存量	差异数量	备注

❖ 小思考6-1

（1）盘点立体高层货架货物时费时费力，如何解决这一问题？

（2）账务核对费时费力，容易出错，如何解决这一问题？

【答】（1）可用无人机自动盘点。

（2）设计自动核对软件，进行核对。

6.3.2.3　盘点后管理阶段

（1）盘点差异分析

通过盘点发现账物不符，而且差异超过容许误差，工作人员应立即追查产生差异的主要原因。产生盘点差异的主要原因有：

①货物入库登记账卡时看错数字。

②运转途中发生的损耗在入库检查中未被发现。

③盘点时计算有误或计算方法不符。

④由货物本身的情况产生的自然损耗。

⑤货物因受气候或温湿度影响而腐蚀、硬化、变质、发霉等，失去原有使用价值，造成数量短缺。

⑥液体货物容器破损而损耗。

⑦包装或分割出库时发生错误，使数量短缺。

⑧衡器、量具不准或使用方法不当引起数量错误。

（2）盘点盈亏的处理

盘点差异原因查明后，应针对主要原因进行适当的调整与处理，至于呆滞品、废品、不良品减价的部分需与盘亏一并处理。

6.3.3　盘点作业的方法

库存有账面库存与现货库存之分，对应的盘点方法又分为账面盘点法及现货盘点法。盘点时，应根据实际需要选择盘点方法。

6.3.3.1　账面盘点法

账面盘点又称永续盘点，就是把每天入库及出库货物的数量及单价记录在电脑或账簿上，而后不断地累计加总，算出账面上的库存量及库存金额。在作账面盘点时，将每一种货物分别设立存货账卡，然后将每一种货物的出入库数量及有关信息记录在账面上，逐笔汇总出账面库存结余量。

6.3.3.2　现货盘点法

现货盘点又称实物盘点或实盘，就是人工或借助设备（如图6-2所示）实际去清点调查仓库内的库存数，再依货物单价计算出实际库存金额的方法。按盘点时间的不同，现货盘点又分为期末盘点和循环盘点。

（1）期末盘点法

期末盘点法是指在会计计算期末统一清点所有库存货物数量的方法。由于期末盘点是将所有货物一次点完，因此工作量大，要求严格。期末盘点法通常采取分区、分组的方式进行。分区即将整个储存区域划分成若干责任区，不同的区由专门的小组负责点数、复核和监督，因此1个小组通常至少需要3个人，分别负责清点数量并填写盘存单；复查数量并登记复查结果；检查前两次盘点数量是否一致，对不一致的结果进行检查，待所有盘点结束后，再与计算机或账册上反映的账面数核对。

（2）循环盘点法

循环盘点法是指每天、每周清点一部分货物，在一个循环周期内将每种货物至少清点一次的方法。循环盘点通常对价值高或重要的货物检查得频繁些，监督也严密一些；对价值低或不太重要的货物尽量少盘点。循环盘点一次只对少量货物盘点，所以通常只需保管人员自行对照库存数据进行点数检查，发现问题按盘点程序进行复核，并查明原因，然后调整；也可以采用专门的循环盘点单登记盘点情况。

账面盘点和现货盘点完成后进行账物盘点。目前，国内大多数仓储业务都已使用计算机来处理库存账务，当账面数与实存数发生差异时，有时很难断定是账面数有误还是实盘数有误，所以可以采取账面盘点和现货盘点平行的方法，以查清误差出现的实际原因。

6.4 库存概述

6.4.1 库存的定义

库存有广义和狭义之分：狭义是指在仓库里存放的物品；广义是指具有经济价值的任何物品的停滞与储藏，是供将来使用的所有闲置资源。库存（inventory）是指储存作为今后按预定的目的使用而处于备用或非生产状态的物品。[①]制造业和服务业都有库存控制问题。

6.4.2 库存的分类

库存的分类方式有很多，从不同角度可以进行不同的分类，从而实施不同的库存管理。常见有以下三种分类形式：

6.4.2.1 按库存在生产加工和配送过程中所处的状态分类

①原材料库存，是指在生产过程中企业需要持有一定数量的原料和材料，这些原料和材料必须符合企业生产所规定的要求。

②在制品库存，是指生产过程中不同阶段的半成品库存。

③产成品库存，是指准备运送给消费者的最终产品。

6.4.2.2 按照库存的目的进行分类

①周转库存，是指由周期性的采购形成的库存。

②安全库存，是指为了应对需求、生产周期或供应周期等可能发生的无法预测的变化而设置的一定数量的库存。

③调节库存，是指为了调节需求与供应不均衡、生产速度与供应速度不均衡、各个生产阶段的投入与产出不均衡而设置的库存。

④在途库存，是指从一个地方到另一个地方处于运输过程中的物品。

6.4.2.3 按库存物品需求的重复程度进行分类

①单周期库存，是指某类物品在一定时间内只订货一次，消耗完也不再补充订货，该

---

① 国家标准《物流术语》（GB/T 18354—2021）。注：广义的库存还包括处于制造加工状态和运输状态的物品。

类订货批量到达后所形成的库存。

　　②多周期库存，是指为了满足在足够长的时间内对某种物品的重复性和连续性的需求而设置的库存（如图6-3所示）。

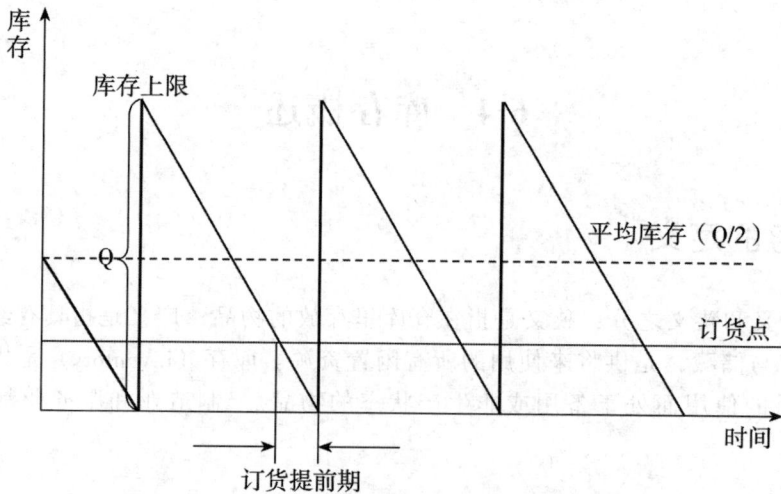

图6-3　库存周转与订货点图

6.5　单周期库存模型

6.5.1　单周期库存模型解法1——损益值法

　　单周期库存模型是指季节性、易腐蚀、易坏产品的库存模型，也称报童模型。已知各种需求的发生概率，每份报纸卖出获利（M_P）0.3元，每份报纸卖不出去损失（M_L）0.2元，求最佳进货策略和最大平均收益。

　　解法1是列出矩阵表，把各种情况下的损益值填入表中，计算每种方案的期望收益，其中最大者为最佳策略，对应收益为最大平均收益。

　　【例6-1】某企业销售易坏食品，根据以往资料可知各种需求的发生概率（见表6-5），进货成本为每件40元，售价为70元。当天卖出一件获利30元（M_P）；若卖不出去，每箱净损失15元（M_L）。求最佳进货策略和每天最大平均收益。（为了便于用Excel计算，表格参照Excel形式，列的序号用英文字母编排）

表6-5　　　　　　　　　　　　　　　　各种需求的发生概率

	B	C	D	E	F	G	H
2	需求（箱）	50	60	70	80	90	100
3	发生概率	0.15	0.20	0.25	0.20	0.10	0.10

　　【解】首先把各种情况下的损益值填入表6-6中，然后计算每种方案的期望收益，其中最大者为最佳策略。

　　各方案下的损益值计算如下：

进50箱时，因为1箱获利 M_P=30元，需求虽然都大于等于50，但只有50箱可销售，所以各种状态下的损益值都是：50×30=1 500（元）。

进60箱时，因为1箱获利 M_P=30元，每箱净损失 M_L=15元。在第一种需求情况下，需求为50箱，卖出50箱，此时获利：50×30=1 500（元），还有10箱没卖出去，损失：10×15=150（元），所以损益值为：1500-150=1 350（元）。第二至第六种需求情况与进50箱时类似，都是：60×30=1 800（元）。

表6-6　　　　　　　　　　　　　　　　　损益值与期望值计算表

	B	C	D	E	F	G	H	I
2	需求（箱）	50	60	70	80	90	100	期望收益（S）（元）
3	发生概率	0.15	0.20	0.25	0.20	0.10	0.10	
4	卖出概率	1.00	0.85	0.65	0.40	0.20	0.10	
5	50	1 500	1 500	1 500	1 500	1 500	1 500	1 500
6	60	1 350	1 800	1 800	1 800	1 800	1 800	1 732
7	70	1 200	1 650	2 100	2 100	2 100	2 100	1 875
8	80	1 050	1 500	1 950	2 400	2 400	2 400	1 905
9	90	900	1 350	1 800	2 250	2 700	2 700	1 845
10	100	750	1 200	1 650	2 100	2 550	3 000	1 740

可用如下公式计算所有状态下的损益值：

损益值=卖出数量×每箱获利-卖不出的数量×每箱损失　　　　　　　　（6-1）

根据上述公式可计算其他状态下的损益值（S）（见表6-6）。

S_{80}=1 050×0.15+1 500×0.2+1 950×0.25+2 400×0.2+2 400×0.1+2 400×0.1

　　=1 905（元）

同理，可分别计算出：

S_{50}=1 500元　S_{60}=1 732元　S_{70}=1 875元　S_{90}=1 845元　S_{100}=1 740元

每天最大期望收益是1 905元，对应进货量为80箱，因此，最优解为进货80箱，每天最大平均收益为1 905元。

与此相对应的是列表计算损失，最小期望损失对应的箱数也是80箱，同样可求最优解。但是，该方法一方面每天最大平均收益还得单独计算，另一方面容易搞混，不易掌握，故这里不予介绍。

损益值法若换用Excel求解，方法有很多，其中效率高的解法为：损益值计算用函数公式"=IF（$B5>=C$2，C$2*$M_P$-（$B5-C$2）*$M_L$，$B5*M_P)）"（在此，M_P 和 M_L 用具体数值，或分别用 M_P 和 M_L 具体数值所在的单元格。该例题中，M_P=30，M_L=15），然后复制整个矩阵表的损益值计算格；期望收益计算用函数公式（单元格I5）"=SUMPRODUCT（C$3：H$3，C5：H5）"，然后复制到期望收益计算列即可自动算出结果。

6.5.2 单周期库存模型解法2——边际期望收益法

边际期望收益法的思路是：若需求函数为连续函数，则当期望边际收益等于期望边际损失时所对应的策略为最优解。若需求函数为离散函数，从前往后看，则最后一个期望边际收益大于等于期望边际损失所对应的策略为最优解；从后往前看，则第一个出现期望边际收益大于等于期望边际损失所对应的策略为最优解。

设卖出概率（获利发生概率）为 $P(x)$。当需求函数为连续函数时，最优解条件为：

$$P(x)M_P=[1-P(x)]M_L \tag{6-2}$$

解得：$P(x)=M_L/(M_P+M_L)$ (6-3)

卖出概率是从后面往前累计，即只要需求大于等于进货箱数，就能卖出去。

当需求函数为离散函数时，最优解需满足下面约束条件：

$$P(x)M_P \geqslant [1-P(x)]M_L \tag{6-4}$$

$$P(x) \geqslant M_L/(M_P+M_L) \tag{6-5}$$

注意：$M_P/(M_P+M_L)$ 代表卖不出概率。

【例6-2】以例6-1的表6-5和表6-6中的数据为例，用边际期望收益法求解。

【解】从后往前看，第一个出现期望边际收益大于等于期望边际损失所对应的策略为80箱（从前往后看，最后一个期望边际收益大于等于期望边际损失所对应的策略为最优解，因为再增加采购量，目标函数就会减少，它是最后一个能使目标函数增加的策略），因此，最优策略为进货80箱，每天最大平均收益为1 905元。其具体计算过程如下：

$P(80)=0.4 \geqslant M_L/(M_P+M_L)=150 \div (300+150)=1/3$

$S_{80}=1\ 050 \times 0.15+1\ 500 \times 0.2+1\ 950 \times 0.25+2\ 400 \times 0.2+2\ 400 \times 0.1+2\ 400 \times 0.1$
　　$=1\ 905$（元）

6.6 库存控制方法

库存与库存管理越来越被企业经营者特别是物流管理者所重视，成为企业"第三利润源泉"，是挖掘内部潜力、降低成本的重要途径。原材料、零部件、外协件库存外包逐渐成为物流企业与制造企业合作的新模式，可以降低企业的物流成本。

库存管理包含仓库管理和库存控制两个部分。仓库管理是指库存物料的科学存放、保管，以减少损耗，防止丢失，方便存取，并提供即时库存信息；库存控制则要求在保证生产需求（一定服务水平）的前提下控制合理的库存水平，使总库存成本最低。本部分主要讨论库存控制。

库存控制方法有很多，这里只介绍ABC分类库存控制法和库存控制系统，有关库存控制策略参见8.2部分的相关内容。

6.6.1 ABC分类库存控制法

6.6.1.1 ABC分类库存控制法的基本思想

1879年，意大利经济学家帕累托（Pareto）在研究社会财富的分布状态时发现，社会财富的80%被20%左右的少数人所占有，即发现了所谓"关键的少数和次要的多数"的关系。这种规律在社会经济生活中具有普遍性，简称20/80法则。在商业中，20%的关键客户创造了80%的利润；80%的次要客户只创造了20%的利润。质量管理中影响质量的因素也是如此。企业需要购入的物料很多，多数企业的物料成本也具有这一规律。ABC分类库存控制法（简称ABC分类法）正是在20/80法则的指导下，通过对库存物品分类，找出占用大量资金的少数物品，并对其施以严格的控制与管理，而对占用少量资金的物品施以较松的控制和管理。在实际应用中，通常人们将占用了65%~80%价值的15%~20%的物品划归为A类，将占用了15%~20%价值的20%~40%的物品划归为B类，将占用了5%~15%价值的40%~55%的物品划归为C类（如图6-4所示）。

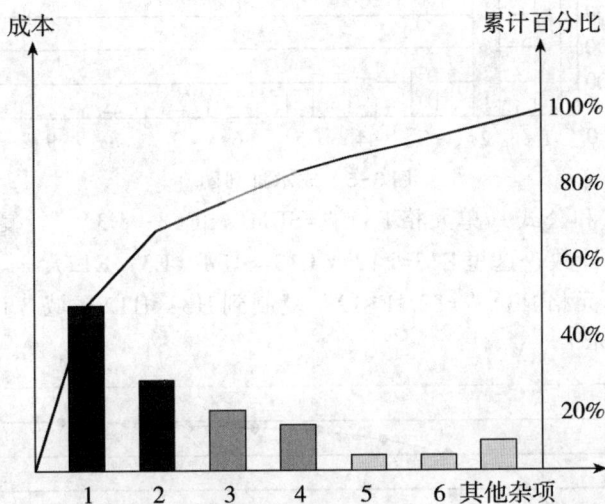

图6-4 ABC分类图

6.6.1.2 库存物品ABC分类的步骤

（1）将库存物品价值数据导入Excel（见表6-7）中。

（2）在Excel中按照每种物品购入成本的累计（一年）金额进行自动降序排列（如图6-5所示）。

表6-7 库存物品ABC分类（用Excel） 金额单位：元

	B	C	D	E	F	G	H	I
2	物品代码	年使用量	单价	年费用	累计费用	序号	累计百分比（%）	分类
3	Y-15	289 000	0.10	28 900	28 900	1	39.24	A
4	X-28	208 000	0.12	24 960	53 860	2	73.14	A

	B	C	D	E	F	G	H	I
5	C-11	110 000	0.05	5 500	59 360	3	80.61	B
6	U-16	75 000	0.07	5 250	64 610	4	87.74	B
7	X-30	50 000	0.08	4 000	68 610	5	93.17	B
8	V-9	16 000	0.11	1 760	70 370	6	95.56	C
9	B-83	15 000	0.09	1 350	71 720	7	97.39	C
10	M-30	8 000	0.15	1 200	72 920	8	99.02	C
11	K-19	5 000	0.10	500	73 420	9	99.70	C
12	Q-2	2 000	0.11	220	73 640	10	100.00	C
13	合计			73 640				

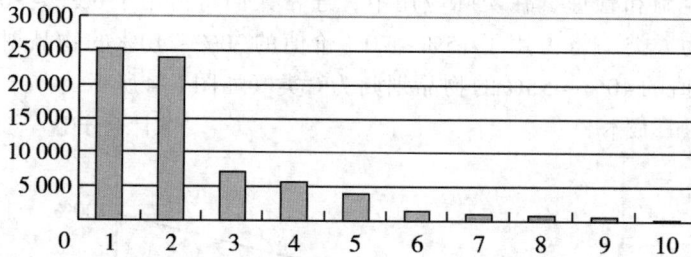

图6-5 成本排列图

（3）利用累计求和公式（单元格F3）"=SUM（E3：E3）"，复制到F3：F12区域，计算不同物品成本累计数，这里E13=F12或E13=SUM（E3：E12）。

（4）将公式（单元格H3）"=F3/F12"复制到H3：H12区域，计算物料总成本累计百分比（如图6-6所示）。

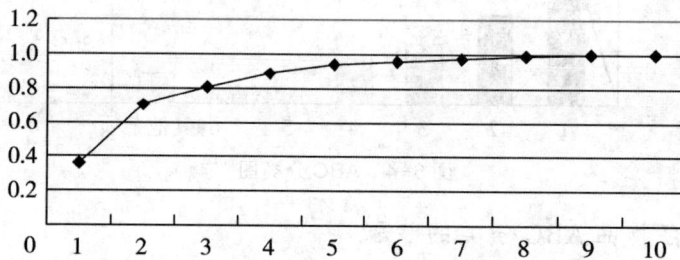

图6-6 成本累计百分比图

（5）根据物品购入成本累计百分比和品种数进行分类。

6.6.1.3 各类物品的控制策略

（1）A类物品的控制策略

对A类物品应重点控制成本，精确计算需求量、采购提前期，计算经济订货批量，降低库存量，缩短周转天数，减少库存天数；可通过供应链优化整合，减少企业这级库存数量。这类物品在有一定安全库存的基础上尽量实施准时配送，降低成本；通过与供应商的有效沟通与协调，实现缩短订货提前期和准时交货的目标；严格执行每日或每周检查一次库存的盘点机制，提高对库存水平的控制精度。此外，需严格控制在制品库存及发货，实现物品外包装标准化，将物品放在易于出库的位置，采购须经高层主管核准。

（2）B 类物品的控制策略

对这类物品可以适当放松管控，不需要像 A 类物品管理那么严格，但也得准确算出需求量和库存周转天数，制定合理的采购批量，降低成本。除适宜对订货提前期较长或具有季节性需求特征的产品采用定期订货方式之外，通常应该采用定量订货方式；实行每两三周检查一次库存的盘点机制，进行中等数量采购，并须经中层主管核准。

（3）C 类物品的控制策略

对这类物品可采取大量采购的方式，以便减少订货成本，并获得价格折扣优惠。价值特别小且需求量很大的物品不宜采取准时采购模式。对 C 类物品可实行每半年或一年检查一次库存的盘点机制，通过大批量订货来简化其库存管理，其采购仅需基层主管核准。

6.6.2　库存控制系统

6.6.2.1　定量库存控制系统

定量库存控制系统也称连续检查库存控制系统，是指订货点和订货量都为固定量的库存控制系统。其基本原理是：事先设置一个库存水平，称其为订货点（RL）。当库存余额降低到小于或等于订货点时，厂商就向供应商发出订货信息，每次的订货量都是一个固定值 Q。经过一段时间，该批订货到达，库存量增加 Q。从订货到货物到达所经历的时间被称为订货提前期（LT）。它一般由订货准备时间、发出订单、供应商接受订货、供应商生产、产品发运、产品到达、提货、验收以及入库等环节所组成。可见，订货提前期的构成比较复杂，一般为随机变量。图 6-7 给出了定量库存控制系统的基本运行模式和库存变化情况。

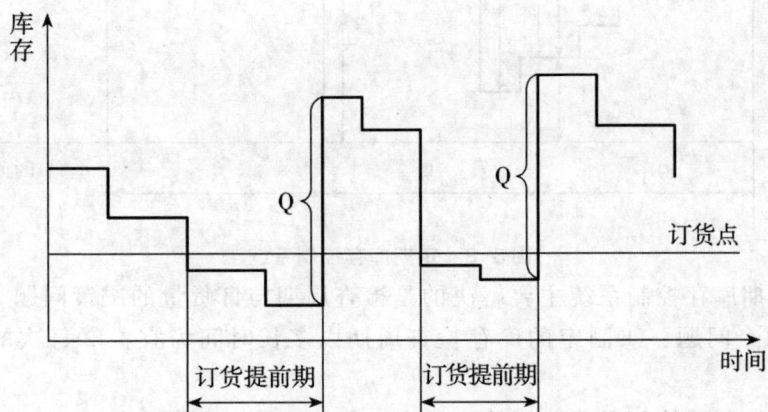

图 6-7　定量库存控制系统

为了提高效率，在实际运用中可采用双仓（箱）系统（two-bin system）。双仓（箱）系统是指用两个仓（箱）存放物品，当第一个仓（箱）内存放的物品用完，即发出订货信息，在订货提前期内使用第二个仓（箱）的存货，直到下一次订单到货，再将物品按双仓

（箱）存放。

定量库存控制系统主要解决的是订货点与订货量的决策问题，即需要回答库存控制的两个问题：①何时发出订货信息？②每次的订货量应为多少？

6.6.2.2 定期库存控制系统

定量库存控制系统需要随时监视库存变化，当库存物品种类繁多时，工作量会很大，在订货费用较高，货物价值、体积和重量都较小时很不经济。定期库存控制系统能弥补这方面的不足。

定期库存控制系统是指库存检查周期固定，而每次订货数量由检查库存时库存余额与最大库存水平之间的差额决定，不是固定的。

定期库存控制系统也称固定间隔期系统，其基本原理是：每隔一个固定的时间 t，对库存进行一次检查，并发出订货信息，其订货的数量为此时库存余额与最大库存水平之间的差额。

图 6-8 给出了定期库存控制系统的运行模式及库存变化情况，表明经过固定间隔期 $t=t_i$，库存上限为 UPL。工作人员检查发现库存余额降为 L_1，此时发出数量为（UPL-L_1）的订货信息。经过订货提前期之后，上述订货到达。此后，经过一个固定间隔期 $t=t_2$，库存余额降为 L_2，此时发出数量为（UPL-L_2）的订货信息；周而复始地检查库存，补充库存量。

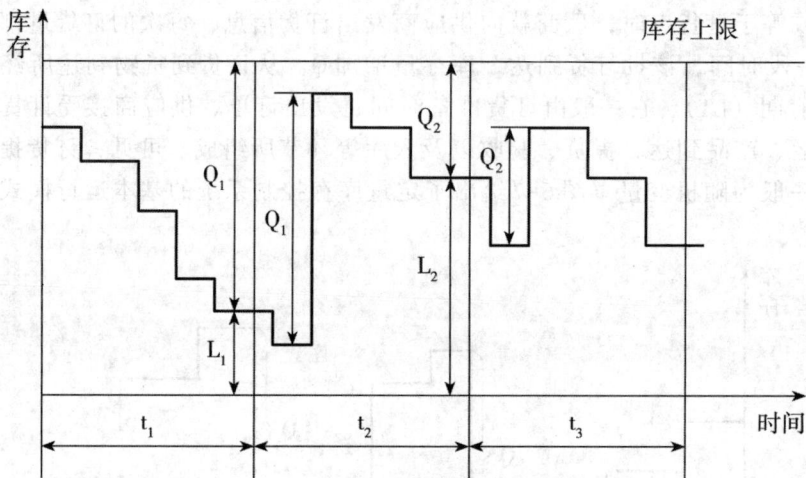

图 6-8 定期库存控制系统

显然，定期库存控制系统主要解决的是检查周期与订货量的决策问题，即需要回答库存控制的两个问题：①固定的库存检查周期以多长时间为宜？②每次的订货量应为多少？

定期库存控制系统不需要随时检查库存，每到固定的间隔期，各种物品可以联合订货。这样有助于简化管理，节省费用。各种物品可以设置不同的最大库存水平。该策略的缺点是检查库存时，无论其余额处于何种水平，都需要发出一次订货，当订货量很少时，就显得很不经济。

6.6.2.3　最大最小库存控制系统

最大最小库存控制系统是定期库存控制系统与定量库存控制系统的混合产物（如图6-9所示）。其与定期库存控制系统的不同之处在于它确定了一个订货点，当经过固定间隔期t时，如果库存余额降至小于或等于订货点的水平，则发出订货信息；否则，待下一次检查库存时再以同样的方式决定是否发出订货信息。其与定量库存控制系统的不同之处在于每次的订货量不是固定的，而是取决于最大库存量与订货点时现有库存量之差额。

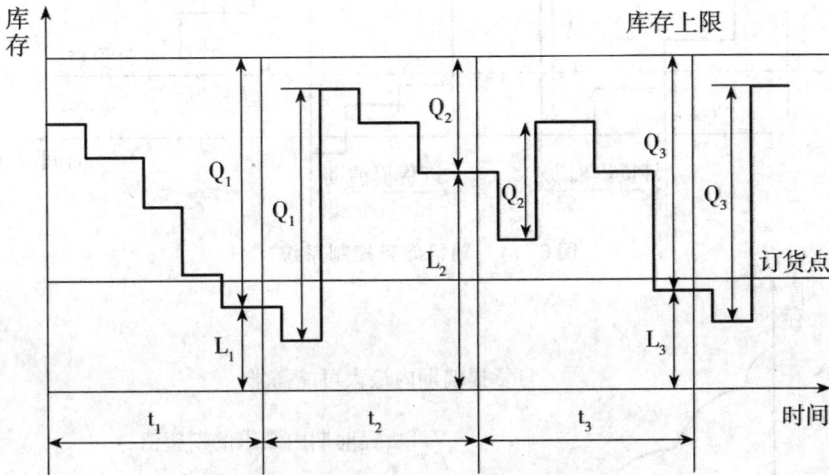

图6-9　最大最小库存控制系统

当经过固定间隔期t（$t_1=t_2=t_3$）之后，库存余额降至L_1，因$L_1<RL$，所以发出订货量为$Q_1=UPL-L_1$的信息。此后，经过订货提前期之后，上述订货到达。再经过固定间隔期t之后，库存余额降至L_2，因$L_2 \geqslant RL$，所以本次不发出订货。再经过固定间隔期t，库存余额降至L_3，因$L_3<RL$，所以发出订货量为$Q_3=UPL-L_3$的信息；如此循环往复地运行下去。带有安全库存的定量或定期库存控制模型如图6-10所示。

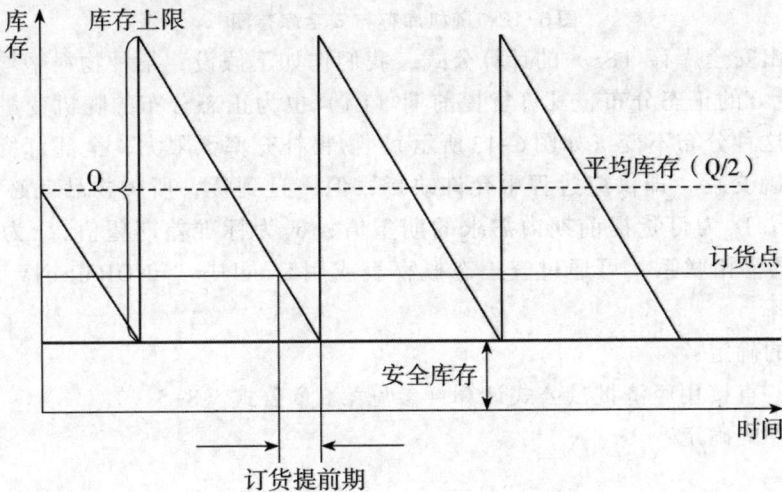

图6-10　库存周转与安全库存图

6.6.2.4 随机库存控制系统

随机库存控制系统是指需求率和订货提前期中有一个为随机变量的库存控制系统。一般来讲，需求率和订货提前期都是随机变量（如图6-11和图6-12所示）。

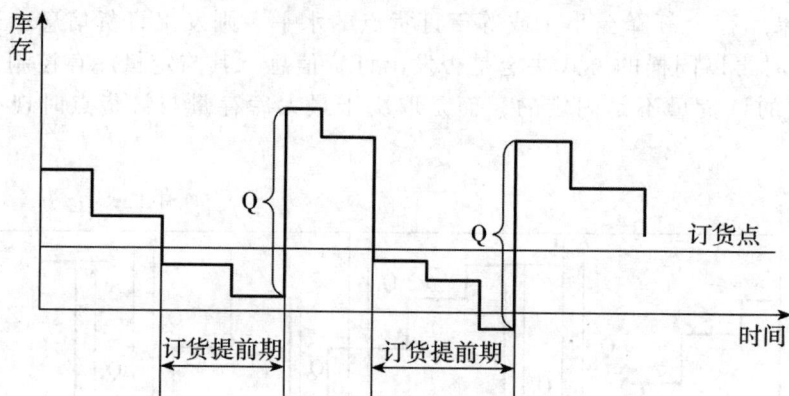

图6-11 随机库存控制系统

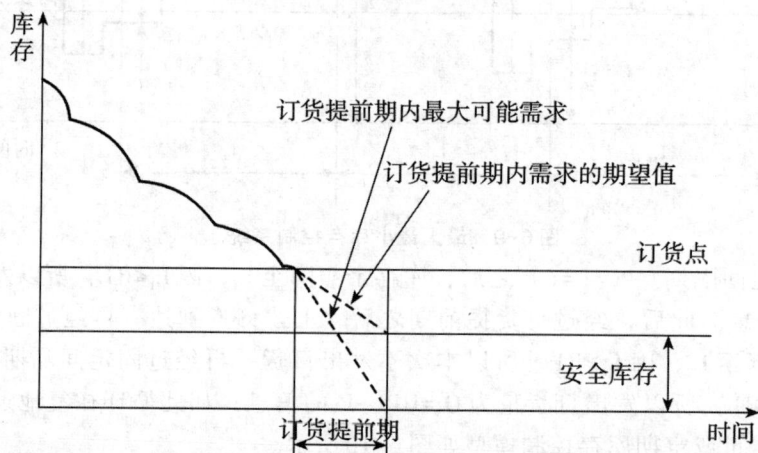

图6-12 随机库存与安全库存图

为了推导出安全库存（SS）的计算公式，我们作如下假设：某种物料平均每日需求率为d。标准差为σ的正态分布，其订货提前期（LT）也为正态分布的随机变量，且在不同的补充周期，这种分布不变（如图6-13所示）。物料补充率无限大，全部订货一次同时交付。物料允许晚交货，即供应过程中允许缺货，但一旦到货，所欠物品就必须补上。RL为订货点库存；D_E为订货提前期内需求的期望值；σ_E为标准差期望值，z为对应发生概率。z与服务概率相联系，可通过查正态概率表或用Excel中"=NORMSINV（P）"求得z，P为服务概率。

相关变量的确定：

①订货量：直接用经济批量公式计算（参见第8章公式（8-5））。

②安全库存的确定：

$$RL=D_E+SS \tag{6-6}$$

根据正态分布的特点可计算出：

$$D_E = d \cdot LT \tag{6-7}$$

$$\sigma_E = \sigma (LT)^{0.5} \tag{6-8}$$

$$SS = RL - D_E$$
$$= z \cdot \sigma_E \tag{6-9}$$

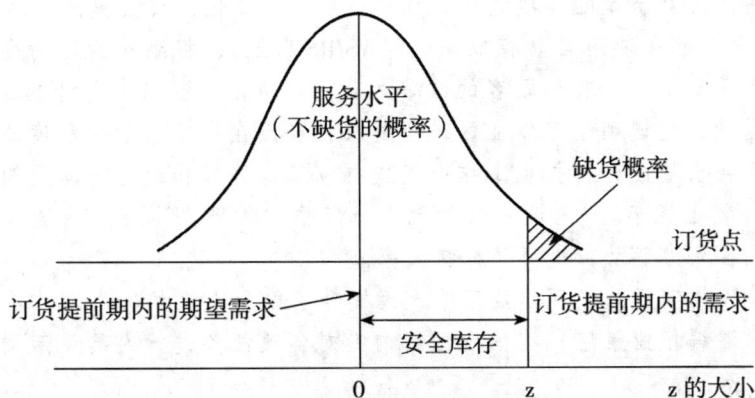

图6-13 安全库存与服务概率图

【例6-3】某产品平均每日需求60件，标准差为5件，订货提前期为9天，供货服务水平要求达到95%以上，经济订货批量为1 680件。要求：①安全库存为多少件？②订货点库存为多少件？

【解】因为：$d=60$，$\sigma=5$，$LT=9$，$P(z)=95\%$，$z=\text{NORMSINV}(0.95)=1.65$，所以：

$\sigma_E = \sigma(LT)^{0.5} = 5 \times 9^{0.5} = 15$（件）

$D_E = d \cdot LT = 60 \times 9 = 540$（件）

$SS = RL - D_E = z \cdot \sigma_E = 1.65 \times 15 = 25$（件）

$RL = D_E + SS = 540 + 25 = 565$（件）

答：安全库存为25件，订货点库存为565件。

❖ 案例窗6-1

京东智慧仓储模式——"亚洲一号"无人仓

"亚洲一号"是京东为电子商务业务所建设的自动化程度较高的智能物流运营中心，一般拥有立体仓库、生产作业区、多层拣货区以及出货分拣区等不同功能区。"亚洲一号"的核心在于运用人工智能技术实现系统的智能决策。

2014年，京东在上海建立的"亚洲一号"仓库正式投入运营，是全国第一座"亚洲一号"仓库。随后该项目在全国多所城市投入建设，截至2022年5月，京东在全国范围内已经拥有43座"亚洲一号"仓库。

并非所有的"亚洲一号"都是全程无人化操作的，根据自动化程度的不同，可以分为高度自动化、适度自动化、普通园区三个类别。"亚洲一号"汇聚了控制算法、工业设计、机械设计、电气工程等方面的创新型技术，使用的智能化装备包括AGV机器人、Delta拣选机器人、智能穿梭车、智能叉车、交叉皮带分拣线等智能物流机器人。同时，通过使用人工智能、大数据、图像识别、深度学习等信息技术赋予传统机器人自主的判断能力，使其能够适应不同场景下的各种任务，也解决机器人之间协调配合的问题。

　　"亚洲一号"在货物入库、分拣出库的主要流程方面与传统人力操作的普通仓库并没有什么区别。两者主要的差别在于前者使用各种物流智能设备，减少劳动密集度，并且使用算法对仓库的各项运作过程进行规划与优化，大大提高了运作的效率。

　　"亚洲一号"首先使用自动存取系统（AS/RS系统），将到达的货物存放入立体仓库，提高了入库的效率。收到顾客的订单之后，自动化设备拣选出对应的货物，再将之放置于传送带，运送到生产作业区进行复核打包，在一些自动化程度高的园区会使用打包机器人在出货区进行打包工作；完成打包工作的货物通过自动化输送系统流出分拣区，最终装上货车。"亚洲一号"无人仓实施"货到人"拣选的流程，各环节使用机器设备代替人力劳动，提高了分拣效率。

　　同时，仓库内实行的多项作业策略大大提升了作业的效率。

　　（1）分区混编作业策略，在固定区域内针对各项任务进行人员灵活调度，减少了人员移动的距离。

　　（2）基于托盘的流向管理策略，使得人员扫描托盘即可知晓任务的流向，自动分配任务，提升调度质量与速度。

　　（3）主动补货策略，即当低于安全库存量时自动触发紧急移库，空托盘转移后自动触发补货指令，实现主动补货。

　　资料来源　钱颖萍. 企业智慧物流技术应用现状——以京东物流为例［J］. 中国储运，2020（11）：119-121.

本章小结

　　6.1部分介绍了在库作业管理的含义与方法。货物的在库作业管理主要是根据仓库的实际条件、货物的属性与特点，采用合理、经济的储存方法对在库货物进行保存和养护，实施库存现场5S管理及盘点，确保储存的货物数量与质量，实现货物时间上的优化配置，提高货物的使用价值。

　　6.2部分介绍了5S管理的产生与发展、5S管理的内容、5S之间的关系和5S核心内容推进的步骤。5S管理起源于日本，是指在生产现场对人员、机器、材料、方法等生产要素进行有效的管理。

　　6.3部分介绍了盘点作业的内容、基本步骤和方法。仓库盘点作业是指对在库物品进行定期或不定期的账目和数量方面的清点作业，即对仓库现有物品的实际数量和保管账上记录的数量进行核对，检查有无差异和质量问题，以便准确掌握物品的保管数量，进而核对库内货物金额。

　　6.4部分介绍了库存的定义和分类。库存有广义和狭义之分：狭义是指在仓库里存放的物品；广义是指具有经济价值的任何物品的停滞与储藏，是供将来使用的所有闲置资源。库存是指储存作为今后按预定的目的使用而处于闲置或非生产状况的物品。库存可以按其在生产加工和配送过程中所处的状态、库存的目的和库存物品需求的重复程度进行分类。

6.5部分介绍了单周期库存模型的两种解法——损益值法和边际期望收益法。

6.6部分介绍了ABC分类库存控制法以及库存控制系统中的定量库存控制系统、定期库存控制系统、最大最小库存控制系统和随机库存控制系统。

基本训练

第6章单选题

❖ **简答题**

1.5S管理中"整顿"的目的是什么？

2.盘点作业的方法有哪些？

3.盘点作业的基本步骤有哪些？

4.5S管理中"整理"的主要内容有哪些？

❖ **计算题**

1.某仓库经营某易变质物品，有关资料见表6-8。若当月发不出货（无人要货），每箱损失6元，每箱可获得保管费用2元，则应采取什么进货策略？

表6-8　　　　　　　　　　　　　　某物品的相关资料

需求数（箱）	20	30	40	50
概率	0.1	0.3	0.5	0.1

2.某食品店销售某易变质食品，每箱进价为40元，售价为60元，有关资料见表6-9。要求：①若当天售不出去，每箱损失40元，则应采取什么进货策略？②若当天售不出去，每箱损失15元，则应采取什么进货策略？

表6-9　　　　　　　　　　　　　　某食品的相关资料

需求数（箱）	70	80	90	100	110	120
概率	0.10	0.15	0.20	0.25	0.20	0.10

3.某产品平均每日需求80件，标准差为5件，订货提前期为7天，供货服务水平要求达到95%以上，经济订货批量为1 880件。要求：①安全库存是多少件？②订货点库存是多少件？

第7章　出库作业管理

❖ 引例

华为智慧物流：为市场注入万物互联新动能

占地面积达2 500平方米的华为松山湖供应链物流中心，是华为全球物流供应网络中的典型代表，也是华为供应、物流体系从被动响应走向主动感知，向敏捷供应、智慧物流转型的结晶之一。该物流中心采用射频、电子标签拣货系统、"货到人"挑选、旋转式传送带等多种先进技术，集物料接收、存储、挑选、齐套、配送功能于一体，是华为重要的样板点基地之一。项目已经初步实现了物流全过程可视，打造了收发预约、装车模拟、射频识别数字化应用等系列产品，已经取得了上千万元的收益。

一、智慧物流：为数字化自动物流网络而生

智慧物流与数字化仓储项目，利用物联网、大数据、IT服务化平台等技术，与整个物流生态链伙伴一起，在物流领域开展物流对象过程数字化、资源规划智能化、实物履行自动化等方面的建设。智慧物流通过实时可视、安全高效、按需交付的物流服务能力构建，主动支撑交付保障，提升客户体验，改善物流运营效率。

在物流的关键节点，智慧物流可依据不同节点类型及场景优化流程，匹配最适宜的自动化工具和设备，从而实现小时级的履行能力，大大提高了工作效率。其中，重点仓储通过利用宽窄一体的eLTE无线通信技术和IoT平台，统一连接和管理AGV无人车、自动扫码机等物流自动化设备；同时，通过窄带物联网络广泛地联接到托盘、叉车等资产，从而实现自动进出库、自动盘点以及资产精准定位跟踪等功能，打造了高效快速的数字化仓储。此外，智慧物流在各个节点之间还可实现节点作业与实物运输的无缝链接、风险主动预警、全程可视可管理、实物"一个流"等高效运作模式。

通过移动App、AIS、物联网等物流先进技术应用，智慧物流可实时掌握运载工具位置、库内作业状态等信息，通过打通各环节实现了信息的透明共享，以及实物流全过程可视，更好地在线协同人、车、货、仓；同时，通过与外部风险信息的实时互联，可实现风险的主动预警、物流备选方案的智能提醒等。在配送环节，智慧物流通过应用大数据及人工智能技术，可对货物的配载及配送路线等情况进行智能计算，并给出最佳货物配载方案及最优运输路径，更加智能地实现了资源规划，并有效地提升了货物配送效率。

从生产到运输的全生命周期的流程可视，智慧物流真正做到"人与物的高效沟通"，促进跨部门、跨企业的运营管理，通过提供一体化的数据集成服务，让客户获得了更高效、便捷、贴心的智慧物流体验。

二、多位一体：构建全透明自动化物流体系

华为松山湖供应链物流中心按功能模块分成不同区域，包括栈板存储区及料箱存储区、"货到人"拣选区、高频物料拣选区、集货区等，以多位一体的先进模式，实现物流端到端业务可视及决策性业务智能处理，极大提升物流各环节协同运作效率。

栈板存储区及料箱存储区，可覆盖华为公司所有PCBA单板原材料管理；中心仓+线边仓的物料供应模式，实现了超期管理、潮敏管理、在线循环盘点和自动补货等功能；多维度、多层次的物料管理模式，满足了业务高可靠性、高复杂性需求。

"货到人"拣选区为中低频物料拣选，采用"货到人"的作业模式，降低了人工作业劳动强度，其二级缓存库实现了全自动出入库作业。不仅如此，该区域还通过采用PTL技术、播种式拣选、自动关联条码打印，实现了可同时处理多个订单，以及全面作业质量防呆和条码追溯。

高频物料拣选区采用小型堆垛机和流利式货架，实现了自动存储和补货作业，打造了存储、补货、拣选三维一体的立体作业模式。订单由系统进行自动下发和任务关联，通过PTL\RF、接力式拣选和拣选防呆，可高效处理相关任务。

集货区，依据交付对象设置不同集货区；集货区设置多个滑道，按任务令分滑道进行齐套，配合AGV无人智能送料小车，直接供应生产线，实现库房与产线无缝对接；自动物流日均可处理10 000个订单行，日均出库16 000个LPN（注册容器编码）。

资料来源　华为技术有限公司. 华为智慧物流：为市场注入万物互联新动能 ［EB/OL］. ［2024-03-16］. https://e.huawei.com/cn/case-studies/cn/2018/201807050934. （有改编）

7.1　出库作业管理概述

7.1.1　出库作业的概念

出库作业也称发货作业，是仓库（或仓储配送中心）根据业务部门或存货单位开出的发货凭证（提货单、调拨单），按其所列物料名称、规格、型号、数量等项目，组织货物出库登账、配货、复核、包装、分发出库等一系列作业的总称（如图7-1所示）。

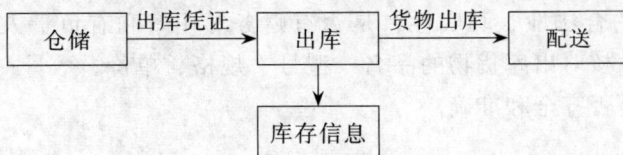

图7-1　出库业务

仓库须建立严格的货物出库和发运程序，严格遵循"先进先出，推陈出新"的原则，尽量一次完成，防止出现差错。

7.1.2 货物出库要求

货物出库要求做到"三不、三核、五检查"。

"三不"：一是没接单据不翻账；二是没经审单不备货；三是没经复核不出库。

"三核"：在发货时，一核凭证；二核账卡；三核实物。

"五检查"：对单据和实物要一查品名；二查规格；三查包装；四查件数；五查重量。

仓储出货作业的管理要做到：

①准确。出货的物品型号、数量、时间和客户要准确。

②及时。实施准时生产，按规定时间出货。

③安全。确保出货作业及物品安全。

④高效和低耗。追求出货作业效率高、成本低、服务质量好。

货物出库要求严格执行各项规章制度，提高服务质量，为客户创造便利条件，杜绝差错事故。

7.1.3 出库业务流程[①]

为保证出库工作顺利进行，防止出库工作出现失误、差错，在进行出库作业时必须严格履行规定的出库业务工作程序，使出库有序、高效进行。不同的企业针对不同的客户，货物出库的程序略有不同，主要包括出库前准备、审核出库凭证、出库信息处理、拣货、配货、出货检查、包装、刷唛、点交和账务处理等。

7.1.3.1 出库前准备

通常情况下，仓库调度人员在货物出库的前一天接到送来的提货单后，应按去向、船名、场站收据等分理和复核提货单，及时、正确地编制好有关班组的出库任务单、配车吨位、机械设备等，并分别送给机械班和保管员或收、发、理货员，以便做好出库准备工作。

7.1.3.2 审核出库凭证

审核出库凭证的合法性、真实性，是否有财务专用章和有负责人签章；手续是否齐全，内容是否完整；核对出库货物的品名、型号、规格、单价、数量；核对收货单位、到站、开户行和账号是否齐全和准确。

7.1.3.3 出库信息处理

出库凭证经审核确实无误后，处理出库凭证信息。

---

① 本部分改编自：张三省. 仓储与运输物流学 ［M］. 广州：中山大学出版社，2007：71-75.

7.1.3.4　拣货

拣货是依据客户的订货要求或仓储配送中心的送货计划，根据仓库储存、拣货系统，运用人工、机械、半自动或全自动等方式进行货物拣取。

7.1.3.5　配货

对分拣出来的货物，根据客户或配送路线进行分类，集中放置在备货暂存区。为了作业方便，对零星货物进行配货（或称分货），可使用大型容器收集或者堆装在托盘上，以免出货时遗漏。配货方式主要有人工和自动分类机两种。

7.1.3.6　出货检查

为了保证出库货物不出差错，在配好货后企业应立即进行出货检查，将货物一个个点数并逐一核对出货单，进而查验出货物的数量、品质及状态。

7.1.3.7　包装

出库货物包装主要分为个装、内装和外装。包装根据货物外形特点、重量、尺寸、摆放方式，选用适宜的包装材料和外包装尺寸，兼顾物流模数尺寸，以便于装卸搬运，充分利用运输工具的载重与体积。

7.1.3.8　刷唛

唛头是指在货物的外包装上注明收货人和货物内容的信息标识，使发货人、承运人、监管人和收货人都能够很快地辨明货物的归属、去向和包装内部货物的情况，避免混乱出错。把这些信息制作在外包装上的工作叫作刷唛。货物包装完后要刷唛，在货物外包装上写清收货单位、收货人、到站、本批货物的总包装件数、发货单位等；字迹要清晰，书写要准确。

7.1.3.9　点交

点交是指一项一项清点移交。所有出库货物无论是要货单位自提，还是交付运输部门发送，发货人员必须向收货人或运输人员逐项清点移交，划清责任。

7.1.3.10　账务处理

在点交后，保管员应在出库单上填写实发数、发货日期等内容并签名，然后将出库单同有关单据和文件及时交货主，以便货主办理结算手续。保管员根据留存的一联出库凭证登记实物储存的细账，做好随发随记、日清月结，账面金额与实际库存和卡片相符。

在整个出库业务流程中，复核和点交是两个最为关键的环节。复核是防止差错的必不可少的措施，而点交是划清仓库和提货方责任的必要环节。

❖ **小案例 7-1**

我和我们老板都有公司仓库的钥匙，有时候周末老板自己去仓库开单出货，没有全部经过我的手。公司本月盘点出来库房货物比账面少了 2.5 万元。

问题：

（1）现在公司要我赔偿，是否合理？

（2）这个月工资也扣下不发，如果我直接自己离职，是否可以？

资料来源　佚名. 仓库货物丢失 [EB/OL]. [2024-01-16]. https://www.110.com/ask/question-766822.html.

7.2　拣货作业[①]

在配送中心搬运成本中，拣货作业的成本占 80%~90%；在劳动密集型的配送中心，与拣货作业直接相关的人力约占总人力的 50%；拣货作业时间占整个配送中心作业时间的 30%~40%。因此，拣货作业是整个配送中心作业系统的核心，应运用高效拣货设备与工具，选用科学拣货方法，优化拣货系统和拣货作业排序，准确、快速、高效、低成本地完成拣货作业。

7.2.1　拣货作业概述

7.2.1.1　拣货作业的概念

拣货作业是指依据客户的订货要求或配送中心的送货计划，准确、快速地将货物从其货位或其他区域拣取出来，并按一定的方式进行分类、集中、等待配装送货的作业流程。

7.2.1.2　拣货作业的意义

如何满足客户需要，达到在正确的时间内，将正确的货物及数量，以最好的状态与服务品质，在最低的运送成本下，送到正确的场地，给正确的客户，将直接影响对客户的服务质量，影响仓储运作效率与成本高低。

在传统的货物拣选系统中，使用书面文件来记录货物数据信息，拣货时根据书面的提货通知单或出库凭证制定拣货单，人工搜索、拣取（如图 7-2 所示）。在这样的货物拣选系统中，制作书面文件、查找货物数据信息、人工搬运等浪费了很多人力、物力及时间资源，严重影响了物流的作业效率及竞争力。建立一个先进的货物拣选系统，不仅可降低成本、提高工作效率，还可以提高客户满意度和企业竞争力。例如九州通医药集团物流有限

---

① 本部分改编自：［1］《卷烟商品营销员》编写组. 卷烟商品营销员 ［M］. 北京：当代世界出版社，2003：169.［2］管莉军. 仓储与配送管理 ［M］. 上海：立信会计出版社，2008：169-175.［3］张敏，黄先军. 现代物流配送管理 ［M］. 合肥：安徽大学出版社，2009.［4］张文斌. 出版物流管理实务 ［M］. 重庆：重庆大学出版社，2012：139.

公司九州通东西湖物流配送中心，整箱货物储存在自动化立体仓库中，运用拆零平板电子拣选车（如输入拣货员工自己的工号，自动统计工作量，形成拣选任务及行走路线），提高了工作效率。

图7-2 人工拣货

7.2.1.3 拣货作业的基本流程

（1）形成拣货信息

拣货作业开始前，拣货作业的单据或信息必须先行处理完成。虽然有时拣货作业可以根据客户的订单或公司的交货单直接进行，但这些原始拣货资料在拣货过程中容易损坏，造成字迹不清、信息不全或人工出错等情况。因此，有必要根据订单处理系统输出的拣货单进行人工或自动、半自动拣货，这样既减少差错，又可确定优化的拣选路线、拣选顺序，自动统计各种货物拣选数量和剩余库存数量，提高工作质量与服务水平，降低成本，提高效率。

（2）选取拣货方法

拣货方法多种多样，是分区、分类接力式拣选，还是一票到底、一人负责到底拣选某一订单上的所有货物；是采用"摘果式"分拣，还是"播种式"分拣；是按托盘、整箱分拣，还是按单品分拣；是采取人员固定、货物移动的分拣方法，还是采用货物固定、人员行走的分拣方法等。工作人员应根据产品特点、拣货数量、仓储设施特点等具体情况来确定。

（3）实施拣货作业

分拣方法确定以后，就可以进行具体的拣货作业了。在实施拣货作业时，人工拣选时首先要熟悉货位，确定行走路线，准确找到货位，确认货物型号和数量，然后将货物挑选、搬运到指定地点。人工或自动拣选时，只有一台拣货设备（工具）的情况下，系统设计应考虑行走路线、拣货时间优化设计等问题；多台拣货设备（工具）同时运用时，还需考虑互不干扰的问题，避免两车迎头相撞、交通堵塞等情况。

7.2.1.4 拣货单位

拣货单位可分成托盘、箱及单品。一般而言，以托盘为拣货单位的体积及重量最大，其次为箱，最小单位为单品。

（1）单品单位

拣货单位为产品，单品即拣货的最小单位。单品可由箱中取出，通常由人手工拣取，也可由机器人自动完成。

（2）箱单位

拣货单位为整箱同种货物，可由托盘上或货位上取出。货物比较轻时，由人手工拣取，也可由存取机器人（设备）自动从货物的货位上拣取。

（3）托盘单位

拣货单位为整个托盘上的同种货物，托盘上同种货物箱、单品堆叠而成多件货物，无法由人工直接存取、搬运，必须用存取机器人（设备）或叉车存取，用叉车、拖板车等机械搬运。

（4）特殊品

体积大、形状特殊、无法按托盘和箱归类或必须在特殊条件下作业的物品，如大型家具、桶装油料、长杆形货物、冷冻货品等，都属于具有特性的物品，拣货系统的设计将严格受限于物品特性。

一般来说，配送中心应与客户协商将各组货物的订单合理化，要考虑经济批量、货物尺寸、重量与储存容器、运输工具尽量成倍比关系，或与储存容器、运输工具最佳装载数量（重量或体积）成倍比关系，进行系统优化；避免过小单位出现在订单中，造成拣货时还要拆箱、拼装的情况，降低拣货效率、装箱效率和客户（货物到达地）验收入库等环节的物流运作效率。

❖ **小资料 7-1**

空运相关常识

一、飞机的装载限制

①重量限制。任何情况下，飞机所装载的货物重量都不可以超过每一货舱可装载的最大重量限额。有关飞机及集装器相关尺寸见表7-1和表7-2。

表7-1　　　　　　　　　　　　　　　常见集装器的数据

名称	地板尺寸（厘米）	高度（厘米）	最大毛重（千克）	使用机型
AKE	153×156	163	1 588	通用
ALF	153×318	163	3 175	B767专用
AMP	244×318	163	6 804	B747、A330
DPE	119×153	163	1 225	B767下货舱

表7-2 不同机型的性能及数据

机型	地面承受力 （千克/平方米）	货舱门尺寸 （厘米）	最大装载量
B777-200	976	前货舱：170×270	6块P1P/P6P集装板或18个AVE集装箱
	976	后货舱：175×180	14个AVE集装箱
	732	散货舱：114×97	17立方米（4 082千克）
B767-200	976	前货舱：175×340	3块P1P/P6P集装板
	732	后货舱：175×187	10个DPE集装箱
	732	散货舱：119×97	12立方米（2 925千克）
B767-300	732	前货舱：175×340	4块P1P/P6P集装板
	732	后货舱：175×187	14个DPE集装箱
	732	散货舱：119×97	12立方米（2 925千克）
B757	732	前货舱：107×107	21.6立方米（4 672千克）
		后货舱：140×112	24.7立方米（7 393千克）

②容积限制。

③舱门限制。

④地板承受力。装载货物时应注意不能超过飞机地板承受力的限额。

二、集装箱的装载限制

①空陆联运集装箱。其分为20英尺和40英尺两种规格。两种规格集装箱的高和宽均为8英尺，只是长度不同：20英尺集装箱长度为6.058米，40英尺集装箱长度为12.192米。空陆联运集装箱只能装于全货机或客机的主货舱。

②主货舱集装箱。其只能装于全货机或客机的主货舱，高度是163厘米以上。

③下货舱集装箱。其只能装于宽体飞机的下货舱。

7.2.2 拣货作业方法

配送中心常用的拣货作业方法是两种：按单拣取法和批量拣取法。

7.2.2.1 按单拣取法[①]

（1）按单拣取法的含义

按单拣取法是指分拣人员或分拣工具迂回于各个货物储存点（货位），分别拣选拣货单（或订单）上所列货物种类及数量（如图7-3所示）。这个过程类似进百果园，按所需不同种类的果品及数量，走到不同树下，进行摘果，故也称摘果法。

---

① 本部分改编自：欧阳振安，严石林．仓储管理［M］．北京：对外经济贸易大学出版社，2010.

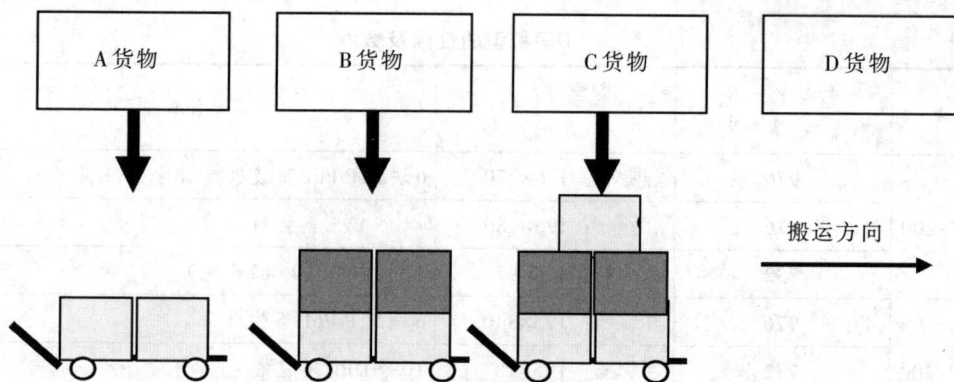

图7-3 按单拣取法示意图

（2）按单拣取法的种类

按单拣取法每次拣取时只针对一张订单，不进行订单分批。结合分区策略，按单拣取法具体又可以分为单人拣取、分区接力拣取和分区汇总拣取。

①单人拣取是指一张订单由一个人从头到尾负责完成。按此种拣货方式，只需将订单资料转为拣货需求资料即可。

②分区接力拣取是指将储存区或拣货区划分成几个区域，一张订单由各区人员采取前后接力方式合力完成。

③分区汇总拣取是指将储存区或拣货区划分成几个区域，将一张订单拆成各区域所需的拣货单，再将各区域所拣取的货物汇集到一起。

（3）按单拣取法的特点

①易于实施，准确性高，差错率低。

②机动灵活，各单之间互不影响，拣选顺序可根据紧急程度进行调整。

③配货作业与拣货作业同时完成，减少作业环节，提高运作效率。

④随时可进行拣选作业，客户等待时间短。

⑤对物流系统、拣选设备等没有特定要求。

⑥不论每个订单上品种有多少、每个品种数量有多少，都要按订单品种到指定货位拣选，尤其是在品种和数量都很少的情况下，会影响拣货效率。

7.2.2.2　批量拣取法

（1）批量拣取法的含义

批量拣取法又称播种法，是指由分拣人员或分拣工具从储存点（货位）取出各订单共同需要的某种货物，然后迂回于各订单的配货位置之间，按每张订单需要的数量分放后，再集中拣选出共同需要的第二种货物，以此类推，直到把共同需要的货物全部拣取分拨完，即完成各订单的配货工作（如图7-4所示）。

（2）订单分批的方法①

批量拣取法首先要确定批量的大小与分批的方法，合理的订单分批可有效提高批量拣取的工作效率。常用的分批方法有如下几种：

---

① 本部分改编自：尤美虹. 仓储管理实务［M］. 武汉：武汉大学出版社，2013.

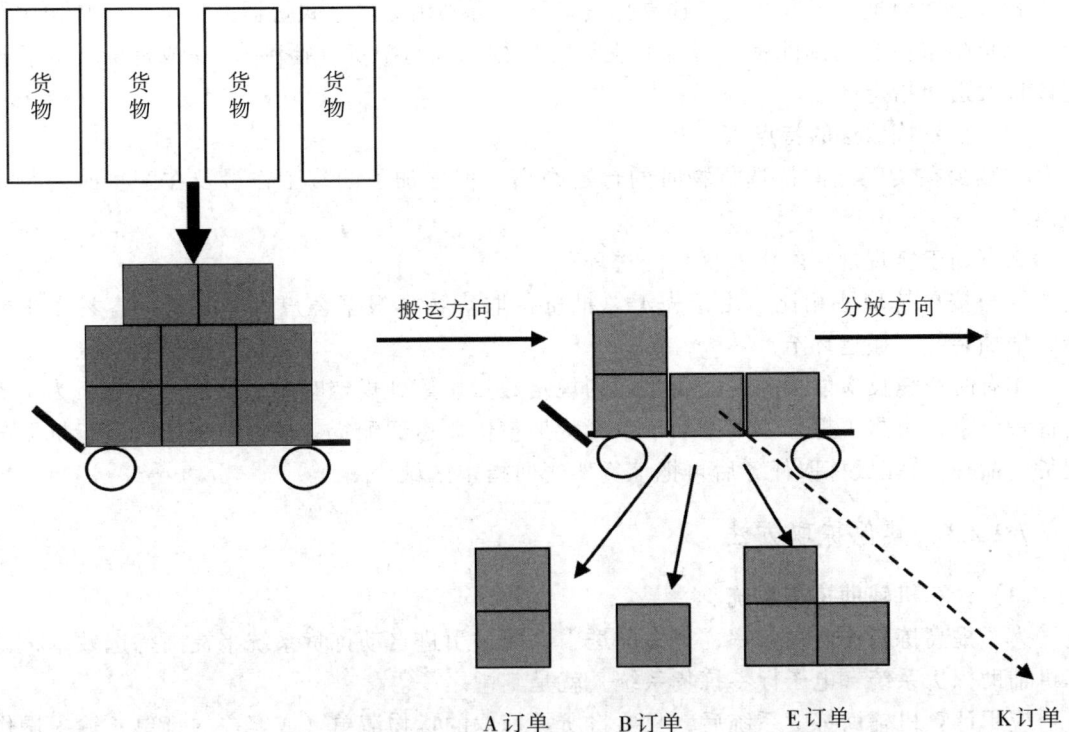

图 7-4　批量拣取法示意图

①总合计量分批。计算拣货作业前所有累计的订单中每一货物项目的总量，然后按这一总量进行拣取。这样可将拣取路线缩至最短，提高拣货效率。此种方式适合于周期性配送。例如，可在中午前搜集所有的订单，在下午作会计处理，进行拣取、分类工作。

②按配送区域或路线分批，即将同一配送区域或路线的订单汇总在一起处理，提高配送效率。

③按流通加工需求分批，即将需相同流通加工的订单汇总在一起处理，增加流通加工的批量，提高流通加工的效率。

④按车辆需求分批。如果配送货物需特殊的配送车辆（如低温车、冷冻和冷藏车），或客户所在地需特殊类型车辆，可汇总合并处理。

⑤时窗分批。当订单要求紧急发货时，可利用此策略，开启短暂而固定的时窗，如 20 或 30 分钟，将这一时窗中所有的订单做成一批，进行批量拣取。这一方式常与分区策略及订单分割策略联合运用，特别适合到达间隔时间短且平均的订单形态；同时，订购量及种类不宜太多。这种分批方式较适合密集、频繁的订单，且能应付紧急插单的需求。

⑥固定订单量分批。订单分批按先到先处理的基本原则，当订单达到设定的数量时，开始进行拣货作业。固定订单量的大小应考虑经济批量大小、运输工具、拣货工具、托盘等装货数量综合确定。这种方式偏重维持较稳定的作业效率，但在处理速度上慢于时窗分批方式。

⑦智慧型分批。这是指订单输入计算机，经处理后，将拣取路线相近的订单分成一组。采用这种分批方式的配送中心通常将前一天的订单汇总后，经过计算机处理，在当日产生拣货单据，速度较快。

⑧整个货架批量拣取。为了提高拣货效率，可采用圆形盘式机器人把可采分货架中某个单元货架整体搬运到配货（播种）现场，进行拣取与配货（播种），完成拣取任务后再把该货架送回指定区域。

（3）批量拣取法的特点

①减少在货架之间拣选货物时的行走距离，但增加了配货工作量及在配货时的行走距离。

②有利于实现规模经济及优化配送环节。

③与按单拣取法相比，由于先汇总批量拣取货物再根据客户订单配货，容易发生差错，增加装卸、搬运环节。

④有时快速反应能力差，需要累积到规定数量、等到规定时间才能拣选货物。为了提高拣货效率，可将可拆分货架中某个单元货架整体搬运到配货（播种）现场，进行拣取与配货（播种），完成拣取任务后再把该货架送回指定区域。

7.2.2.3 其他拣取方法

（1）计算机辅助拣货系统

为了提高拣货作业的效率，很多配送中心通过引进自动拣货系统来提高拣选效率，计算机辅助拣货系统（电子标签拣货系统）就是其中之一。

应用计算机辅助拣货系统后，只要将所需拣取的货物清单（或客户的订单）输入操作台上的电脑中，存放各种货物的货架上的货位指示灯和品种显示器会立刻显示出拣选货物在货架上的具体位置（货格）及所需数量，作业人员便可从货架里取出货物，放入拣取运输工具（如周转箱或拣货车）里，然后按显示按钮，熄灭货位指示灯和品种显示器，完成某种型号货物的拣货。当完成货物清单的拣取后，装着订单货物的拣取运输工具由输送带送入自动分拣系统。这样可提高效率，减少差错。

（2）利用重力式货架拣货

重力式货架的特征是用具有斜度的滚动导轨取代了隔板。货物因自重而从隔板的后面自动向前流动，可通过控制部分滑轮，调节移动速度（如图3-9所示）。这种方法的优点是：降低作业人员的工作强度，提高拣货效率，有效实施先进先出原则。这种方法的缺点是占用空间较大。

（3）自动化立体仓库拣货

自动化立体仓库的货位是固定的，货物存放在托盘或统一规格的料箱中，通过在巷道中行走的堆垛机来存取货物。

这种自动化立体仓库建立在大型建筑物内，主要由高层货架、高速行走的堆垛机和计算机系统组成，实现了标准化和单元化。货物堆放在高层货架上，可充分利用仓储空间，减少仓库占地面积。因为是计算机控制堆垛机自动拣货，不需要作业人员进行巡货、拣货和运输等工作。

7.2.3 拣货作业的信息传递方式

拣货信息是拣货作业的指令。拣货信息的作用在于指导拣货作业的进行，使拣货人员正确、迅速地完成拣货工作。拣货作业的依据是客户的订单或其他送货指令。拣货信息既可以通过手工单据来传递，也可以通过其他电子设备和自动拣货控制系统传输。拣货作业的信息传递方式通常有以下几种：

7.2.3.1　订单传票传递

订单传票即直接利用客户的订单或以配送中心送货单来作为拣货指示凭据。这种方法适合订单订购的品种比较少、批量较小的情况，经常配合按单拣取法。

该方法的优点是手续和步骤简单，无须输入拣货信息、输出和打印拣货单或订单。

该方法的缺点是在传票和拣货过程中单证易受到污损，可能导致作业过程发生错误，而且订单上未标明货物储放的位置，拣货人员凭经验、记忆拣货，确定行走路线，迂回、重复、折返现象多，优化程度低，效率低，差错率高。

7.2.3.2　拣货单传递

这是指将原始的客户订单输入计算机进行拣货信息处理后打印出拣货单的方式。

这种方式的优点是：经过处理后形成的拣货单上所标明的信息能更直接、更具体地指导拣货作业，可按货架、类别列出需拣货的项目，迂回、重复、折返现象少，也可列出拣货顺序及行走路线，减少行走路线及拣货时间，提高拣货作业效率和准确性。

该方法的缺点是增加输入、输出程序，处理打印拣货单需要一定的成本。

7.2.3.3　显示器传递

显示器传递是在货架上安装信号灯或液晶显示器，通过数位控制系统传递拣货信息，显示器安装在货位上，相应货位上的显示器显示该货物应拣取的数量；拣完规定数量后，按一下开关，显示器清零。显示器传递方式可以配合人工拣货，防止拣货错误，提高拣货人员的反应速度，提高拣货效率。

7.2.3.4　无线通信传递

无线通信传递是在叉车上安装无线通信设备，通过这套设备把应从哪个货位拣取何种货物及拣取数量、行走路线、拣货顺序等信息指示给叉车上的司机或拣货车，使拣货人员准确拣取货物。这种传递方式通常适合大批量出货时的拣货作业。

7.2.3.5　计算机随行指示传递

计算机随行指示是指在叉车或台车上设置辅助拣货的计算机终端机，拣取前先将拣货信息输入计算机，拣货人员依据叉车或台车上计算机屏幕的指示，到正确位置拣取货物。

7.2.3.6　条形码技术传递

条形码是指利用黑白相间条纹的粗细而组成不同的平行线符号，取代商品货箱的号码数字。将条形码贴在商品或货箱表面上，经过扫描器阅读，计算机解码，把"线条符号"转变成"数字号码"，便于计算机运算。扫描器通常一次只能扫描一个条形码，也可同时扫描一组多个条形码；为了提高效率，可选用360度扫描器，不用找条形码，货箱一过即完成扫描。现在也可运用二维码技术传递信息。

7.2.3.7 自动拣货系统传递

这是指拣货过程全部由自动控制系统完成。通过电子设备输入订单后形成拣货信息，在拣货信息指导下由自动拣货系统完成分拣作业。目前在国际上比较先进的仓库配送中心有九州通东西湖物流配送中心、国药控股湖北有限公司立体仓库配送中心等。

7.2.4 优化方法在拣货作业中的运用

7.2.4.1 下一个最好法

从始点出发、经过n点再回到始点（除始点外，各点只去一次）的拣货问题，是典型的邮递员问题，虽然可用专用软件求解，但模型复杂，不易掌握。最简单的办法是下一个最好法，即从始点出发先到最近货位i拣货，再从i点出发，到距离i点最近的j点拣货，以此类推，选择最近的下一个拣货点进行拣货；若最后还有一点没到，则强行到达该点，然后回到始点。

这类问题的解法既可运用于拣货问题，又可运用于收货作业、配送作业、流通加工作业等环节。

【例7-1】假设仓库只有一个出入口，其余资料如表7-3所示。拣货单显示有4个零件需要拣取，零件集（零件所在货位）$J= \{J_1, J_2, \cdots, J_n\}$，其中$J_1$为仓库出入口。要求：如何安排拣取顺序才能使完成4个零件拣取任务的行走距离比较短？

表7-3　　　　　　　　　　零件所在货位之间的距离（一）　　　　　　　　单位：米

从\至	J_1	J_2	J_3	J_4	J_5
J_1		27	29	20	32
J_2	25		22	36	30
J_3	35	67		7	25
J_4	30	56	6		2
J_5	70	78	80	18	

【解】从仓库出入口J_1到J_4距离最短，为20米；从J_4到J_5距离最短，为2米；从J_5到J_2（虽然到J_4更短，但因J_4已到过，不能再到一次，故舍去）距离最短，为78米；从J_2到J_3距离最短，为22米；最后，从J_3强行回到始点J_1，距离为35米。求解结果如下：

拣货路线为：J_1—J_4—J_5—J_2—J_3—J_1

行走距离为：20+2+78+22+35=157（米）

7.2.4.2　正向改进后下一个最好解法

虽然下一个最好法简单，但优化程度不够理想。该方法存在如下方面的缺点：

一是初始距离不能真实反映各点之间的"实际距离"；

二是简单进行找下一个是最好的（最近的），容易出错；

三是最后环节强行连接，影响优化程度。

为了解决这一问题，提出两种改进方法：

①正向法，是指在等价变化后，从始点出发，依据下一个最好原则，寻找一条到达各点再回到出发点的方法。

②逆向法，是指在等价变换后，与正向法相反，逆向寻找一条到达各点又回到始点的路线的方法。

改进后的下一个最好法分以下阶段：

第一阶段，作等价变换；

第二阶段，选择路线；

第三阶段，确定最终行走方案并计算总的行走距离。

正向法的具体做法是：

首先，作等价变换，每行、每列分别减去最小元素，更真实地反映"实际距离"；

其次，去掉已安排的行和列，在剩下元素中按下一个最好法进行。

逆向法的具体做法是：

首先，作等价变换；

其次，选择路线；

最后，形成最终行走方案并计算总的行走距离。

【例 7-2】假设仓库只有一个出入口，其余资料见表 7-4。拣货单显示有 4 个零件需要拣取，零件集（零件所在货位）J= $\{J_1, J_2, \cdots, J_n\}$，其中 J_1 为仓库出入口。表中对角线上的数据代表从第 i 货位到第 i 货位，没有实际意义，为了方便计算，设置足够大数据 1 000 表示不可选择。要求：如何安排拣取顺序，才能使完成 4 个零件拣货任务的行走距离最短？

【解】采用正向法。第一阶段，作等价变换，每行、每列分别减去最小元素（见表7-4 至表 7-6）。

表 7-4　　　　　　　　　　　　　**原始数据每行最小元素表**　　　　　　　　　　单位：米

从＼至	J_1	J_2	J_3	J_4	J_5	min
J_1	1 000	20	29	30	16	16
J_2	45	1 000	22	28	30	22
J_3	35	41	1 000	43	25	25
J_4	30	36	6	1 000	12	6
J_5	46	47	45	43	1 000	43

表7-5　　　　　　　　　　行变换后等价矩阵及每列最小元素表　　　　　　　　　　单位：米

从\至	J_1	J_2	J_3	J_4	J_5
J_1	984	4	13	14	0
J_2	23	978	0	6	8
J_3	10	16	975	18	0
J_4	24	30	0	994	6
J_5	3	4	2	0	957
min	3	4	0	0	0

表7-6　　　列变换后等价矩阵及选择路线步骤一表（第一大类分支方案）　　　　单位：米

从\至	J_1	J_2	J_3	J_4	J_5	出发行
J_1	981	0	13	14	0	√
J_2	20	974	0	6	8	
J_3	7	12	975	18	0	
J_4	21	26	0	994	6	
J_5	0	0	2	0	957	
到达列		√				

第二阶段，选择路线。从 J_1 行出发，选择最小 0 元素对应货位 J_2 和 J_5，故有两大类分支方案，随机选择 J_2 为第一大类分支方案。

①第一大类分支方案的求解步骤如下：

步骤一：选择 J_2 列，参见表7-6中打对号的行和列，去掉打对号的行（J_1 行）和列（J_2 列）以及 J_1 列，得到表7-7。

表7-7　　　　　　　　选择路线步骤二表（第一大类分支方案）　　　　　　　　单位：米

从\至	J_3	J_4	J_5	出发行
J_2	0	6	8	√
J_3	975	18	0	
J_4	0	994	6	
J_5	2	0	957	
到达列	√			

步骤二：从 J_2 行出发，选择最小 0 元素对应货位 J_3，参见表 7-7 中打对号的行和列，去掉打对号的行（J_2 行）和列（J_3 列），得到表 7-8。

表 7-8　　　　　　　　　　　选择路线步骤三表（第一大类分支方案）　　　　　　　　单位：米

从＼至	J_4	J_5	出发行
J_3	18	0	√
J_4	994	6	
J_5	0	957	
到达列		√	

步骤三：从 J_3 行出发，选择最小 0 元素对应货位 J_5，参见表 7-8 中打对号的行和列，去掉打对号的行（J_3 行）和列（J_5 列），得到表 7-9。

表 7-9　　　　　　　　　　　选择路线步骤四表（第一大类分支方案）　　　　　　　　单位：米

从＼至	J_4	出发行
J_4	994	
J_5	0	√
到达列	√	

步骤四：从 J_5 行出发，选择最小 0 元素对应货位 J_4，参见表 7-9 中打对号的行和列，去掉打对号的行（J_5 行）和列（J_4 列），得到表 7-10。

表 7-10　　　　　　　　选择路线步骤五表（第一大类分支方案）　　　　　　　　单位：米

从＼至	出发行
J_4	
到达列	

步骤五：从 J_4 行回到 J_1。

第三阶段，确定最终行走方案并计算总的行走距离。第一大类分支方案只有 1 个方案（称为方案 1），方案如下：

方案 1 行走路线为：J_1—J_2—J_3—J_5—J_4—J_1

方案 1 行走距离为：20+22+25+43+30=140（米）

②第二大类分支方案的求解步骤如下：

步骤一：选择 J_5 列，参见表 7-11 中打对号的行和列，去掉打对号的行（J_1 行）和列（J_5 列）以及 J_1 列，得表 7-12。

表7-11　　　　　列变换后等价矩阵及选择路线步骤一表（第二大类分支方案）　　　　单位：米

从＼至	J_1	J_2	J_3	J_4	J_5	出发行
J_1	981	0	13	14	0	√
J_2	20	974	0	6	8	
J_3	7	12	975	18	0	
J_4	21	26	0	994	6	
J_5	0	0	2	0	957	
到达列					√	

表7-12　　　　　　　　　　选择路线步骤二表（第二大类分支方案）　　　　　　　单位：米

从＼至	J_2	J_3	J_4	出发行
J_2	974	0	6	
J_3	12	975	18	
J_4	26	0	994	
J_5	0	2	0	√
到达列	√			

步骤二：从 J_5 行出发，选择最小0元素对应货位 J_2 和 J_4，又出现2个方案，这里我们先选 J_2，另一个方案求解过程从略。参见表7-12中打对号的行和列，去掉打对号的行（J_5 行）和列（J_2 列），得表7-13。

步骤三：从 J_2 行出发，选择最小0元素对应货位 J_3，参见表7-13中打对号的行和列，去掉打对号的行（J_2 行）和列（J_3 列），得表7-14。

步骤四：从 J_3 行出发，选择最小18元素对应货位 J_4，参见表7-14中打对号的行和列，去掉打对号的行（J_3 行）和列（J_4 列），得表7-15。

步骤五：从 J_4 行回到 J_1。

表7-13　　　　　　　　　　选择路线步骤三表（第二大类分支方案）　　　　　　　单位：米

从＼至	J_3	J_4	出发行
J_2	0	6	√
J_3	975	18	
J_4	0	994	
到达列	√		

表7-14　　　　　　　　　　选择路线步骤四表（第二大类分支方案）　　　　　　　单位：米

从＼至	J_4	出发行
J_3	18	√
J_4	994	
到达列	√	

表7-15　　　　　　　　　　选择路线步骤五表（第二大类分支方案）　　　　　　　单位：米

从＼至	出发行
J_4	
到达列	

第三阶段，确定最终行走方案并计算总的行走距离。第二大类分支方案有2个方案（分别称为方案2和方案3，方案3求解过程从略），具体结果如下：

方案2行走路线为：J_1—J_5—J_2—J_3—J_4—J_1

方案2行走距离为：16+47+22+43+30=158（米）

方案3行走路线是：J_1—J_5—J_4—J_3—J_2—J_1

方案3行走距离为：16+43+6+41+45=151（米）

两大类分支方案下的方案1、方案2和方案3中，方案1为最佳，行走路线为：J_1—J_2—J_3—J_5—J_4—J_1，行走距离为140米。

用下一个最好法得到的行走路线是：J_1—J_5—J_4—J_3—J_2—J_1，总的行走距离为：16+43+6+41+45=151（米）。

实际运用时可用划线去除法代替表格法，简化运算过程。

【例7-3】一个配送中心（J_1）需要向4个需求点（J_2、J_3、J_4、J_5）配送货物，有关资料见表7-16。要求：如何确定一辆配送车的配送路线，使行驶的距离比较短？

【解】（1）下一个最好法

配送路线为：J_1—J_4—J_5—J_2—J_3—J_1

行驶距离为：20+2+78+22+95=217（千米）

表7-16　　　　　　　　　　配送中心及各需求点之间的距离　　　　　　　单位：千米

从＼至	J_1	J_2	J_3	J_4	J_5
J_1		27	29	20	32
J_2	25		22	36	30
J_3	95	67		7	25
J_4	30	56	6		2
J_5	110	78	80	18	

（2）正向法

该方法有2个方案，分别如下：

方案1：

配送路线为：J_1—J_2—J_3—J_4—J_5—J_1

行驶距离为：27+22+7+2+110=168（千米）

方案2：

配送路线为：J_1—J_4—J_5—J_2—J_3—J_1

行驶距离为：20+2+78+22+95=217（千米）

（3）逆向法

求解过程见表7-17至表7-19。

表7-17　　　　　　　　　　　求解步骤一　　　　　　　　　　　单位：千米

	B	C	D	E	F	G	H
2		J_1	J_2	J_3	J_4	J_5	min
3	J_1	1 000	27	29	20	32	20
4	J_2	25	1 000	22	36	30	22
5	J_3	95	67	1 000	7	25	7
6	J_4	30	56	6	1 000	2	2
7	J_5	110	78	80	18	1 000	18

表7-18　　　　　　　　　　　求解步骤二　　　　　　　　　　　单位：千米

	B	C	D	E	F	G
10		J_1	J_2	J_3	J_4	J_5
11	J_1	980	7	9	0	12
12	J_2	3	978	0	14	8
13	J_3	88	60	993	0	18
14	J_4	28	54	4	998	0
15	J_5	92	60	62	0	982
16	min	3	7	0	0	0

表7-19　　　　　　　　　　　求解步骤三　　　　　　　　　　　单位：千米

	B	C	D	E	F	G
19		J_1	J_2	J_3	J_4	J_5
20	J_1	977	0	9	0	12
21	J_2	0	971	0	14	8
22	J_3	85	53	993	0	18
23	J_4	25	47	4	998	0
24	J_5	89	53	62	0	982

首先，进行行变换，每行分别减去每行最小元素。在表7-17中，单元格 H3=MIN

（C3：G3），H列其余类似，复制粘贴区域 H3：H7，获得 H列其他单元格计算公式。在表 7-18 中，单元格 C11=C3-$H3，复制粘贴区域 C11：G15，得出表 7-18 中的计算结果。

其次，进行列变换，每列分别减去每列最小元素。在表 7-18 中，单元格 C16=MIN（C11：C15），复制粘贴区域 C16：G16，得第 16 行其余计算公式。在表 7-19 中，单元格 C20=C11-C$16，复制粘贴区域 C20：G24，得出表 7-19 中的计算结果。

最后，在表 7-19 上逆推，按下一个最好原则寻找配送路线。具体步骤如下：先去掉 J_1 行，进到（回到）J_1 下一个最好是 J_2，去掉 J_1 列、J_2 行（见表 7-20）；进到 J_2 下一个最好是 J_4，去掉 J_2 列、J_4 行（见表 7-21）；进到 J_4 下一个最好是 J_3 或 J_5，在这里出现 2 个分支，有 2 个方案，先选 J_3（路线 1），去掉 J_4 列、J_3 行（见表 7-22）；进到 J_3 下一个最好是 J_5，去掉 J_3 列、J_5 行（见表 7-23）；最后从 J_5 回到 J_1（见表 7-24）。

逆推路线 1：J_2—J_4—J_3—J_5—J_1

配送路线 1：J_1—J_5—J_3—J_4—J_2—J_1

行驶距离为：32+80+7+56+25=200（千米）

另外一个路线（路线 2）为：

进到（回到）J_1 下一个最好是 J_2，去掉 J_1 列、J_2 行（见表 7-20）；进到 J_2 下一个最好是 J_4，去掉 J_2 列、J_4 行（见表 7-21）；进到 J_4 下一个最好是 J_3 或 J_5，在这里出现 2 个分支，有 2 个方案，路线 1 已选过 J_3，所以这里只能选 J_5（路线 2），去掉 J_4 列、J_5 行（见表 7-25）；进到 J_5 下一个最好是 J_3，去掉 J_5 列、J_3 行（见表 7-26）；最后从 J_3 回到 J_1（见表 7-27）。

表 7-20　　　　　　　　　　　　求解步骤四　　　　　　　　　　　　单位：千米

	B	C	D	E	F	G
19		J_1	J_2	J_3	J_4	J_5
21	J_2	0	971	0	14	8
22	J_3	85	53	993	0	18
23	J_4	25	47	4	998	0
24	J_5	89	53	62		982

表 7-21　　　　　　　　　　　　求解步骤五　　　　　　　　　　　　单位：千米

	B	D	E	F	G
19		J_2	J_3	J_4	J_5
22	J_3	53	993	0	18
23	J_4	47	4	998	0
24	J_5	53	62	0	982

表 7-22　　　　　　　　　　　　求解步骤六　　　　　　　　　　　　单位：千米

	B	E	F	G
19		J_3	J_4	J_5
22	J_3	993	0	18
24	J_5	62	0	982

表7-23　　　　　　　　　　　　　　求解步骤七　　　　　　　　　　　　　　单位：千米

	B	E	G
19		J_3	J_5
24	J_5	62	982

表7-24　　　　　　　　　　　　　　求解步骤八　　　　　　　　　　　　　　单位：千米

	B	G
19		J_5

表7-25　　　　　　　　　　　　　　求解步骤九　　　　　　　　　　　　　　单位：千米

	B	E	F	G
19		J_3	J_4	J_5
22	J_3	993	0	18
24	J_5	62	0	982

表7-26　　　　　　　　　　　　　　求解步骤十　　　　　　　　　　　　　　单位：千米

	B	E	G
19		J_3	J_5
22	J_3	993	18

表7-27　　　　　　　　　　　　　　求解步骤十一　　　　　　　　　　　　　　单位：千米

	B	E
19		J_3

逆推路线2：J_2—J_4—J_5—J_3—J_1

配送路线2：J_1—J_3—J_5—J_4—J_2—J_1

行驶距离为：29+25+18+56+25=153（千米）

两个方案择优，改进后下一个最好解法（逆向法）为：

逆推路线：J_2—J_4—J_3—J_5—J_1

配送路线：J_1—J_3—J_5—J_4—J_2—J_1

行驶距离为：29+25+18+56+25=153（千米）

综上所述，可分别用改进后下一个最好解法（正向法）和改进后下一个最好解法（逆向法），然后择优作为优化配送路线。

❖ 课堂实训7-1

　　以例7-1为例，用正向法求解优化路线。

❖ **课堂实训 7-2**

假设仓库只有一个出入口，拣货单显示有 4 个零件需要拣取，有关资料参见表 7-28。要求：用逆向法给出拣货路线方案。

表 7-28　零件所在货位之间的距离（二）　单位：米

从\至	J_1	J_2	J_3	J_4	J_5
J_1		27	29	20	32
J_2	25		22	36	30
J_3	95	67		7	25
J_4	30	56	6		2
J_5	110	78	80	18	

7.3　配货作业

配货作业是指将分拣出来的货物根据客户或配送路线进行分类，经过配货检查，装入容器和做好标识，集中放置在集货暂存区（等待装车后发运）的作业过程。

7.3.1　配货作业的步骤

7.3.1.1　分类

分拣作业完成以后，配货作业首先要对分拣出来的货物根据客户或配送路线进行分类，集中放置在集货暂存区。如果在拣货的同时已经完成了分类，这一步就可以省略了。分类的方法主要有人工分类、旋转货架分类以及自动分类机分类等。

7.3.1.2　配货检查

分类后需要进行配货检查，以保证发运前的货物品种、数量、质量无误。为了提高人工检查的效率，可以将货物有规律地放置，如进行"五五化"堆码等，以便于点数；或者采用称重的办法，先称出货物的总重量，再对照货物的单位重量，计算并核对配货数量；还可以采用抽查的方法。

为了提高效率，可以通过应用一些信息技术来进行配货检查，如通过扫描货物上的条形码等进行配货检查，也可用无人机完成配货检查。

7.3.1.3　包装和标识

一般来说，配货检查后还要对配送货物进行重新包装、打捆，以保护货物，提高运输效率，便于配送到户时客户识别各自的货物等。包装也是产品信息的载体，通过扫描包装上的条形码还可以进行货物跟踪，包装上的装卸搬运说明可以指导配送人员对货物进行正确操作。

7.3.2 配货作业方式

7.3.2.1 摘果方式

摘果方式与前面拣货作业方式中的摘果方式类似，是指搬运车往返于保管场所，从某个货位上取下某种货物，巡回完毕后就完成了对一个客户的配货，接着对下一个客户配货；通常每次只为一个客户服务。因此，配货作业的主要内容是对货物进行包装作业，以保护货物并方便发运。

一般来讲，如果整托盘拣取的货物允许整托盘运输，那么需要进行固定作业，也就是用包装膜或绳索将货物固定在托盘上；如果整托盘拣取的货物不采取整托盘运输，那么需要将货物先从托盘上卸下，然后将其进行捆装；对整箱拣取的货物，一般需要进行捆包作业；单件拣取的货物则进行装箱作业，以免货物丢失或损坏。

7.3.2.2 播种方式

播种方式与前面拣货作业方式中的播种方式类似，是指将需要配送数量较多的同种货物集中搬运到发货场所，然后将每一项货物所需的数量取出，分放到每个货位处，直至配货完毕，再将下一种货物按上述方法配货。播种方式由于每次拣取的货物是为多个客户服务的，所以，其配货作业通常比摘果方式多出拆箱、分类的程序。

❖ 课堂讨论7-1
　　摘果方式和播种方式的优缺点各有哪些？使用条件分别是什么？

7.4 流通加工作业

7.4.1 流通加工概述

7.4.1.1 流通加工的含义

流通加工是为了提高物流速度和产品的利用率，在产品进入流通领域后，按客户的要求进行的加工活动，即在产品从生产者向消费者流动的过程中，为了促进销售、维护产品质量和提高物流效率，对产品进行一定程度的加工。

7.4.1.2 流通加工的主要作业形式

（1）为弥补生产领域加工不足的深加工

有许多产品在生产领域中的加工只能到一定程度，这是由于许多限制因素限制了生产领域，不能完全实现终极的加工。例如，木材如果在产地完成成品加工，就会造成运输的极大困难，所以，原生产领域只能加工到圆木、板材和方材这个程度，进一步的下料、切裁、处理等加工则在流通加工环节完成；类似的情况还有钢板剪裁、套裁下料等。这种加工实际是生产的延续，是生产加工的深化，对弥补生产领域加工不足有重要意义。

（2）为满足需求多样化进行的服务性加工

市场的需求变化莫测、各式各样，企业也很难经济地、快速地满足这种变化，而流通加工可以做到。

（3）为保护产品所进行的加工

物流过程中存在运输、储存、装卸搬运等环节，保证产品质量、减少损坏是物流的重要职责之一。与前两种作业形式不同，这种作业形式并不改变进入流通领域的"物"的外形及性质，而是主要采取稳固、改装、冷冻、保鲜、涂油等方式。

（4）为提高物流效率、方便物流的加工

有一些产品本身的形态难以对其进行物流操作，如鲜鱼的装卸、储存操作困难，过大设备装卸搬运困难，气体运输、装卸困难等。进行流通加工，可以使物流各环节易于操作。例如，对木屑、秸秆进行压缩成型加工，对液体进行固体化加工，对水产品进行冷冻加工等。

（5）为促进销售的加工

根据营销策略，需对一种或几种产品进行拆分或组合包装后再销售等方式。例如，植物叶、茎和根部分开销售，鱼头、鱼尾、鱼肚等分开销售。

> ❖ **小案例7-2**
>
> 在"双11"期间，某服装物流配送中心的订单业务量爆炸式增长，最后出库环节的流通加工是贴标签、装箱、封箱、放到传送带至分拣配货环节；多个班组并行作业。工作人员的拣货速度不均匀，送到包装组的活时多时少，因为是计件工资，谁抢到的活多就挣得多。此外，靠近送货口的人容易抢到活，靠近仓库里面的人，因入口处堵塞（空纸箱、空拣货车等物品占用很多空间），出现外面活多、里面活少的现象。
>
> 问题：如何解决这一问题？

7.4.2 流通加工中作业排序优化方法

作业排序按加工中心分类，可分为一个加工中心和多个加工中心。一个加工中心问题可分为两种情况：一是这个加工中心只有一台设备，即单机排序问题；二是这个加工中心有多台相同设备，即平行机作业排序问题。多个加工中心可分为两个加工中心和两个以上加工中心的情况。下面分别就3种常见情况介绍排序优化方法。

7.4.2.1 多个零件、一个加工中心、一台设备的排序问题

多个零件在一个加工中心的时间组织问题是比较简单的。因为只有一个加工中心且只有一台设备，n项任务都需要在它上面完成加工，所以实质上是n项任务的n个全排列问题。不论怎样安排加工顺序，完成所有任务的时间是一定的。所以，优化的目标通常是平均流程时间最少或交货期延期量最少等指标。安排加工顺序遵循的原则多达几十种，常见的重要原则有以下几种：

①最短加工时间（SPT）原则，即按加工时间长短来安排加工顺序，加工时间短的优先安排。

②最早交货期（EDD）原则，即按交货期的先后顺序来安排加工顺序，交货期早的优先安排。

③先来先服务（FCFS）原则，即按到达加工中心的先后顺序来安排加工顺序，先来先服务。

④调整费用最少（MJC）原则，即按能使调整费用最少的加工顺序来安排生产任务。

⑤"下一个是最好的"原则，即按下一个调整费用最少的原则来安排生产任务。

【例7-4】某一个加工中心在计划期内接到6项任务（见表7-29）。要求：分别用最短加工时间原则和最早交货期原则确定加工顺序。

表7-29 加工中心任务表

生产任务编号（J_i）	J_1	J_2	J_3	J_4	J_5	J_6
加工时间（T）（天）	4	9	1	5	12	3
交货期（C_i）（天）	25	22	8	6	35	15

【解】（1）按最短加工时间原则安排的加工顺序（见表7-30）为：

$J_3 \rightarrow J_6 \rightarrow J_1 \rightarrow J_4 \rightarrow J_2 \rightarrow J_5$

表7-30 按最短加工时间原则安排的加工顺序

生产任务编号（J_i）	J_3	J_6	J_1	J_4	J_2	J_5
加工时间（T_i）（天）	1	3	4	5	9	12
计划完成时间（F_i）（天）	1	4	8	13	22	34
交货期（C_i）（天）	8	15	25	6	22	35
交货期延期量（D_i）（天）	0	0	0	7	0	0

平均流程时间为：

$$F_p = \left(\sum F_i \right) / n \tag{7-1}$$

$$= (1+4+8+13+22+34) \div 6$$

$$= 13.67 （天）$$

平均延期量为：

$$D_p = \left(\sum D_i \right) / n \tag{7-2}$$

$$= 7 \div 6$$

=1.17（天）

（2）按最早交货期原则安排加工顺序（见表7-31）为：

$J_4 \rightarrow J_3 \rightarrow J_6 \rightarrow J_2 \rightarrow J_1 \rightarrow J_5$

表7-31　　　　　　　　　　　　按最早交货期原则安排的加工顺序

生产任务编号（J_i）	J_4	J_3	J_6	J_2	J_1	J_5
加工时间（T_i）（天）	5	1	3	9	4	12
计划完成时间（F_i）（天）	5	6	9	18	22	34
交货期（C_i）（天）	6	8	15	22	25	35
交货期延期量（D_i）（天）	0	0	0	0	0	0

平均流程时间为：

$F_p = (\sum F_i)/n$

　$= (5+6+9+18+22+34) \div 6$

　$=15.67$（天）

平均延期量为：

$D_p = (\sum D_i)/n$

　$=0 \div 6$

　$=0$（天）

7.4.2.2　多个零件、一个加工中心、多台设备的排序问题

首先介绍最优解下限，然后给出3种解法。

（1）最优解下限

许多学者给出最优解下限为：

$$CL \geq \max \{ [\sum p_i/k]^1, \ \max(p_i) \} \tag{7-3}$$

式中：CL为最早完工时间；"$[\ ]^1$"代表大于等于它的最小整数，即向上取整；p_i为第i个零件的加工时间；$\max(p_i)$为零件的最长加工时间。

（2）经典排序原则

经典排序原则即大的优先排（largest processing time，LPT）原则，哪台设备完工早就优先安排哪台设备。

【例7-5】8个不同零件的加工时间参见表7-32，分别在以下两种情况下求最优解下限：①有两台相同设备，k=2；②有3台相同设备，k=3。

表7-32　　　　　　　　　　　　任务表（一）　　　　　　　　　　　　单位：小时

工序＼零件	J_1	J_2	J_3	J_4	J_5	J_6	J_7	J_8
p_i	3	10	12	15	30	5	1	4

【解】首先求解有两台相同设备时的问题。

$\because \sum p_i = 3+10+12+15+30+5+1+4 = 80$

$$[\textstyle\sum p_i/k]^1 = [80÷2]^1 = 40$$

$$\max(p_i) = 30$$

$$\therefore CL \geq \max\{[\textstyle\sum p_i/k]^1, \max(p_i)\} = \max\{40, 30\} = 40（小时）$$

再求解有3台相同设备时的问题。

$$\because \textstyle\sum p_i = 3+10+12+15+30+5+1+4 = 80$$

$$[\textstyle\sum p_i/k]^1 = [80÷3]^1 = 27$$

$$\max(p_i) = 30$$

$$\therefore CL \geq \max\{[\textstyle\sum p_i/k]^1, \max(p_i)\} = \max\{27, 30\} = 30（小时）$$

【例7-6】8个不同零件的加工时间参见表7-33，有两台相同设备，试按经典排序原则运用Excel给出较优方案。

表7-33　　　　　　　　8个不同零件的加工时间（一）

J_1	J_2	J_3	J_4	J_5	J_6	J_7	J_8
6	14	19	23	30	12	1	11

【解】为了便于求解，首先将零件加工时间从大到小排列（运用Excel的排序功能，即点击数据、排序、选择按列排，降序排列）。Excel的相关计算公式如下：

K3=SUM（C3：J3）

M3=MAX（C3：J3）

N3=CEILING（K3/L3，1）

O3=MAX（M3，N3）

K5=SUM（C5：J5）

K6=SUM（C6：J6）

运用求和公式，自动计算哪台设备完工时间早。

安排步骤参见表7-34中的区域C7：J7，一共需要8步，2台设备加工完成时间分别为56小时和60小时。

表7-34　　　　　　　　求解过程及结果表（LPT原则）

	B	C	D	E	F	G	H	I	J	K	L	M	N	O
2		J_5	J_4	J_3	J_2	J_6	J_8	J_1	J_7	作业时间合计	k	$\max(p_i)$	$[\sum p_i/k]^1$	CL
3		30	23	19	14	12	11	6	1	116	2	30	58	58
4										完工时间				
5	K1	30			14		11		1	56				
6	K2		23	19		12		6		60		LPT原则		
7	步骤	1	2	3	4	5	6	7	8					

（3）截取法

LPT原则虽然可获得较优解，但当零件数量多时，步骤多，求解过程比较烦琐。为了解决这一问题，人们提出了截取法。截取法是指在按零件加工时间从多到少排列后，按小于等于最优解下限截取零件累计加工时间长度，安排在第一台设备上，再在剩余零件中截取累计长度小于等于最优解下限，安排在第二台设备上，以此类推，直到每台设备都被安排一次，余下零件均衡安排。这样当零件数量很多时，可明显减少安排步骤，简化求解过程，获得较优解。

【例7-7】以例7-6的数据及条件为例，试用截取法运用Excel给出较优方案。

【解】求解过程及结果参见表7-35。两台设备的完工时间分别为59小时和57小时，安排步骤仅为4步，优化程度较为理想。

表7-35　　　　　　　　　　　　求解过程及结果表（截取法）

	B	C	D	E	F	G	H	I	J	K	L	M	N	O
17		J_5	J_4	J_3	J_2	J_6	J_8	J_1	J_7		max（p_i）	$[\sum p_i/k]^1$	CL
18		30	23	19	14	12	11	6	1	116	2	30	58	58
19							完工时间							
20	K1	30	23				6			59				
21	K2			19	14	12	11		1	57			截取法	
22	步骤	1			2				3	4				

（4）规划求解法

上述两种方法虽然可以获得较优解，但有时不够理想，当零件数量不是很多时（零件数量过多时，求解速度慢），可用线性规划法进行优化求解，得出最优解。

❖ **小思考7-1**

平行机作业排序方法如何在装箱（装车）中运用？

【答】平行机作业排序相当于有多台相同车辆装载货物的问题，因此，平行机作业排序方法可用于装箱（装车）中，如问题规模较小时可用规划求解法完成优化装车。

7.4.2.3　多个零件在两个加工中心的排序问题

（1）约翰逊法

1954年约翰逊提出n/2/P/F$_{max}$排序问题最优解的排序规则。设P_{1j}和P_{2j}分别是零件在第一个加工中心和第二个加工中心加工的时间，则约翰逊原则为：

首先，找最小元素。若最小元素属于P_{1j}，则最先安排；若最小元素属于P_{2j}，则最后安排；若出现多个最小元素相等的情况，则任意选，结果一样。

其次，剔除已安排的零件，然后在剩下的元素中重复第一步，直到所有零件都安排完为止。

【例7-8】设有5个零件，均需在两个加工中心进行加工，且先在P_1加工，后在P_2加工，有关资料参见表7-36。试按约翰逊原则排出最优的加工顺序，并计算最短的生产周期。

表7-36　　　　　　　　　　　　　　加工中心任务（一）　　　　　　　　　　　　单位：小时

工序＼零件	J_1	J_2	J_3	J_4	J_5
P_1（P_{1j}）	8	7	16	10	5
P_2（P_{2j}）	12	2	9	4	10

【解】根据约翰逊原则，首先找最少的加工时间，最少者J_2为2，属于P_{2j}，所以零件J_2安排在最后一位加工。把J_2剔除后，在剩下4个零件中再找最少的加工时间，最少者J_4为4，属于P_{2j}，所以零件J_4安排在倒数第二位加工。把J_4剔除后，在剩下3个零件中再找最少的加工时间，最少者J_5为5，属于P_{1j}，所以零件J_5安排在前面第一位加工。以此类推，安排步骤参见表7-37，按约翰逊原则安排最优加工顺序为：J_5—J_1—J_3—J_4—J_2，生产周期平均为48天（如图7-5和图7-6所示）。

表7-37　　　　　　　　　　　　　　加工中心任务（二）　　　　　　　　　　　　单位：小时

工序＼零件	J_5	J_1	J_3	J_4	J_2
P_1（P_{1j}）	5	8	16	10	7
P_2（P_{2j}）	10	12	9	4	2
步骤	3	4	5	2	1

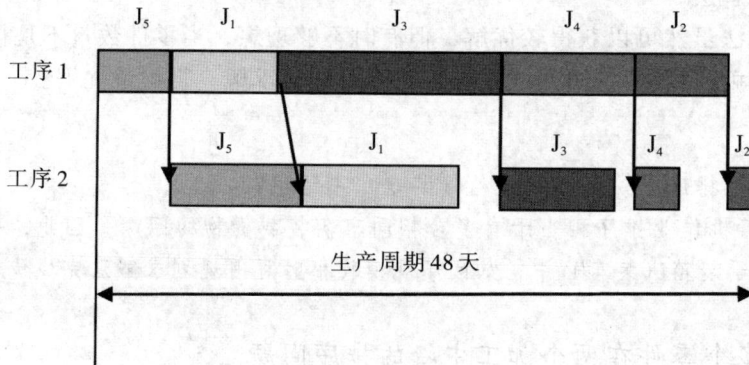

图7-5　生产周期

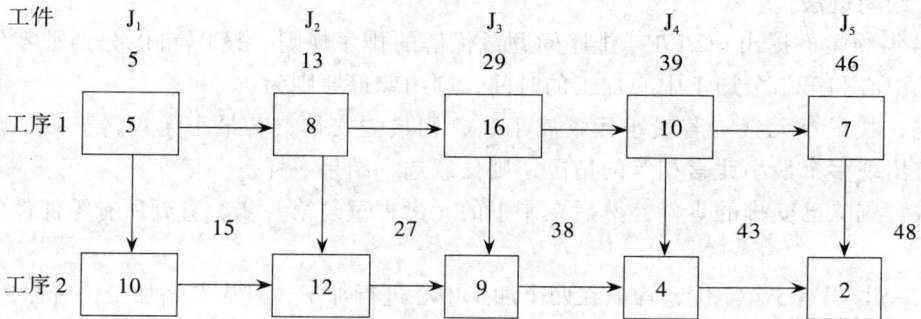

图7-6　排序网络图（单位：小时）

传统解法是画甘特图求解生产周期，相当麻烦。图7-5可以转化为图7-6的网络图，一方面，可以简化生产周期算法；另一方面，排序问题也是网络图问题，可以运用图论来求解排序问题。为了简化算法，图 7-6 又可转换为表格形式，免去画图麻烦，求解非常方便。各节点完成时间可用"/"符号等方式表示（见表 7-38）。表 7-38 中，J_3 下面的"16/29"，代表 J_3 的第一道工序作业时间为 16，完成时间为 29；J_3 下面的"9/38"，代表 J_3 的第二道工序作业时间为 9，完成时间为 38。

表 7-38　　　　　　　　　　最优排序及生产周期计算表　　　　　　　　　　单位：小时

工序＼零件	J_5	J_1	J_3	J_4	J_2
P_1	5/5	8/13	16/29	10/39	7/46
P_2	10/15	12/27	9/38	4/43	2/48

（2）加工时间比值法（系数法）

根据约翰逊原则求得最优解有如下规律：

①上面第一行加工时间 P_{1j} 小于等于下面第二行加工时间 P_{2j} 的零件（简称上小下大，即 $P_{1j}/P_{2j} \leq 1$ 的零件）排在前面，且按照 P_{1j} 递增的顺序排序；

②上面第一行加工时间 P_{1j} 大于下面第二行加工时间 P_{2j} 的零件（简称上大下小，即 $P_{1j}/P_{2j} > 1$ 的零件）排在后面，且按照 P_{2j} 递减的顺序排序。

因此，我们可用比值法排序。

加工时间比值法的解题步骤分为两大步：一是分组且排序；二是根据第一步分组排序的结果计算生产周期。按照 Excel 求解的步骤具体如下：

步骤一：按照 P_{1j}/P_{2j} 的比值，升序排序，$P_{1j}/P_{2j} \leq 1$ 的为第一组；余下的（$P_{1j}/P_{2j} > 1$）为第二组。

步骤二：第一组按第一行升序排序，第二组按第二行降序排序，得最优排序。

步骤三：根据步骤一分组排序的结果列表计算生产周期。根据最优排序，用 Excel 自动计算生产周期。

【例 7-9】某车间需加工 7 个零件，每个零件均需经过两道工序，且加工顺序都相同：首先在 P_1 设备上加工，然后在 P_2 设备上加工。有关资料见表 7-39。要求：用加工时间比值法，借助 Excel 求最优排序及最短的生产周期。

表 7-39　　　　　　　　　　　任务表（二）　　　　　　　　　　　单位：小时

工序＼零件	J_1	J_2	J_3	J_4	J_5	J_6	J_7
P_1（P_{1j}）	6	18	32	2	18	22	8
P_2（P_{2j}）	15	12	19	3	10	4	35

【解】第一步：根据表 7-39 中的资料计算 P_{1j}/P_{2j}，计算结果见表 7-40。根据比值大小升序排序结果见表 7-41。

第二步：前 3 个零件 J_7、J_1 和 J_4 的比值 $P_{1j}/P_{2j} \leq 1$，所以这 3 个零件按第一道工序加工时间升序排序；余下 4 个零件的比值 $P_{1j}/P_{2j} > 1$，按第二道工序加工时间降序排序，得最优排序结果见表 7-42。

表7-40　　　　　　　　　　　　　　　　比值计算表　　　　　　　　　　　　　　　单位：小时

工序 ＼ 零件	J_1	J_2	J_3	J_4	J_5	J_6	J_7
P_1（P_{1j}）	6	18	32	2	18	22	8
P_2（P_{2j}）	15	12	19	3	10	4	35
P_{1j}/P_{2j}	0.400	1.500	1.684	0.667	1.800	5.500	0.229

表7-41　　　　　　　　　　　　　　按比值大小升序排序的结果　　　　　　　　　　　　单位：小时

工序 ＼ 零件	J_7	J_1	J_4	J_2	J_3	J_5	J_6
P_1（P_{1j}）	8	6	2	18	32	18	22
P_2（P_{2j}）	35	15	3	12	19	10	4
P_{1j}/P_{2j}	0.229	0.400	0.667	1.500	1.684	1.800	5.500

表7-42　　　　　　　　　　　　　　　用Excel排出的最优顺序　　　　　　　　　　　　单位：小时

行 ＼ 列	B	C	D	E	F	G	H	I
14	工序 ＼ 零件	J_4	J_1	J_7	J_3	J_2	J_5	J_6
15	P_1（P_{1j}）	2	6	8	32	18	18	22
16	P_2（P_{2j}）	3	15	35	19	12	10	4
17	P_{1j}/P_{2j}	0.667	0.400	0.229	1.684	1.500	1.800	5.500

第三步：根据最优排序结果计算最优解及最短的生产周期。在表7-43中，单元格C22=C14，然后复制C22，粘贴到区域C22：I22，可得零件顺序；单元格E23=E15+MAX（E22，D23），然后复制E23，粘贴到区域C23：I24，可得最优解计算过程，右下角单元格I24=110，即为最短的生产周期。

表7-43　　　　　　　　　　　　用Excel计算的最优解时的生产周期　　　　　　　　　单位：小时

行 ＼ 列	B	C	D	E	F	G	H	I
22	工序 ＼ 零件	J_4	J_1	J_7	J_3	J_2	J_5	J_6
23	P_1（P_{1j}）	2	8	16	48	66	84	106
24	P_2（P_{2j}）	5	23	58	77	89	99	110

7.4.3 流通加工中下料优化方法

下料优化问题可分为一维下料优化、二维平面下料优化和三维立体下料优化问题。因篇幅所限，这里只介绍一维两种货物下料问题解法。

这里主要探讨固定长度的管材、线材、棒料等一维下料问题，整捆的线材下料不在研究范围内。这里还可细分为几种长度不同的原材料和单一品种原材料两大类下料问题，下面只介绍单一固定规格原材料下料问题解法。

假设原材料只有一种规格，要生产多种长度不同的产品。要求：①每种产品获利都相等，各种产品有数量要求，如何下料最节省原材料？②每种产品获利不同，如何下料获利最多？

这类问题，若产品种类不多，组合方案也不多，可把所有组合方案都列出来，然后在这些方案中规划求解，可得最优解。若产品种类很多，组合方案也很多，上述方法就不经济、不可行，因为组合方案数量众多，有时在规定时间内无法得到优化结果。这时只能想办法选择代表性好的组合方案，即保证各产品数量比例关系及所需数量，组合方案优化程度又高，然后在这些优选后的组合方案中规划求解，得到满意的近似最优解。

7.4.3.1 如何下料最节省原材料

【例7-10】某车间要把10米长的棒料截成3米137根和4米83根。要求：怎样截取才最节省原材料？

【解】因为该问题的组合方案数较少，所以把全部组合方案列出，再规划求解，得出最优解。首先计算下料方案，参见表7-44。

表7-44 　　　　　　　　　　　　　下料方案（一）

项　目	方案1	方案2	方案3	需求量
3米棒料	3	2	0	137
4米棒料	0	1	2	83
剩余	1		2	

设3个方案的下料数量分别为 X_1、X_2 和 X_3，则数学模型为：

目标函数：$\min Z = X_1 + X_2 + X_3$ 　　　　　　　　　　　　　　　　　　（7-4）

s.t. $3X_1 + 2X_2 \geqslant 137$ 　　　　　　　　　　　　　　　　　　　　　（7-5）

$X_2 + 2X_3 \geqslant 83$ 　　　　　　　　　　　　　　　　　　　　　　　　（7-6）

$X_i \geqslant 0$ 　　　　　　　　　　　　　　　　　　　　　　　　　　　　（7-7）

运用Excel规划求解得：

$X_1 = 1$

$X_2 = 67$

$X_3 = 8$

$\min Z = X_1 + X_2 + X_3 = 1 + 67 + 8 = 76$

❖ **课堂实训7-3**

某配送中心需要把长100厘米的棒料截成A、B和C3种规格棒料，3种规格棒料订单的数量分别为75、50和110根（见表7-45）。要求：如何下料才能使所需长100厘米的棒料最少？

表7-45　　　　　　　　　　　　　　　　　原始资料

项目	A	B	C
尺寸	24	38	32
数量	75	50	110
原材料尺寸	100		

7.4.3.2　如何下料获利最多

【例7-11】某仓储企业短期内只有10米长的棒料312根，客户需求3米长的棒料至少63根，4米长的棒料至少422根，3米长的棒料每根获利2元，4米长的棒料每根获利2.6元。要求：怎样截取才能获利最多？

【解】设3米长的棒料下X根，4米长的棒料下Y根，3种下料方案的数量分别为X_1、X_2和X_3。为了便于求解，构造下料方案表（见表7-46），则有：

$X=3X_1+2X_2$

$Y=X_2+2X_3$

表7-46　　　　　　　　　　　　　　　　　下料方案（二）

项目	方案1	方案2	方案3	需求量
3米棒料	3	2	0	63
4米棒料	0	1	2	422
剩余	1		2	

目标函数：max Z=2X+2.6Y

$\qquad$ =2×（$3X_1$+$2X_2$）+2.6×（X_2+$2X_3$）

$\qquad$ s.t. $3X_1+2X_2 \geqslant 63$

$\qquad\quad$ $X_2+2X_3 \geqslant 422$

$\qquad\quad$ $X_1+X_2+X_3 \leqslant 312$

$\qquad\quad$ $X_i \geqslant 0$

Excel规划求解表见表7-47，规划求解参数设计如图7-7所示。

表7-47中相关计算公式分别如下：

G7=SUMPRODUCT（D3：F3，D7：F7）

H7=G3

G8=SUMPRODUCT（D4：F4，D7：F7）

H8=G4

表 7-47　　　　　　　　　　　　　Excel规划求解表（例 7-11）

	B	C	D	E	F	G	H
2	获利（元）		方案 1	方案 2	方案 3	需求量	原材料数量
3	2	3米棒料	3	2	0	63	312
4	2.6	4米棒料	0	1	2	422	
5		剩余	1		2		
6			X_1	X_2	X_3		
7		变量区域	0	202	110	404	63
8						422	422
9						312	312
10		目标函数获利（元）	1 905.2	3米棒料产量	404	4米棒料产量	422

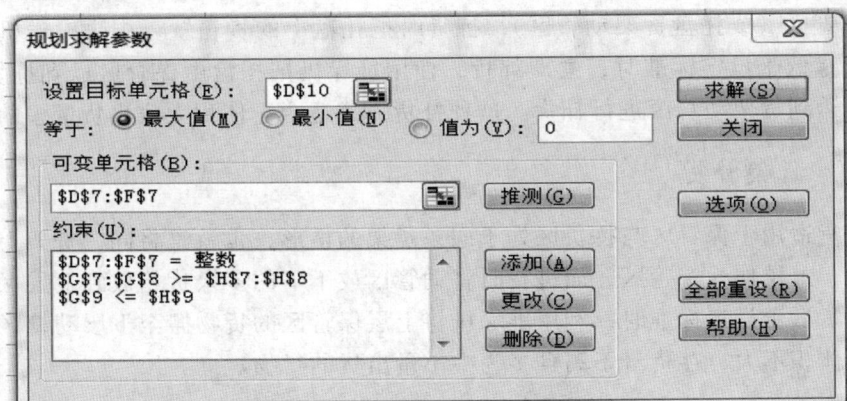

图 7-7　规划求解参数设计（例 7-11）

G9=SUM（D7：F7）

H9=H3

D10=SUMPRODUCT（B3：B4，G7：G8）

F10=G7

H10=G8

解得，按下料方案 2 下料 202 根，按下料方案 3 下料 110 根，合计使用原材料 312 根（202+110），3 米长的棒料生产 404 根，4 米长的棒料生产 422 根，获利 1 905.2 元。

7.5　补货作业

7.5.1　补货作业的含义与内容

补货作业是指将货物从仓库保管区域搬运到拣货区的工作。当仓库模式为存拣分离时，就会有补货作业。

补货作业主要包括确定所需补充的货物，领取货物，做好上架前的各种打理、准备工作，补货上架。

7.5.2　补货方式

7.5.2.1　整箱补货

整箱补货是指由货架保管区补货到流动货架的拣货区。这种补货方式由作业员到货架保管区取货箱，用手推车载箱至拣货区。这种补货方式较适合体积小且少量多样出货的货品。

7.5.2.2　托盘补货

托盘补货是指以托盘为单位进行补货。托盘由地板堆放保管区（或货架保管区）运到地板堆放动管区（或托盘货架动管区），拣货时把托盘上的货箱置于中央输送机送到发货区。当存货量低于设定标准时，立即补货，使用堆垛机把托盘由保管区运到拣货动管区，也可把托盘运到货架动管区进行补货。这种补货方式适合于体积大或出货量多的货品。

7.5.2.3　货架补货

货架补货适用于保管区与拣货区处于同一货架的情形，也就是将同一货架上的中下层作为动管区，上层作为保管区，而进货时将动管区放不下的多余货箱放到上层保管区。当动管区的存货低于设定标准时，利用堆垛机将上层保管区的货物搬至下层动管区。这种补货方式适合体积不大、存货量不高且多为中小量出货的货物。

7.5.3　补货时机

何时补货应根据拣货动管区的货量是否能满足拣货需要而定。通常，补货可采用批次补货、定时补货和随机补货三种方式。

7.5.3.1　批次补货

批次补货是指在每天或每一批次拣取前，借助仓储管理系统，根据所需货品的总拣取量和拣货动管区的货物量，在拣取前一特定时点补足货物。此为一次补足的补货原则，较适合一日内作业量变化不大、紧急插单不多或每批次拣取量大、需事先掌握的情况。

7.5.3.2　定时补货

定时补货是指将每天划分为数个时段，补货人员在时段内检视（可借助其他信息方式，如电子自动显示系统、无人机检视等方式）拣货动管区货架上的物品存量，若不足即马上将货架补满。此为定时补足的补货原则，较适合分批拣货时间固定且处理时间固定的公司。

7.5.3.3　随机补货

随机补货是指由专门的补货人员随时巡视拣货动管区的货物存量，有不足随时补货。此为不定时补足的补货原则，较适合每批次拣取量不大、紧急插单多，以致一日内作业量不易事前掌握的情况。

🌓 7.6　出货作业 🌓

7.6.1　出货检查

7.6.1.1　出货检查的主要内容

出货（发货）检查是指根据客户信息和车次，对拣选货品进行物品号码和数量的核实，以及品质的检查。拣货、配货作业完成后，应立即对物品进行复核检查，以保证出货物品数量准确、质量完好、包装完整，可杜绝差错的发生。对物品进行复核时，主要关注的是物品是否与出货单据相符。同时，为了提高仓库服务质量，仓管人员还要确保物品质量满足客户的需要。出货检查作业包括核对拣取物品的信息，如客户名称、车次、产品编号及数量等，并且实施产品状态及品质的检验。

7.6.1.2　出货检查的方法

（1）商品条形码检查法

这一方法最主要是要导入条形码，通过条形码进行货物跟踪。当进行出货检查时，只需将拣出货品的条形码进行扫描，电脑就会自动将资料与出货单比对，检查是否有数量或号码上的差异。

（2）声音输入检查法

声音输入检查法是指由作业员发声读出货品的名称（或代号）及数量，之后电脑接收声音作自动识别和判断，转成资料再与出货单进行比对。这一方式的优点在于作业员只要用嘴巴读取资料，手脚仍旧空着可做其他工作，自由度较高。但需注意的是，采用此法时，发音要准，且每次发音字数有限，否则电脑辨识困难，可能产生错误。

（3）重量计算检查法

重量计算检查法是先计算出货单上的物品总重量，然后称出发货物品的总重量，把两种重量相对比，检查发货数量是否正确。若能利用装有重量检测系统的拣货台车拣货，则在拣取过程中就能利用此法来作检查。拣货员每拣取一样货品，台车上的计重器则会自动显示其重量并作查对，可完全省去事后的检查工作，效率及正确性更高。

7.6.1.3　出货检查的步骤

（1）检查出库单据

检查出库单据主要是审查物品出库凭证有无伪造、是否合乎规定手续、各项目填写是否齐全等，具体内容为如下方面：

一是凭证有无涂改、过期；

二是凭证中各栏项目填写是否正确、完整等；

三是凭证中的字迹是否清楚；

四是印鉴及签名是否正确、真实、齐全；

五是出库物品应附的技术证件和各种凭证是否齐全。

（2）复核实物

复核实物是根据物品出库凭证上所列项目对所发实物进行核对。

复核查对的具体内容是：

一是物品品名、规格是否相符；

二是物品数量是否准确；

三是出库物品应附的技术证件和各种凭证是否齐全；

四是包装质量状况如何，是否牢固、安全，是否满足运输要求等；

五是能否承受装载物的重量，能否保证在物品运输装卸过程中不致损坏；

六是是否便于装卸搬运等作业；

七是怕震怕潮等物品的衬垫是否稳妥，密封是否严密；

八是收货人、到站、箱号、危险品或防震防潮等标识是否正确、醒目；

九是每件包装是否有装箱单，装箱单上所列各项目是否和实物、凭证等相符合。

（3）复核账、货结存情况

复核物品时，工作人员还要对配货时取货的货垛、货架上物品的结存数进行核对。检查物品的数量、规格等与出库凭证上标明的相关内容是否相符，并要核对物品的货位、货卡有无问题，以便做到账、货、卡相符。

（4）做好检查记录

复核后，工作人员应该根据实际情况做好复核记录；此时，可以填写一份出库复核记录。

7.6.1.4 物品出库复核方式

物品出库复核方式主要有个人复核、相互复核、专职复核和环环复核。

（1）个人复核

个人复核即由发货的仓管人员自己发货、自己复核，并对所发物品的数量、质量负全部责任。它适用于专业化程度高、储存品种单一、同一品种发货批量大而人员编制较少的仓库。

（2）相互复核

相互复核又称交叉复核，即两名仓管人员对对方所发物品进行照单复核，复核后双方共同承担责任。这种复核方式较个人复核容易发现问题，适用于出库业务繁杂、物品品种众多的仓库。

（3）专职复核

专职复核是由仓库设置的专职复核员进行复核，专职复核人员与发货的仓管人员一同对出库物品的数量、质量承担责任。它有利于提高复核人员的工作效率，划清责任界限，适用于出库量较大的综合性仓库。

（4）环环复核

环环复核即在发货过程的各环节都要根据物品出库凭证对其进行复核。这种复核方式虽然复杂、工序较多，但准确性极高，适用于分工细致的大型现代化仓库。

❖ 课堂讨论7-2

某物流企业的出口货物部分来源于义乌，多种货物的尺寸、重量不同，需要用几种不同的货柜（集装箱）装货，有低柜和高柜、20英尺柜和40英尺柜等多种货柜可用。货柜不同，运费不同。要求：可以采取哪些方法运送这些货物，使总的货柜费最低？

7.6.2　出货的方式

7.6.2.1　托运

托运是物流的一种形式，是指托运人委托具有托运资质的公司将货物运输到指定地点，交给指定收货人的服务。托运可分为水路托运、陆路托运、航空托运。托运业务流程主要是由仓库会计根据货主事先送来的发货凭证转开仓储发货单或备货单，交仓库保管员做好物料的配送、包装、集中、理货、待运等准备作业。设有理货员的仓库应由理货员负责进行集中理货和待运工作，保管员和理货员之间要求办理物料交接手续，然后由仓库保管员（或直接由理货员）与运输人员办理点验交接手续，以便明确责任；最后由运输人员负责将物料运往车站或码头。

托运是较普遍采用的一种物料发货方式，适用于大宗、长距离的货物运输。采用这种方式，仓库应注意加强同运输单位的联系和衔接。

❖ 小案例7-3

龙星物流公司减少装卸环节的措施

宁波龙星物流公司主要从事仓储、物料加工和分拨、装柜、卸柜服务，与运输业务相关的仓储设施建设、经营，国际海运货物仓储，国际集装箱运作与堆场业务，国际货物运输代理。为了减少装卸环节，公司在仓库内设置出口拼箱区（库），在出口拼箱区装箱货物，无须在海关开箱卸货检验，这样减少货物装卸环节，避免有时开箱检验后无法装箱的问题。

7.6.2.2　送货上门

送货上门是指仓库根据收货单位的要求，按照出库凭证所开列的货物的品种、数量，用仓库自备的车辆将货物送到收货单位所指定的地方。其交接手续在卡车卸货地点进行。这种方式多为内、外贸储运公司所属的仓库，大型连锁超市配货中心（仓库）和产地，口岸批发企业所属的仓库采用。

7.6.2.3　客户自提

客户自提是指收货单位或受收货单位委托，持货主所开出库凭证并自备运输工具到仓库直接提货。仓库会计根据发货凭证转开仓储发货单。仓库保管员按单证配货，经专人逐项复核后，将物料当面点交给提货人员，并办理交接手续，开出门单，由提货人员提走物料。这种出库方式一般适用于有自己车辆的货主单位，并且提货数量较少、运输距离较近。

7.6.2.4　过户、移仓和取样

过户是一种就地划拨的发货方式，是指在不转移仓储物料的情况下，通过转账单变更物料的所有者。物资虽未出库，但是所有权已从原货主转移到新的货主。仓库只有根据原货主开出的正式过户凭证，才能办理过户手续。物料过户时，仍由原货主填制正式的发货凭证，仓库据此作过户转账处理。

移仓是指货主单位因业务或保管需要而将储存的物料从某一仓位转移到另一仓位（或从甲仓库转移到乙仓库）的发货方式。移仓分内部移仓和外部移仓。内部移仓填制仓储企业内部的移仓单，并据此发货；外部移仓则根据货主填制的物料移仓单结算和发货。

取样是指货主单位出于对货物质量检验、样品陈列等的需要，到仓库领取货样的一种发货方式。在办理取样业务时，要根据货主填制的正式样品发货单转开仓储发货单，在核实物料的名称、规格、等级和数量等项后备货，并经复核，将物料交提货人，并做好账务记录。

7.6.3　出货交接

7.6.3.1　当面清点物品

发货时，发货员要与接货人员一起按照出库凭证对物品进行逐笔清点，以确保物品种类、数量的准确。

7.6.3.2　办理移交手续

物品清点无误后，发货员应该在发货单上填写实际发放数量并签名，然后将发货单交给接货人员，请接货人员在相应位置签名。

根据物品出货方式的不同，发货员需要与不同的人办理交接手续。

（1）代运出库交接

代运出库是指仓库接受客户的委托，先根据客户所开具的出库凭证办理出库手续，再通过运输部门把物品发送到指定的地方。办理代运出库交接手续时，仓管人员应将包装好的物品交给承运单位，并与承运单位办理委托代运手续。

（2）送货出库交接

如果是送货出库，仓管人员应向运输人员点清物品，并办理内部交接手续。

（3）自提出库交接

如果是客户自提，仓管人员应将物品向提货人当面点清，并办理交接手续。

7.6.3.3　物品交付

移交手续办理完成后，接货人员就可以将物品运走。

7.6.4　出货现场清理

发货员应在物品出库后对仓库现场进行清理，具体工作主要有以下几个方面：

7.6.4.1　清理现场

根据储存规划要求，对货物进行并垛、挪位，腾出新货位，以备新来货物使用。

7.6.4.2　清扫发货现场，保持清洁整齐

回收用过的苫垫材料，并妥善保管，以使其循环利用。

7.6.4.3　清查发货设备和工具有无丢失、损坏的情况

在物品出库后，工作人员还应清查发货设备和工具，核对数量，检查有无丢失或损坏的情况。

7.6.4.4　记账和归档

物品发货完毕，要整理物品出入库、保管和保养以及盈亏数据等情况，然后记入档案，妥善保管，以备查用。

7.6.5　对出库常见问题的处理

7.6.5.1　出库凭证的异常情形处理

出库凭证的异常处理可分为5种情况：

①凡出库凭证超过提货期限，客户前来提货，必须先办理手续，按规定缴纳逾期仓储保管费后方可发货。任何非正式凭证都不能作为发货凭证。

②凡发现出库凭证有疑点以及出库凭证有假冒、复制和涂改等情况，仓管人员应及时与仓库保卫部门以及出具出库凭证的单位或部门联系，妥善进行处理。

③物品进库未验收，或者出现货物未进库的出库凭证，仓管人员一般暂缓发货，并通知客户待货到并验收后再发货，提货期顺延。

④如果发现出库凭证规格开错或印鉴不符，仓管人员不得调换规格发货，必须通过制票员重新开票方可发货。

⑤如客户因各种原因将出库凭证遗失，客户应及时与仓管人员和账务人员联系挂失；如果挂失时货已被提走，仓管人员不承担责任，但要协助客户找回物品；如果货还

没有提走，经仓管人员和账务人员查实后，做好挂失登记，将原凭证作废，缓期发货。仓管人员必须时刻警惕，如再有人持作废凭证要求发货，应立即与仓库保卫部门联系处理。

7.6.5.2 提货数与实存数不符的异常情形处理

若出现提货数量与物品实存数不符的情况，一般是实存数小于提货数，分以下几种情况处理：

①如属于入库时记错账，则可以采用报出报入方法进行调整。

②如属于仓管人员串发、错发而引起的问题，应由仓库方面负责解决库存数与提货数间的差数。

③如属于客户漏记账而多开提货数，应由客户出具新的提货单，重新组织提货和发货。

④如果是仓储过程中的损耗，需要考虑该损耗是否在合理的范围内，并与客户协商解决。合理范围内的损耗，应由客户承担；超过合理范围之外的损耗，则由仓储部门负责赔偿。

当提货数量大于实际物品库存数量时，无论是何种原因造成的，仓管人员都需要和仓库主管部门以及客户及时取得联系后再作处理。

7.6.5.3 串发货和错发货的异常情形处理

串发货和错发货主要是指仓管人员由于对物品种类、规格不熟悉，或者由于工作中的疏漏，把错误规格、数量的物品发出库的情况。

如果物品尚未离库，仓管人员应立即组织人力，重新发货。如果物品已经离开仓库，仓管人员应及时向主管部门和客户通报串发货和错发货的品名、规格、数量、提货单位等情况，会同客户和运输单位协商解决。一般在无直接经济损失的情况下由客户重新按实际发货数冲单（票）解决；如果已形成直接经济损失，应按赔偿损失单据冲转调整保管账。

7.6.5.4 出库后的异常情形处理

出库后的异常情形处理可分为以下几种情况：

①在发货出库后，若有客户反映规格混串、数量不符等问题，如确属仓管人员发货差错，应予纠正、致歉；如不属仓管人员差错，应耐心向客户解释清楚，请客户另行查找原因。凡属易碎物品，发货后客户要求调换，应以礼相待，婉言谢绝。如果客户要求帮助解决易碎配件，要协助其联系解决。

②凡属客户原因，开错型号、规格，制票员同意退货，仓管人员应按入库验收程序重新验收入库。如属包装或产品损坏，仓管人员不予退货；待修好后，按有关入库质量要求重新入库。

③凡属产品的内在质量问题，客户要求退货或换货，应由质检部门出具检查证明、试验记录，经物品主管部门同意，方可退货或换货。

④退货或换货产品必须达到验收入库的标准，否则不能入库。

⑤物品出库后，仓管人员发现账实（结存数）不符，是多发或错发的，要派专人及时查找、追回，以减少损失，不可久拖不予解决。

❖ 案例窗 7-1

吉利汽车的物流智慧化实践

作为中国自主汽车品牌领军者，浙江吉利控股集团（以下简称吉利汽车）制定了明确的智能制造战略规划与总体思路，在物流数智化转型升级方面走在了众多自主品牌前列。在"由分步试点到广泛推广"的探索发展路径指引下，自主研发智慧车间、数字化工厂，打造 OTWB 一体化物流信息平台，探索多样化智慧物流场景的落地等。一系列举措驱动吉利汽车数智化物流体系加速形成。

吉利汽车始建于 1986 年，1997 年进入汽车行业，现已发展成为一家集汽车整车、动力总成和关键零部件设计、研发、生产、销售和服务于一体，并涵盖出行服务、数字科技、金融服务、教育等业务的全球创新型科技企业集团

2021 年，吉利汽车更是以 132.8 万辆的年度总销量，名列年度销量榜单前三强。卓越成绩的背后离不开吉利以"提高质量、提升效率、降低成本"为目标实施的系列物流数智化转型探索，"货到人"线边无人配送、视觉收货、智能装载、自动装卸车等智慧物流场景被广泛构建；西安"黑灯工厂"、长兴 5G+数字化工厂、春晓 KD 智慧物流车间等多座数字化工厂、智慧车间落地运营；自主研发的 OTWB 一体化物流信息平台上线应用，吉利汽车在以中国速度实现物流数智化转型。

一、整体战略与发展概况

对于汽车企业来说，智能制造与数智化物流发展向来是齐头并进、相辅相成的，吉利汽车也不例外。智能制造对于采购和供应链管理带来的影响是深远的，它将原本按照计划管理的工厂生产切割为更小的单元，既可以动态规划从而平滑生产波动，也可以更快地跟随市场的反应进行产能的调整，还可以实现最低的原材料和成品库存，大幅提高生产的周转效率，厂商由此能够获得对用户需求、市场波动作出快速反应的能力。

在智能制造方面，吉利汽车建立了国际级专业型工业互联网平台"Geega"，平台通过构建集资源能效、安全可信、数据智能、智能物联于一体的数字化基座，为企业数字化转型提供自主研发、安全可控、系统可行的全链路解决方案。用户可以直接参与设计，通过平台下单，实现零距离交互。在 C2M 柔性定制解决方案下，企业还能够快速响应市场需求，缩短产品研发上市周期，优化供应链资源配置，降低企业管理运营成本，提升多品种小批量柔性生产能力，持续提升产品交付质量。此外，Geega 打破了传统工厂相互孤立的局面，实现工厂全要素互联互通，使制造过程数字化、生产过程可视化、管控信息化，缩短产品制造周期，为企业稳定盈利提供了强有力的支撑和保障。目前，Geega 已服务数十家集团企业，在吉利汽车 15 个业务应用场景中落地验证。平台实施投产后生产效率将提高 22%，真正实现了"源于制造，反哺制造"的生态循环。

在智慧物流方面，吉利汽车以仓网统筹为基础，以信息化平台及智能设备为两大产品的战略思路，建立建设智慧物流体系。吉利汽车集团物流中心于2019年1月正式成立，智慧物流部于2021年4月正式组建。在吸取物流发展先进企业经验的基础上，吉利汽车规划完成了全国"10+19"仓点布局，目前已经展开仓点部署。吉利汽车不断尝试和应用各类智慧物流技术和手段，加速试点应用与复制推广，形成了多样化的智慧物流场景。春晓KD车间投入使用了"货到人"AGV，同时建立了KDMS系统，是KD行业首例信息化系统与智能设备全方位结合，重新定义KD行业发展方向；已经建立的OTWB一体化物流信息平台，实现了任意销售订单向物流订单的转化及物流全链路可视。

二、多样化智慧物流场景

吉利汽车在全国有18个整车工厂、8个动力基地，还有一些座椅工厂，电池、电控、电机三电工厂，以及其他零部件工厂，分布在长三角、京津冀、川渝以及华南等地，同时全国拥有近30个仓储/物流中心。近年来，吉利汽车在先试点、再推广的探索路径下构建了很多先进适用的智慧物流场景，这些项目多数已经在吉利汽车工厂、仓储、物流中心落地运营。

1."货到人"拣货

"货到人"智慧物流项目已经在吉利汽车部分工厂正式落地。在汽车工厂超市区，拣料人员多，走动距离产生大量非增值动作，吉利汽车利用AGV实现了自动化物流收发存，提高了运营效率。超市区的物料种类繁多，可通过IWMS系统软件融合吉利GLES实现数据互通，做到实时反馈，智能运维，让生产运营管理水平进一步提升。库区设置为动态库存，减少大量重复性规划工作，通过智能系统实现动态库存，让物料存储更柔性、敏捷化。"货到人"IWMS系统及吉利GLES系统建立接口，以箱二维码承载和传递物料信息，在服务器高速运算逻辑下，大幅提升物料入库、出库效率。利用二维码导航技术，"货到人"区域出入库准确率为100%，整体效率水平提升20%以上。

2.线边无人配送

在吉利汽车焊装车间应用AGV实现了无人化线边配送，且可实现无灯作业，大大提升了线边配送效率与质量，同时降低了能耗。AGV自动化配送实现系统软件数据联通，打通上下游业务信息流，线边物料信息直接回传到拣货叉车司机终端，由AGV将空器具返回至代发点，并将拣配完成的满托零配件送至线边。系统复杂的调度算法可为机器人选择最优配送路线，降低生产线停线风险，通过系统校验功能，可避免错漏配情况发生，降低作业强度，同时让配送质量大幅度提升。

3.视觉收货

在入厂物流环节，应用视觉收货门替代传统人工静态逐箱扫描收货，实现动态站式收货；同时，对到货状态进行拍照留存，并与IWMS系统、GLES系统实时串联，不仅提升了入厂物流收货效率，更是保证了收货100%准确率。

4 智能装载

在吉利汽车零部件包装与装车作业环节，应用智能装载系统自动生成装载方案。零部件装载率直接关系物流成本，传统模式下都是人工根据"大不压小、重不压轻"等原则来核算料箱内零部件的摆放，以及制订最终装车方案，大量的人工经过核算也未必能达到装载率最优、效率最高的效果，而智能装载软件能够自动计算并生成最优装载方案，装载率、应用效率和可视化水平均得到大幅提升。

5. 探索自动装卸

2021 年，吉利汽车开始试点研究自动装卸车作业，在研究过程中发现汽车行业的自动装卸车有两种较为主流的方式：一是应用无人叉车进行装卸车作业，但无人叉车的装卸车效率和速度远低于人工，在汽车行业并不十分适用；二是通过运输车辆的车厢改造，实现整车托盘一次性装卸，但这种方式对零部件的包装、托盘尺寸标准化都有比较高的要求，也会在一定程度上影响车辆装载效率。在充分考虑对比之后，吉利汽车决定持续探索应用第二种自动装卸车方式，同时考虑到装载效率和远近距离下的相对因素，吉利汽车决定在短途运输车辆中优先试点推行。

资料来源　王玉.【案例】吉利汽车的物流数智化转型实践［EB/OL］.（2022-04-11）［2023-02-18］. https://www.sohu.com/a/537069416_649545.

本章小结

7.1 部分介绍了出库作业的概念、货物出库要求和出库业务流程。出库作业也称发货作业，是仓库（或仓储配送中心）根据业务部门或存货单位开出的发货凭证（提货单、调拨单），按其所列物料名称、规格、型号、数量等项目，组织货物出库登账、配货、复核、包装、分发出库等一系列作业的总称。

7.2 部分介绍了拣货作业概述、拣货作业方法、拣货作业的信息传递方式、优化方法在拣货作业中的运用。拣货作业是指依据客户的订货要求或配送中心的送货计划，准确、快速地将物品从其货位或其他区域拣取出来，并按一定的方式进行分类、集中、等待配装送货的作业流程。

7.3 部分介绍了配货作业步骤和配货作业方式。配货作业是指将分拣出来的货物根据客户或配送路线进行分类，经过配货检查，装入容器和做好标识，集中放置在集货暂存区（等待装车后发运）的作业过程。

7.4 部分首先介绍了流通加工的含义和主要作业形式；然后分别论述了多个零件、一个加工中心、一台设备的排序问题，多个零件、一个加工中心、多台设备的排序问题，多个零件在两个加工中心的排序问题；最后论述了流通加工中下料优化方法。

7.5 部分介绍了补货作业的含义与内容、补货方式和补货时机。

7.6 部分介绍了出货检查、出货的方式、出货交接、出货现场清理和对出库常见问题的处理。

基本训练

第7章判断题

◈ **简答题**

1. 简述货物出库的要求。

2. 拣货作业的基本流程有哪些？

3. 主要的拣货方法有哪些？

4. 配货作业方式有哪些？

5. 主要的流通加工作业形式有哪些？

6. 主要的补货方式有哪几种？

7. 简述物品出货检查的步骤。

8. 下料与装箱问题有何关系？

9. 在单一货物装箱（或下料）问题与多种不同货物装箱（或下料）问题的数学模型中，目标函数有何不同？

10. 单一工序平行机作业排序在物流中的哪些环节可以应用？

◈ **计算题**

1. 8个不同零件的加工时间参见表7-48，有两台相同设备。要求：分别用LPT原则、截取法和规划求解法给出优化方案。

表7-48   **8个不同零件的加工时间（二）**   单位：小时

J_1	J_2	J_3	J_4	J_5	J_6	J_7	J_8
16	14	19	23	30	17	3	11

2. 某车间需加工7个零件，每个零件均需经过两道工序，且加工顺序都相同：先在P_1设备上加工，后在P_2设备上加工。有关资料见表7-49。要求：用加工时间比值法，借助Excel求最优排序及最短的生产周期。

表7-49   **任务表（三）**   单位：小时

工序 \ 零件	J_1	J_2	J_3	J_4	J_5	J_6	J_7
P_1（P_{1j}）	15	18	32	20	18	22	7
P_2（P_{2j}）	12	12	19	36	9	7	30

3. 某车间要把10米长的棒料截成3米长的120根、4米长的170根。要求：怎样截取才能最节省原材料？

4. 某配送中心需要把长100厘米的棒料截成A、B和C 3种规格的棒料，这3种规格的棒料订单数量分别为60、80和90根（见表7-50）。要求：如何下料能使所需长100厘米的棒料最少？

表7-50   某配送中心的原始资料

项目	A	B	C
尺寸（厘米）	24	38	32
数量（根）	60	80	90
原材料尺寸（厘米）	100		

5.某仓储企业短期内只有10米长的棒料520根，客户需求3米长的棒料至少120根，4米长的棒料至少530根；3米长的棒料每根获利2元，4米长的棒料每根获利2.6元。要求：怎样截取才能使加工费收入最多？

6.假设仓库只有一个出入口，其余资料参见表7-51。拣货单上显示有4个零件需要拣取，零件集（零件所在货位）J={J_1，J_2，…，J_n}，其中J_1为仓库出入口。要求：如何安排拣取顺序才能使完成4个零件拣取任务时行走距离比较短？

表7-51   零件所在货位之间的距离（三）   单位：米

从\至	J_1	J_2	J_3	J_4	J_5
J_1	—	25	30	32	15
J_2	26	—	22	21	30
J_3	35	9	—	7	25
J_4	34	6	7	—	3
J_5	60	50	65	43	—

第8章 仓储成本与绩效管理

❖ 引例

月山啤酒集团的仓储管理

月山啤酒集团在几年前就借鉴国内外物流公司的先进经验，结合自身的优势，制订了自己的仓储物流改革方案。

首先，月山啤酒集团成立了仓储调度中心，对全国市场区域的仓储活动进行重新规划，对产品的仓储、转库实行统一管理和控制。由提供单一的仓储服务，到对产成品的市场区域分布、流通时间等进行全面的调整、平衡和控制，仓储调度成为销售过程中降低成本、增加效益的重要一环。

其次，以原运输公司为基础，月山啤酒集团注册成立具有独立法人资格的物流有限公司，引进现代物流理念和技术，并完全按照市场机制运作。作为提供运输服务的"卖方"，物流公司能够确保按规定要求，以最短的时间、最少的投入和最经济的运送方式，将产品送至目的地。

后来，月山啤酒集团应用建立在互联网信息传输基础上的 ERP 系统，筹建了月山啤酒集团技术中心，将物流、信息流、资金流全面统一在计算机网络的智能化管理之下，建立起各分公司与总公司之间的快速信息通道，及时掌握各地最新的市场、库存和资金流动情况，为制定市场策略提供准确的依据，并且简化了业务运行程序，提高了销售系统的工作效率，增强了企业的应变能力。

通过这一系列的改革，月山啤酒集团获得了很大的直接和间接经济效益。

首先，集团的仓库面积由7万多平方米下降到不足3万平方米，产成品平均库存量由 12 000 吨降到 6 000 吨。

其次，产品物流体系实现了环环相扣，销售部门根据各地销售网络的要货计划和市场预测，制订销售计划；仓储部门根据销售计划和库存及时向生产企业传递要货信息；生产企业有针对性地组织生产；物流公司则及时地调度运力，确保交货质量和交货期。

最后，销售代理商在有了稳定的货源供应后，可以从人、财、物等方面进一步降低销售成本，增加效益。

经过一年多的运转，月山啤酒集团的物流网取得了阶段性成果。实践证明，现代物流管理体系的建立，使月山啤酒集团的整体营销水平和市场竞争能力大大提高。

资料来源 佚名. 月山啤酒集团的仓储管理［EB/OL］.［2024-02-18］. https://wenku.baidu.com/view/d427b460783e0912a2162a17.html?from=search.

8.1　仓储成本管理

在物流系统中，仓储和运输是物流的两大支柱和两个主要功能要素。仓储是和运输相对应的一个概念。运输是以改变"物"的空间状态为目的的活动，而仓储是以改变"物"的时间状态为目的的活动，以平衡产需之间的时间差异。

在物流学科体系中，仓储与库存是有区别的。库存是指处于储存状态的物品，广义的库存还包括处于制造加工状态和运输状态的物品。仓储是指保护、管理、储藏的物品，是包括库存在内的一种广泛的经济现象。

仓储从储存的目的上分为生产储备、消费储备和流通储备。

①生产储备是企业为保持生产的正常进行而保有的物质准备。这种储备在生产领域中，已脱离流通领域，但尚未投入生产过程。生产储备一般以库存形式存在，占用生产企业的流动资金。生产储备一般分为经常储备、保险储备和季节储备。

②消费储备是为了保证消费的需要而保有的物资储备。这种储备在最终消费领域中，已脱离了流通领域，尚未进入消费过程。

③流通储备是为保证社会再生产的正常进行而保持在流通领域中的暂时停滞的"物"。

仓储成本是指为开展物流仓储活动而发生的各种费用。仓储成本的高低直接影响了企业的利润水平，因此在物流管理系统中，仓储成本管理的目的是以尽可能低的费用在适当的时间、适当的地点和适当的场所存放适当数量的存货，是企业物流管理的一项重要内容。

8.1.1　仓储成本的构成[①]

仓储成本主要包括仓储持有成本、订货或生产准备成本、缺货成本和在途库存持有成本等。

8.1.1.1　仓储持有成本

仓储持有成本是指为保持适当的库存而产生的成本。仓储持有成本主要包括资金占用成本、仓储维护成本、仓储运作成本、仓储风险成本。

（1）资金占用成本

资金占用成本也称利息费用或机会成本，是仓储成本的隐含费用。如果资金投入其他方面会取得相应的投资回报，这种因没投入其他方面而未能获得的回报就是资金占用成本。资金占用成本反映失去的盈利能力。为了核算上的方便，一般情况下，资金占用成本用所占用资金需要支付的银行利息来衡量，也用持有库存的货币价值的百分比来表示，或者用确定企业新投资的最低回报率的方法来计算。资金占用成本是仓储持有成本的一个重要组成部分。

---

①　本部分改编自：朱伟生. 物流成本管理［M］. 4 版. 北京：机械工业出版社，2017.

（2）仓储维护成本

仓储维护成本主要包括与仓库有关的租赁、取暖、照明、设备折旧、保险费用和税金费用等。仓储维护成本随企业的仓储方式不同而有所不同。如果企业利用自有的仓库，大部分仓储维护成本是固定的；如果企业利用公共仓库，仓储维护成本为变动成本，随库存数量的变化而变化。

（3）仓储运作成本

仓储运作成本主要与货物的出入库作业有关，具体包括：

①装卸搬运作业成本，是指支付给装卸搬运工人、装卸搬运司机和装卸搬运管理人员的工资、加班费、津贴、职工福利、劳动保护等费用；装卸搬运过程中消耗的燃料和电能等能源的费用；装卸过程中消耗的轮胎、垫带及耗用的机油、润滑油等成本；装卸搬运机械和工具的折旧成本；为装卸搬运机械和工具进行维护和修理所发生的成本；在装卸搬运作业过程中发生的货损、机械损坏、人员伤亡等赔偿费用。

②装卸搬运作业之外的成本，是指出入库作业、验货、备货、仓储设施与设备的日常养护与管理的成本，如从事以上作业员工的工资、加班费、奖金、福利等费用；以上作业消耗的能源、低值易耗品的成本；以上作业使用的机器和工具的折旧及维修费用，若机器或工具为租赁所得，则租金代替折旧。

③应由仓储作业承担的营运间接费用。

（4）仓储风险成本

仓储风险成本是由企业无法控制的原因造成的库存货物贬值、损坏、丢失、变质等损失。

8.1.1.2　订货或生产准备成本

订货或生产准备成本属于同一类成本，具体区分如下：

（1）订货成本

订货成本是指企业为了实现一次订货而进行的各种活动的费用，包括处理订货的差旅费、办公费等支出。订货成本分为固定成本和变动成本两部分：订货成本中与订货次数无关的项目，如常设机构的基本开支等，被称为订货的固定成本；与订货的次数有关的项目，如差旅费、通信费等，被称为订货的变动成本。

（2）生产准备成本

生产准备成本是指当库存的某些货物不由外部供应而由企业自己生产时，企业为生产这批货物而进行准备的成本。生产准备成本分为固定成本和变动成本两部分：与生产货物的数量无关的费用，如更换模具、增添某些专用设备等属于生产准备成本中的固定成本；与生产货物的数量有关的费用，如材料费、加工费、人工费等属于生产准备成本中的变动成本。

8.1.1.3　缺货成本

缺货成本是指由库存供应中断造成的损失，包括原材料供应中断造成的停工损失、产成品库存缺货造成的延迟发货损失和丧失销售机会的损失。如果生产企业以紧急采购代用材料来解决库存材料的中断之急，那么缺货成本表现为紧急额外购入成本，即紧急采购成本大于正常采购成本的部分。

8.1.1.4　在途库存持有成本

在途库存是指企业以货到付款方式销售货物，尚在运输途中未到达客户指定场所的货物。在这种情况下，由于货物的所有权并未转移，从理财的角度来看，仍属于企业的库存，运货方式及所需的时间是储存成本的一部分。

8.1.2　仓储成本的计算

仓储成本的计算分为取得成本、储存成本和缺货成本。

8.1.2.1　取得成本

取得成本是指为取得存货而支出的成本。取得成本可以分为订货成本和购置成本。前者是指取得订单的成本，与订货次数无关；后者是存货本身的价值。取得成本的计算公式为：

$$TC_a = F_1 + SD/Q + DU \tag{8-1}$$

式中：TC_a 表示取得成本；F_1 表示固定订货成本；S 表示每次订货的变动成本（每次订货成本）；D 表示年需求量；Q 表示每次订货批量；U 表示单价。

8.1.2.2　储存成本

储存成本是指企业为储存存货而发生的成本，如仓储费、搬运费、保险费、占用资金的利息等。储存成本可以分为变动成本和固定成本。前者与存货数量有关；后者与存货数量无关。储存成本的计算公式为：

$$TC_c = F_2 + HQ/2 \tag{8-2}$$

式中：TC_c 表示储存成本；F_2 表示固定储存成本；H 表示单位变动储存成本。

8.1.2.3　缺货成本

缺货成本是指由存货不能满足生产经营活动的需要造成的损失，如失销损失、信誉损失、紧急采购额外支出等。缺货成本用 TC_s 表示。

8.1.2.4　总成本

总成本为取得成本、储存成本和缺货成本之和，用 TC 表示。它与每次订货批量（Q）的关系式为：

$$TC = TC_a + TC_c + TC_s \tag{8-3}$$
$$= F_1 + SD/Q + DU + F_2 + HQ/2 + TC_s \tag{8-4}$$

从上式可知，如果订货批量有所加大，可以使取得成本和缺货成本有所减少，但相应地会使储存成本有所增加；反之，如果订货批量有所减少，可以使储存成本有所减少，但相应地会使取得成本和缺货成本有所增加。存货管理的目标是使存货的总成本达到最小，即确定经济批量。

❖ 小思考8-1

在总成本的计算公式中，若不考虑缺货成本，货物单价不变，则经济批量计算公式可简化为何种形式？

【答】因为 F_1、F_2 为固定成本，不影响经济批量的大小，又因货物单价不变，所以 DU 也是个常数，所以经济批量（Q_E）可得：

$$Q_E = (2SD/H)^{0.5} \tag{8-5}$$

8.1.3 仓储成本控制

8.1.3.1 仓储成本控制的原则

（1）政策性原则

在仓储成本控制过程中，要重视成本控制与质量的关系，不能片面追求降低仓储成本，而忽视储存物资的保管要求和保管质量。

（2）经济性原则

①注重成本效益平衡，即因仓储成本控制而发生的成本费用支出，不应超过因缺少控制而丧失的收益。为建立严格的仓储成本控制制度而发生的人力、物力支出不应超过建立这项控制所节约的成本。

②企业应在仓储活动的重要领域和环节上对关键的因素加以控制，而不是对所有成本项目都进行同样周密的控制。

③仓储成本控制要起到降低成本、纠正偏差的作用，并具有实用、方便、易于操作的特点。

④在仓储成本控制中要贯彻"例外原则"，对正常储存成本费用支出可以从简控制，而特别关注各种例外情况。

（3）分级归口管理原则

企业的仓储成本控制目标应层层分解，落实到各环节、各小组甚至个人，形成一个仓储成本控制系统。

（4）责权利相结合原则

仓储成本控制不仅要落实责任，制定与相关人员责任大小、控制范围相一致的目标，更要充分调动相关人员的能动性，将仓储成本控制的好坏与奖励的多少结合起来。

8.1.3.2 仓储成本控制的方法

该部分内容请参见本书6.6部分的内容。

8.2　降低仓储成本的策略与措施

8.2.1　降低仓储成本的策略

8.2.1.1　优化整合供应链，实施合理的库存管理模式[①]

（1）实施供应商管理库存

供应商管理库存（vendor management inventory，VMI）是一种在供应链环境下的库存运作模式，是指供应商等上游企业基于其下游客户的生产、销售与库存信息，对下游客户库存进行的管理与控制。通常上游企业判断客户库存是否需要补充；当需要补充时，自动向本企业物流中心下达发货指令，补充客户库存。

供应商管理库存是以实际或预测的消费需求和库存量作为市场需求预测和库存补货的解决方法，即由销售资料得到消费需求信息，供应商可以更有效地计划、更快速地反映市场变化和消费需求。供应商收集分销中心、仓库和POS数据，实现需求和供应相结合；下游企业只需要帮助供应商制订计划，就能实现零库存，供应商的库存也大幅减少。

（2）实施客户管理库存

客户管理库存（customer management inventory，CMI）是一种与供应商管理库存相对的库存控制方式。零售商在配送系统中由于最接近消费者，更能准确地预测消费者需求的变化。对消费者需求发生变化的产品，应采取客户管理库存模式进行库存控制。

（3）实施联合管理库存

联合管理库存（jointment management inventory，JMI）是介于供应商管理库存和客户管理库存之间的一种库存管理方式。它结合了对产品制造更为熟悉的生产者、供应商，以及掌握消费市场信息，能对消费者的消费习惯作出更快、更准反应的零售商的优点，因此能更准确地对供应和销售作出判断。在配送系统的上游，通过销售点提供的信息和零售商提供的库存状况，供应商能够更加灵敏地掌握市场变化，销售点汇总的信息使整个系统都能灵活应对市场趋势；在系统另一端，销售点借助整个系统的可视性可以更加准确地控制资金的投入和库存水平。

（4）协同计划、预测与补货

协同预测与补货（collaborative forecasting and replenishment，CFAR）是指利用互联网，通过零售商与生产者的合作，共同作出商品预测，并在此基础上实行连续补货。

协同计划、预测与补货（collaborative planning, forecasting and replenishment，CPFR）也称协同式供应链库存管理，是指在协同预测与补货的基础上，进一步推动共同计划的制订，即不仅与企业合作实行协同预测与补货，同时将原来由各企业内部进行的计划工作（如生产计划、库存计划、配送计划、销售计划等）改由供应链中的各企业共同参与。它既降低销售商的存货量，又增加供应商的销售额。

---

① 本部分改编自：佚名. 库存管理［EB/OL］.［2024—03—20］. https://baike.so.com/doc/5398368-5635760.html.

8.2.1.2 运用科学管理理念和优化方法，提高管理水平，降低成本

应借鉴精益生产的先进理念，持续改进；没有最好的，只有更好的；消除一切浪费现象，开展工业工程，不断提高效率、降低成本；运用互联网+、物联网、大数据、人工智能等先进技术，实施精准服务、体验服务，提高服务质量；运用优化方法，优化布局设计、作业顺序，提高仓容率，充分利用各种资源，提高物流管理水平；实施准时生产、准时物流，降低库存。

8.2.2 储存合理化的主要措施

8.2.2.1 实施ABC分类法，控制关键货物的库存水平

ABC分类法是储存管理中常用的分析方法，其核心思想是放弃次要的多数（80%），抓关键的少数（20%）。在储存管理中运用ABC分类法可有效压缩总库存量，节约大量库存货物占压的资金，使库存结构合理化，令库存管理工作事半功倍。

8.2.2.2 加速货物在库周转速度，提高单位产出

储存现代化的目标是将静态储存变为动态储存。周转速度快，货物停留在仓库货位的时间就短，资金周转就快，货物损耗就少，仓库吞吐能力就会增强，成本就会降低。

8.2.2.3 采用有效的先进先出方式

为了保证货物质量，减少货物在库存放时间，避免货物储存期过长而造成超期储存，可采用先进先出方式出货。在实施先进先出方式出货时，除了借助软件外，还可以采用以下两种方式：

（1）贯通式货架系统

这是指利用货架的每层，形成贯通的通道，从一端存入货物，从另一端取出货物。贯通式货架系统能非常有效地保证先进先出。

（2）"双仓法"储存

这是指给每种货物都准备两个仓位或货位，轮换进行存取，先放入仓位的货物被取完后，才能取另外一个仓位的货物。

8.2.2.4 提高储存密度及仓容利用率

提高储存密度及仓容利用率的主要目的是在单位面积或体积下多储存货物，减少储存设施的投资，提高单位储存面积的利用率，降低成本，减少仓储面积的占用。其具体可采取以下措施：

①运用优化装箱或码垛方法，在满足货垛稳定、承载力足够、保存要求达标（如通风散热、防潮）等条件下，使单位容器（托盘、货箱、货位等）装载货物的数量最多。

②充分利用库房或货架的高度空间，在满足货垛稳定、承载力足够等条件下，采取高垛的方法，增加储存的高度。

③运用相关设备与技术，采用窄巷道式通道，缩小库内通道宽度，以增加储存的有效面积。

④采用各种贯通式货架和采用不依靠通道的桥式堆垛机装卸技术等，减少库内通道数量，以增加储存的有效面积。

8.2.2.5　开展5S整理活动

将库房里的任何物品区分为有必要的物品和没必要的物品，有必要的物品留下来，其他的物品都清理掉，腾出更多储存空间。

8.2.2.6　采用有效的储存定位系统

储存定位的含义是被储物位置的确定。有效的定位系统能大大节约寻找、存放、取出的时间，防止差错，便于清点及实行订货点库存控制方式。储存定位系统可采取计算机软件与无线定位技术先后结合的方式，快速自动定位；也可采取一般人工定位，如前面章节提到的四号定位法等。

8.2.2.7　采用有效的监测清点方式

对储存物资数量和质量的监测不但是保管的要求，也是科学库存控制的要求。工作人员必须及时且准确地掌握实际储存情况，经常与账卡核对，这对人工管理或计算机管理都是必不可少的。此外，经常监测也是掌握储存物的质量状况的重要工作。监测清点的有效方式主要有：

（1）光电识别系统

可用无线射频技术或条形码识别技术进行监测清点。例如，在货位上设置光电识别装置，该装置对被存物的条形码进行扫描，并将准确数目自动显示出来。

（2）计算机监控系统

用计算机指示物品存取，可以防止人工存取易出现的差错。如果在储存物上采用条形码识别技术，使识别计数和计算机连接，每存取一件物品时，识别装置自动识别条形码并将其输入计算机，计算机会自动作出存取记录。这样只需向计算机查询，就可了解所存物品的准确情况，而无须再建立一套对实有数的监测系统。

（3）运用摄像头查看、盘点货物

一是在仓库货架上安装可360度移动的摄像头查看、盘点货物；二是运用无人机或机器人查看、盘点货物。

（4）"五五化"堆码

该部分内容请参见本书4.5.2部分内容。

8.2.2.8　采用科学储存保养技术

采用科学储存保养技术是储存合理化的重要方面。具体方法详见第5章"物品养护"有关内容。

8.2.2.9 采用集装箱、托盘等储运一体化方式，提高运作效率

为了提高仓储运作效率，可进行物流流程优化，采用集装箱、托盘等储运一体化方式。集装箱、托盘的运用一方面可提高货物装卸效率，另一方面简化了入库、验收、清点、堆垛、保管、出库等一系列储存作业，甚至取消部分环节，是储存合理化的一种有效方式。

8.3 仓储绩效管理

绩效管理是指管理者和员工为了达到组织目标共同参与的绩效计划制订、绩效辅导沟通、绩效考核评价、绩效结果应用、绩效目标提升的持续循环过程。开展绩效管理的目的是正确判断企业的实际经营水平，增强经营能力，改善管理水平，从而增加企业的整体效益。仓储绩效管理是指采用一定的指标体系，按照一定的评价标准，通过定量、定性等分析方法，对仓储运作绩效进行综合评价的一系列管理活动，包括仓储质量绩效管理、仓储效率绩效管理、仓储成本绩效管理、仓储效益绩效管理和仓储安全管理等方面。

8.3.1 仓储质量绩效管理[①]

8.3.1.1 仓储质量管理概述

仓储是一种服务，其特点是整个仓储作业过程就是产品生产过程和消费过程的统一。从仓储服务供给方的角度看，仓储质量是仓储所提供的经营、作业和保管等一系列服务良好状态的反映。从客户需求方的角度来看，仓储质量是客户对仓储作业在功能性、经济性、安全性、时间性和舒适性等方面提出的要求。

仓储质量主要体现在以下几个方面：

第一，充分利用仓库、货场等资源，尽可能地开发利用空间，减少空置，使仓库能容纳最多的货物。

第二，货物进出仓库通畅迅速，尽量减少运输工具的停库时间。

第三，提高货物流通速度，缩短滞库时间，加快周转速度。

第四，科学合理地保管货物，做到堆垛稳固，摆放整齐，安全保质，查找便利。

第五，货物自然损耗控制在最低水平，意外事故和不可抗力所造成的损失降低到最低程度；如果货物有损耗，则能及时得到维护。

第六，合理配置资源，尽可能实现规模经济，降低仓储成本。

第七，力争尽最大可能降低仓储保管操作风险，降低仓储成本。

第八，提高服务水平，对内工作管理要讲求量化和标准化；对外服务要讲求个性化和协议化，避免与客户发生纠纷。

仓储质量管理的特点是：

---

① 本部分改编自：刘彦平. 仓储和配送管理［M］. 2版. 北京：电子工业出版社，2011.

①全面性。一方面，要对包括入库、检验、存放、堆码、保管和养护、出库、发货各环节在内的仓储全过程进行管理；另一方面，仓储管理必须是全员参加。

②服务性。一方面，仓储作业要为客户服务；另一方面，各仓储作业在运作过程中，每个环节都要为下一个环节做好服务，尽量发挥整体的协作性。

③预防性。坚持"以防为主，防检结合"的质量管理原则，把质量管理的重点从"事后把关"转到"事先控制"上来。

④科学性。仓储作业的一切质量标准要根据统计分析的结果制定，质量管理的程序要按照计划、实施、检查、处理的顺序来实施，并且每次循环逐步加强。

8.3.1.2　仓储质量管理的内容

仓储质量管理包括两个方面的内容：一是加强仓储作业过程的质量管理；二是建立健全质量保证体系和质量管理组织系统。其具体可分为如下方面：

（1）收货作业质量管理

①货物质量验收。按存货单位提供的验收资料或标准进行检验，对批量大的商品可采取抽验法；未经验收的货物不能入库。

②货物数量验收。计重货物按合同条款和有关规定进行称重检验，计件货物按件数清点。

③货物包装验收。包装是否完整无损，表面有无水渍、发霉、污染或其他异常；包装有问题的商品不能入库。

④货物入库根据凭证验收。没有入库单和其他有关凭证的货物不能办理入库手续。

⑤入库货物要做到账、证、卡、货一致。

（2）保管作业质量管理

保管作业质量管理包括如下方面：

①入库商品实行分区存放、分类保管，按货位编号确定存货位置。

②商品装卸搬运、堆放等作业要根据指示标识进行，不能损坏货物和破坏包装。

③商品的垛形要适合包装形状和商品特性，做到货垛稳固，排列整齐。

④在充分利用仓容的同时，要注意库房堆码货垛高度不得超过地坪负荷量。

⑤商品堆码采取"五五化"堆码法，层批标量、数量显示清楚。

⑥货堆之间宽度适中，留有通道，以保证安全。

⑦定期盘点，根据气候做好货物养护工作。

⑧保持库房和其他仓储清洁卫生，合理控制温湿度。

⑨定期做好安全检查，消除隐患。

（3）出库作业质量管理

出库作业质量管理包括如下方面：

①严格依照正式出库单和其他有关凭证组织相应名称、规格、数量的货物进行出库。

②按照先进先出、易霉先出、易锈和易坏先出、近期失效先出的原则组织货物出库。

③出库商品要质量完好，数量准确，包装牢固，商标正确，标识清楚。

④出库时快速结算相关费用。

（4）加工作业质量管理

加工作业质量管理包括如下方面：

①拆箱、拼箱、改箱号、合并或分拆部件等加工作业要完全按照客户的要求进行。

②加工作业中不能破坏货物的原有属性。

（5）仓储质量管理体系

仓储质量管理的内容不只是仓储活动中各项作业质量管理内容的总和，还应该包括保证各项作业质量管理得以实施的组织体系。仓储质量管理体系是仓储企业以保证和提高工作质量和服务质量为目标，运用系统的方法，把各个环节的质量管理职能组织起来，形成一个有明确的任务、职责和权限，互相协调、促进的有机整体。仓储质量管理组织系统是实现仓储质量管理体系的组织保证。

8.3.1.3　仓储质量管理的方法

在全面质量管理的理念下，通常用 PDCA 循环法来进行质量管理。该方法最早是由美国质量管理专家戴明提出来的，所以又称"戴明环"。

PDCA 循环法是指质量管理依次完成计划（plan）、执行（do）、检查（check）和处理（action）4 个步骤，并不断循环运转。其中，计划是指制订企业质量管理计划，包括标准、目标和活动内容；执行是指执行质量管理计划；检查是指由质量管理机构对计划执行情况进行检查，与质量标准进行对比，若发现问题及时查明原因；处理是指根据检查结果和客户意见，对成功的经验加以肯定，形成标准，进行推广，对失败的教训提出修改计划。这 4 个步骤一环扣一环、互相促进，在不断循环的过程中逐渐推进仓储质量水平的提高。

8.3.1.4　仓储质量绩效管理指标

仓储质量绩效管理指标主要有如下方面：

（1）收发货错误率

收发货错误率表示仓库在某一时期收发货物发生差错的程度。

$$收发货错误率 = \frac{收发货物差错累计笔数}{收发货物累计笔数} \times 100\% \tag{8-6}$$

这是仓储管理的重要质量指标，可以用来衡量收发货物的准确性，以保证仓储服务的质量。仓库的收发货错误率应当控制在 0.005 以下。

（2）账货相符率

账货相符率是指在货物盘点时，仓库货物保管账面上的货物储存数量与相应库存实有数的相互符合程度。

$$账货相符率 = \frac{货物账面数量}{货物实际库存数量} \times 100\% \tag{8-7}$$

（3）货物损耗率

货物损耗率反映货物保管与养护的实际情况。该指标属于反指标，应尽可能降低。

$$货物损耗率 = \frac{货物损耗数量}{货物总数量} \times 100\%$$

或　货物损耗率$=\dfrac{货物损失金额}{货物总金额}\times100\%$　　　　　　　　　　　　　　　　(8-8)

（4）货物及时验收率

货物及时验收率反映货物验收的效率。

$$货物及时验收率 = \dfrac{期内及时验收笔数}{期内收货总笔数}\times100\%　　　　　　(8-9)$$

（5）设备完好率

设备完好率反映设备维护保养的效果。

$$设备完好率 = \dfrac{期内完好设备台数}{同期设备总台数}\times100\%　　　　　　(8-10)$$

8.3.2　仓储效率绩效管理

8.3.2.1　仓储效率管理的含义

仓储效率是指在仓储作业过程中仓储成果与各种仓储资源之间的对比关系。仓储成果表现为储存了多少质量完好的货物。仓储资源包括两类：一类是仓储设备，如仓库、货架等；另一类是一定数目的仓储管理人员的劳动时间。仓储效率管理是指为了保证和提高仓储效率所进行的一系列管理活动。

8.3.2.2　仓储效率管理的内容①

仓储效率管理的内容可分为如下方面：

（1）充分利用现有的仓储设备

对仓库、仓位、货架等各种仓储设备实行科学的管理和合理的规划，在保证货物质量、安全、进出方便的前提下，按照科学的方式摆放货物，尽可能地提高仓库面积利用率和每平方米货物储存量，实行仓库货物储存量和仓库面积利用的定额管理。

（2）提高仓储管理人员的劳动生产率

从仓储作业过程来看，提高劳动生产率的主要途径有：

第一，开展技术革新，进行技术改造。采用先进的仓储技术设备装备仓储企业，使仓储装卸搬运、堆码、保管、维护作业实现机械化、自动化。实现劳动工具和手段的现代化是提高仓储劳动生产率的最主要途径。

第二，开展员工培训，进行智力投资，提高仓储管理人员的业务技术水平和增强劳动技能的熟练程度。

第三，改进仓储劳动组织，合理组织仓储作业过程中的劳动，是充分发挥劳动潜力的有效途径。

第四，建立合理的薪酬体系，并实行严格的考核制度，使员工的劳动成果同他们的物质利益紧密结合，激发劳动者的积极性、主动性和创造性，从而提高劳动者的工作动力。

---

① 本部分改编自：王玲. 物流绩效管理［M］. 北京：高等教育出版社，2011.

（3）建立完善的仓储管理体系

根据客户要求和以往的经验制订科学合理的仓储计划，确定仓储作业各环节的标准和作业原则，合理地设置管理部门和机构，完善管理体系，加强统计核算以及经济责任制。

（4）扩大仓储经营范围

充分利用仓库联系面广、储存手段先进等有利条件，向多功能的配送中心发展，如开展流通加工、配送等项业务，为客户提供更多的服务。

（5）利用先进的仓储技术

首先，有效提高仓储密度和仓容利用率；其次，提高仓储定位效率；再次，提高监测、盘点效率；最后，有效保证先进先出原则的实施。

8.3.2.3 仓储效率绩效管理指标

仓储效率绩效管理指标主要有以下6个方面：

（1）仓库利用率

仓库利用率是反映仓库利用程度的指标，从面积和容积两个方面来衡量。

$$仓库面积利用率 = \frac{仓库的有效堆放面积}{仓库总面积} \times 100\% \tag{8-11}$$

$$仓库容积利用率 = \frac{报告期平均库房容量}{库房的总容量} \times 100\% \tag{8-12}$$

（2）设备利用率

设备利用率是反映设备使用程度的指标，从数量和时间两个维度衡量。

$$设备能力利用率 = \frac{报告期设备实际载荷量}{报告期设备额定载荷量} \times 100\% \tag{8-13}$$

$$设备时间利用率 = \frac{报告期设备实际作业工时数}{报告期设备额定作业工时数} \times 100\% \tag{8-14}$$

（3）劳动生产率

劳动生产率是反映仓储人员工作效率的指标。

$$劳动生产率(吨/工日) = \frac{全年货物出入库总量(吨)}{仓库全员年工日总数(工日数)} \tag{8-15}$$

（4）资金使用效率

资金使用效率是反映仓储货物占用资金情况的指标，包括固定资产和流动资金两个方面。

$$\frac{单位货物固定资产}{平均占用量(元/吨)} = \frac{报告期固定资产平均占用金额(元)}{报告期平均货物储存量(吨)} \tag{8-16}$$

$$\frac{单位货物流动资金}{平均占用量(元/吨)} = \frac{报告期流动资金平均占用金额(元)}{报告期平均货物储存量(吨)} \tag{8-17}$$

其中：报告期固定资产和流动资金平均占用金额是期初数和期末数的平均值。

（5）平均收发货时间

平均收发货时间是反映收发货流程效率的指标。

$$平均收发货时间 = \frac{收发货物时间总和(小时)}{收发货物总笔数} \tag{8-18}$$

(6) 库存周转率

库存周转率是反映储存货物流转速度的指标。

$$库存周转率 = \frac{该期间的出库总金额}{该期间的平均库存金额} \times 100\% \tag{8-19}$$

$$平均库存金额 = \frac{期初库存金额 + 期末库存金额}{2} \tag{8-20}$$

8.3.3　仓储成本绩效管理

8.3.3.1　仓储成本分析方法

仓储成本管理的目的是控制和降低仓储成本，提高经济效益。价值分析（VA）法能够发现成本控制空间，其基本原则如下：

一是消除浪费现象，排除无用的环节和工作；

二是尽可能采用标准化和规范化的方法；

三是经常分析有无更好的方法。

8.3.3.2　仓储成本绩效指标

(1) 平均储存费用

$$平均储存费用(元/吨) = \frac{每月储存费用总金额(元)}{月平均储存量(吨)} \tag{8-21}$$

(2) 单位进出库成本

$$单位进出库成本(元/吨) = \frac{进出库费用(元)}{进出库货物重量(吨)} \tag{8-22}$$

8.3.4　仓储效益绩效管理

仓储效益管理的目的是提高经营管理的效益。仓储效益绩效管理指标主要有：

(1) 资金利润率

$$资金利润率 = \frac{利润总额}{固定资产平均占用金额 + 流动资金平均占用金额} \times 100\% \tag{8-23}$$

其中：

$$利润总额 = 仓库总收入额 - 仓库总支出额 \tag{8-24}$$

$$= 仓库营业收入 - 储存成本 - 税金 + 其他业务利润 - 营业外支出净额 \tag{8-25}$$

(2) 收入利润率

$$收入利润率 = \frac{利润总额}{仓储营业收入} \times 100\% \tag{8-26}$$

（3）人均利润率

$$人均利润率=\frac{利润总额}{全员人数}\times100\% \tag{8-27}$$

（4）每吨保管货物利润率

$$每吨保管货物利润率=\frac{利润总额}{货物储存总量}\times100\% \tag{8-28}$$

8.3.5　仓储安全管理

仓储的安全性指标是反映仓储生产和作业的安全程度的指标。它可以用发生的各种事故的大小和发生次数来表示，主要有人身伤亡、失火、爆炸、被盗、机械损坏等五大类事故。这类指标一般无须计算，只是根据损失的大小来划分不同等级，以便于考核。

8.3.6　指标分析与综合评价法

指标分析的方法有很多，常用的有比较分析法、因素分析法等。

（1）比较分析法

比较分析法是将两个或两个以上有内在联系的、可比的指标（或数量）进行对比，从对比中寻差距、查原因。比较分析法是指标分析法中使用最普遍、最简单和最有效的方法。

常用的比较分析法分为计划完成情况对比分析、纵向动态对比分析、横向类比分析和结构对比分析等。

（2）因素分析法

因素分析是依据分析指标和影响因素的关系，从数量上确定各因素对指标的影响程度。因素分析法的基本做法是，在分析影响指标变化的诸因素中某一个因素变动对总指标变动的影响时，只有这一个因素在变动，而其余因素固定不变，计算这个因素变动前后指标的变化数值及变化幅度；以此类推，分析各个因素变动对指标的影响，从而得到每个因素对该指标的影响程度。

指标综合评价法有加权评分法、综合评分法等，可参见2.2部分的相关方法，这里从略。

❖ 案例窗8-1

上海通用汽车公司是如何降低物流成本的

前些年还很少有人关注汽车物流，可现在它俨然成了汽车业的香饽饽，很多公司都希望通过降低物流成本来提高竞争力。上海通用汽车公司是如何降低物流成本的？

秘诀一：精益生产，准时供货

精益生产的思想内涵很丰富，最重要的一条就是像丰田一样——准时（JIT, just in time）生产方式，其外延就是缩短交货期。所以上海通用汽车公司在成立初期，就在现代信息技术的平台支撑下，运用现代的物流观念做到交货期短、柔性化和敏捷化。

从这些年的生产实践来说，上海通用汽车公司每年都有一种或以上新产品下线上市，这反映了敏捷化。交货期包括从原材料到零部件，再从零部件到整车，每一段都有一个交货期，这是敏捷化至关重要的一个方面。

秘诀二：循环取货，驱除库存"魔鬼"

上海通用汽车公司拥有多种车型，与国内外的上百家供应商合作，涉及的零部件达到5 000种以上。其如何提高供应链效率、减少新产品的导入和上市时间，并降低库存成本？

为了把库存这个"魔鬼"赶出自己的供应链，零件由本地供应商所生产的，上海通用汽车公司要求供应商在指定的时间直接送到生产线上去生产。这样就保持了很低或接近于"零"的库存，避免了大量的资金占用。

现实中，不同供应商的送货缺乏统一的标准化管理，在信息交流、运输安全等方面都会带来各种各样的问题。为了解决这一问题，上海通用汽车公司聘请一家第三方物流供应商，由其来设计配送路线，然后到不同的供应商处取货，再直接送到公司。这种方式被称为"牛奶取货"或"循环取货"，使公司的零部件运输成本下降了30%以上。每天早晨，第三方物流供应商的货车到第一家供应商那里装上准备好的原材料，然后到第二家、第三家供应商，依此类推，直到装上所有的原材料，然后返回。这样做的好处是：避免了所有供应商空车返回的浪费现象。

秘诀三：建立供应链预警机制，追求共赢

上海通用汽车公司采取的是柔性化生产方式，即一条生产流水线可以生产不同平台的多个型号产品，如同时生产别克标准型、较大的别克商务旅行型和较小的赛欧轿车型。这种生产方式对供应商的要求极高，即供应商必须处于"时刻供货"的状态，会产生很高的存货成本。而供应商一般不愿意独自承担这些成本，就会把部分成本转移到公司供货的价格中。如此一来，只是把这部分成本转嫁到了上游供应商那里，并没有真正降低整条供应链的成本。

为克服这个问题，上海通用汽车公司与供应商时刻保持信息沟通。公司有年度生产预测，也有半年度生产预测，生产计划编制是滚动式的，基本上每星期滚动一次，不断调整产能。这个运行机制的核心是要让供应商看到公司的计划，以便随时根据公司的生产计划安排自己的存货和生产计划，减少对存货资金的占用。

如果供应商在原材料、零部件方面出现问题，也需要给上海通用汽车公司提供预警，这是一种双向的信息沟通。万一某个零件预测会出现问题，公司就会利用自己的地区资源甚至全球的资源来作出响应。

作为整车生产的龙头企业，公司建立了供应商联合发展中心，在物流方面也制定了很多标准流程，使供应商随着公司产量的调整来调整自己的产品。

市场千变万化，供应链也是千变万化的，对突发事件的应变也是如此。某段时间上海通用汽车公司在北美的进口零部件出现了问题，就启动了"应急计划"，不用海运，而改用空运。再比如考虑到世界某个地区存在战争爆发的可能性，将对供应链产生影响，公司就尽可能增加零部件的库存，而且预警所有的供应商，让它们对有可能受影响的原材料进行库存储备。

供应链归根结底就是要贯彻"共赢"的理念。

资料来源 佚名. 上海通用降低物流成本的秘笈［EB/OL］.（2019-11-29）［2024-02-18］. https://www.360kuai.com/pc/945f78de0254c042e?cota=4&kuai_so=1&tj_url=so_rec&sign=360_57c3bbd1& refer_scene=so_1.（有改编）

本章小结

8.1部分介绍了以下内容：仓储成本是指为开展物流仓储活动而发生的各种费用，主要包括仓储持有成本、订货或生产准备成本、缺货成本和在途库存持有成本等。仓储成本的计算分为取得成本、储存成本和缺货成本。仓储成本控制的原则有政策性原则、经济性原则、分级归口管理原则和责权利相结合原则。

8.2部分介绍了以下内容：降低仓储成本的策略是优化整合供应链，实施合理的库存管理模式；运用科学管理理念和优化方法，提高管理水平，降低成本。储存合理化的主要措施包括：实施ABC分类法，控制关键货物的库存水平；加速货物在库周转速度，提高单位产出；采用有效的先进先出方式；提高储存密度及仓容利用率；开展5S整理活动；采用有效的储存定位系统；采用有效的监测清点方式；采用科学储存保养技术；采用集装箱、托盘等储运一体化方式，提高运作效率。

8.3部分介绍了以下内容：仓储绩效管理是指采用一定的指标体系，按照一定的评价标准，通过定量、定性等分析方法，对仓储运作绩效进行综合评价的一系列管理活动，包括仓储质量绩效管理、仓储效率绩效管理、仓储成本绩效管理、仓储效益绩效管理和仓储安全管理5个方面。仓储质量绩效管理通常采用PDCA循环法。仓储质量绩效管理的指标主要有收发货错误率、账货相符率、货物损耗率、货物及时验收率和设备完好率。仓储效率通常用仓库利用率、设备利用率、劳动生产率、资金使用效率、平均收发货时间和库存周转率等指标来衡量。仓储成本的高低通常用平均储存费用和单位进出库成本等指标衡量。仓储效益好坏通常用资金利润率、收入利润率、人均利润率和每吨保管货物利润率等指标衡量。仓储的安全性指标可以用发生的各种事故的大小和次数来表示。

基本训练

第8章单选题

第8章多选题

❖ 简答题

1.仓储成本的构成有哪些？

2.仓储质量绩效管理的指标有哪些？

3.仓储效率管理的内容有哪些?

4.如何提高仓储管理效率?

❖ **论述题**

1.论述仓储的绩效管理体系。

2.降低仓储成本的策略与储存合理化的主要措施分别是什么?

第9章 仓储商务管理

❖ 引例

仓储合同与仓单的法律属性

原告诉称：本人从半年前开始成为百货公司的承包经营人，此后多次向被告请求提取百货公司原来存放在被告处的自行车150辆，均遭拒绝。现诉请法院判决被告将所扣自行车归还。

被告辩称：本案第三人百货公司与自己存在长期合作关系，在3年的时间里一直将所进家电、五金产品等仓储物寄存在自己的仓库中，并按月支付保管费1 000元。目前仓库中仍存放第三人1年前寄存的各种型号的自行车150辆。其中前半年的保管费已按时支付，可是自从内部职工林某后半年开始承包经营该百货公司起，没有人支付保管费，欠款至今累计已达人民币6 000元，屡屡交涉，双方也没有达成一致意见。所以本物资站拟将该批自行车扣下，直到林某还清保管费为止。

第三人称：本公司与被告原来存在仓储合同关系，但公司从半年前开始已由林某承包经营，被告所要求的保管费应当由林某承担。经查明，百货公司已将仓单交给林某，物资站也在仓单上盖章。

法院判决：本案第三人与被告之间确实存在仓储合同关系，该合同不因第三人内部经营权的变动而自动终止，第三人仍应向被告支付保管费，原告凭仓单即可向被告提货，被告不得拒绝。

【分析】在此案件中，仓储合同的双方当事人是百货公司和物资站，百货公司在转让时，已获得了保管人在仓单上的签名或者盖章，形成了有效的仓单转让，林某持单就可向物资站提取货物。物资站不得以仓储费未支付为由留置已属于林某的货物，物资站只能向百货公司主张仓储费的支付。负有给付仓储费义务的是百货公司，百货公司不得以其内部经营权的变更为由拒绝履行仓储合同义务。可见，在转让仓单时，存货人应与新的仓单持有人就仓储费的承担达成一致，避免因约定不明导致存货人货财两空的结果。

资料来源 国家工商行政管理总局市场规范管理司. 最新合同法全书 [M]. 北京：工商出版社，2001：436.

9.1　仓储商务管理概述

9.1.1　仓储商务管理的含义与作用[①]

（1）仓储商务管理的含义

仓储商务是指仓储经营者利用仓储保管能力向社会提供仓储保管服务，并以获得经济收益为目的所进行的交换行为。它是仓储行业基于仓储经营而对外进行的经济交换活动，是一种商业性行为，一般发生在公共仓储和营业仓储之中。企业自营仓储不发生仓储商务。

（2）仓储商务管理的作用

仓储商务管理有利于促进企业在仓储商务工作的人、财、物的组织和管理，企业资源的合理利用、制度建设、激励机制，以及仓储商务队伍的教育培养等各方面工作质量的提高，有利于更好地满足社会需要、充分利用企业资源、进一步降低成本和经营风险、塑造企业良好形象。

9.1.2　仓储商务管理的内容

进行仓储商务一般要进行以下活动：仓储商情调查、寻找商业机会、市场分析、选择商业机会、商务磋商、签订商业合同、协调合同、处理争议、控制风险、塑造企业形象、制定竞争战略、发展市场、保持企业的可持续发展等，具体包括：

①组建仓储商务机构，选配仓储商务人员，制定有关仓储商务的工作制度和管理制度。

②有效组织市场调研，广泛收集和分析市场信息，捕捉有利的商业机会，科学地制定竞争策略。

③根据当前市场的需要和发展，科学规划和设计营销策略。

④充分利用先进的技术和有效的手段降低成本。

⑤准确地进行成本核算，细致地进行成本分析，促进企业整体成本管理的效果，进一步降低成本。

⑥以优质的服务满足客户的需要，实现企业经济和社会效益的提高。

⑦加强交易磋商管理和合同管理，严格依合同办事，守信用，讲信誉。

⑧建立风险防范机制，妥善处理商务纠纷和冲突，防范和降低商务风险。

⑨加强仓储商务人员管理，以人为本，充分调动全体商务人员的积极性，发挥其聪明才智；重视对仓储商务人员的培养，确保其跟上时代发展的要求，保持企业发展后劲。

---

① 本部分改编自：白世贞，刘莉．现代仓储管理［M］．北京：科学出版社，2010．

9.1.3　仓储商务管理的原则

仓储商务管理的目的是有效利用仓储资源，最大限度地提高经济效益。仓储商务管理所遵循的原则有：

（1）充分利用企业资源

在有效的仓储管理之下，仓储企业在获得大量商业机会的同时，也承担起按时提供仓储服务的义务。这就需要仓储企业充分利用其人力、物力、财力资源，完成仓储任务，使得仓储企业的一切资源得到最充分的利用。

（2）降低企业成本和风险

成本的高低是决定企业竞争力的关键因素，在当今激烈的市场竞争之下更重要的是采取先进的管理理论和技术控制来降低成本，从而提高企业竞争力。

企业的经营风险绝大部分来自商务风险，高水平的商务管理应尽可能地避免商务风险与责任事故的发生，规避经营风险。

（3）提高企业效益

通过有效的成本管理，以最低的经营风险来降低成本，商务管理的最终目标是要提高企业整体效益，从而实现仓储企业可持续发展。

9.2　仓储合同

9.2.1　仓储合同的概念、特征与类别

9.2.1.1　仓储合同的概念

根据《中华人民共和国民法典》（以下简称《民法典》）合同编第二十二章的相关规定，仓储合同是保管人储存存货人交付的仓储物，存货人支付仓储费的合同。提供储存保管服务的一方被称为保管人；接受储存保管服务并支付报酬的一方被称为存货人；交付保管的货物为仓储物。

9.2.1.2　仓储合同的特征

仓储合同是一种特殊的保管合同，它具有保管合同的基本特征，同时具有自己的特征：

①大多数情况下，仓储货物的所有权不发生转移，只是货物的占有权暂时转移，而货物的所有权或其他权利仍属于存货人所有。

②仓储保管的对象必须是动产，不动产不能作为仓储合同的保管对象。这是仓储合同区别于保管合同的显著特征。

③仓储合同的保管人必须依法取得从事仓储保管业务的经营资格。

④仓储合同是诺成合同，自成立时生效。这是仓储合同区别于保管合同的又一显著

特征。

9.2.1.3　仓储合同的类别

（1）一般保管仓储合同

一般保管仓储合同是指仓库经营人提供完善的仓储条件，接受、保管其仓储物，并在保管期届满时，将收保的仓储物原样（包括仓储物在仓储期间自然增加的孳息）交还存货人而订立的仓储保管合同。这种合同的仓储物为确定种类物，保管人严格承担归还原物的责任。

知识链接 9-1　获取仓储物孳息的权利

（2）混藏式仓储合同

混藏式仓储是指存货人将一定品质、数量的货物交付给保管人，保管人将不同存货人的同种类、品质的仓储物混合保存；在存期满时，保管人只需将相同种类、品质、数量的货物返还给存货人，而不需要按原物归还的仓储方式。这种仓储方式常用于储存粮食、油品、矿石或保鲜期较短的货物。混藏式仓储合同的标的物为确定种类物，保管人严格按照合同中所描述的仓储物数量、质量承担责任；保管人在向存货人所交还的仓储物与合同描述的内容不符时，需补偿存货人的损失。混藏式仓储合同具有保持仓储物价值的功能。

（3）消费式仓储合同

存货人在存放仓储物的同时，将仓储物的所有权也一并转移给保管人。保管期满时，保管人只需将相同种类、品质、数量的替代物归还给存货人。存放期间，仓储物的所有权由保管人拥有，可以对仓储物行使所有权。消费式仓储的经营人一般具有消费仓储物的能力，如加油站的油库仓储。其收益除了约定的仓储费以外，主要是消费仓储物与到期仓储物被购回之间的差价收益。

（4）仓库租赁合同

仓库所有人将所拥有的仓库出租给存货人，只提供基本的仓储条件，进行环境管理、安全管理等一般性的仓储管理，由存货人自行保管其货物的仓储经营方式。仓库租赁合同从严格意义上来说只是财产租赁合同，但是由于仓库出租方具有部分仓储保管的责任，所以具有仓储合同的一些特性。

9.2.2　仓储合同的主要内容[①]

（1）仓储合同的当事人

仓储合同的双方当事人分别为存货人和保管人。

---

① 本部分改编自：傅莉萍. 仓储管理［M］. 北京：清华大学出版社，2015.

存货人必须是具有将仓储物交付仓储的处分权的人，可以是仓储物的所有人，也可以是仓储权利的占有人，如承运人，或者是受让仓储物但未实际占有仓储物的准所有人，或者是有权处分人，如法院、行政机关等。

保管人必须拥有仓储保管设施和设备，具有仓库、场地、货架、装卸搬运设施、安全、消防等基本条件，取得相应的公安、消防部门的许可，进行工商登记，获得营业执照。

（2）仓储合同的标的和标的物

仓储合同虽然说约定的是仓储物的保管事项，但仓储合同的标的是仓储保管行为，即存货人按时交付货物、支付仓储费及其他费用，保管人提供保管的空间和时间给予保管、养护直至期满完整归还的行为。因此，仓储合同是一种行为合同，是双方当事人都需要行为的双务合同。

标的物是标的的载体和表现，仓储合同的标的物就是存货人交存的仓储物。仓储物可以是生产资料，也可以是生活资料，但其必须是动产，能够移动到仓储地进行仓储保管，并且是有形的实物动产，有具体的物理形态。不动产不能成为仓储物，货币、知识产权、数据、技术等无形资产或精神产品不能作为仓储物。

（3）仓储物验收的内容、标准和时间

保管人验收仓储物的项目有仓储物的品种、数量、规格、外包装状况，以及无须开箱、拆捆而直观可见的质量情况。货物品名、数量、规格以外包装或货物上的标记为准；外包装或货物上无标记的，以供货方提供的验收资料为准。散装货物按国家有关规定或合同规定验收。依照惯例的验收期限，国内货物不超过10天，国外货物不超过30天，法律另有规定或当事人另有约定的除外。

（4）货物的仓储条件和相关要求

合同双方当事人应根据货物性质、要求的不同，在合同中明确规定保管条件。保管人如因仓库条件所限，不能达到存货人要求，则不能接受。对某些比较特殊的货物，如易燃、易爆、易渗漏或有毒等危险物品，保管人保管时，应当有专门的仓库、设备，并配备专业技术知识的人负责管理。存货人应向保管人提供货物储存、保管和运输等方面的技术资料，防止发生货物毁损、仓库毁损和人身伤亡事故。存货人在交存特殊货物时，应当明确告知保管人货物有关保管条件和保管要求；否则，保管人可以拒绝接收存货人所交付的危险货物。

（5）货物的保管期限

货物的保管期限即双方约定的仓储物的储存时间，可以采用期限表示，如储存3个月，自货物入库起算；或者以日期的方式表示，如9月10日—12月10日；或者不约定具体的存放期间，但约定到期方式，如提前1个月通知等。保管期限是保管人计收仓储费的基础、承担责任的期间，也是库容使用计划安排的依据。如果存货人不能遵守储存期限条款，那么保管人有权要求存货人承担违约责任。根据有关规定，储存的货物在临近失效期时，保管人未通知存货人及时处理，因超过有效储存期限所造成的货物损失，保管人负有赔偿责任；保管人通知后，如果存货人不及时处理，以致超过有效储存期限而造成货物损坏、变质的情况，保管人不负赔偿责任。

（6）货物进出库手续、时间、地点和运输方式等

仓储合同的双方当事人应当重视货物入库环节，防止将来发生纠纷。因此，在合同中要明确入库应办理的手续和理货方法、入库的时间和地点，以及货物运输、装卸搬运的方式等内容。

出库时间由仓储合同的双方当事人在合同中约定。另外，提货时应办理的手续和验收的内容、标准、方式、地点以及运输方式等也要在合同中明确。

（7）仓储物的损耗标准

许多物品在长期存放后，由于挥发、散失、氧化和扬尘等自然原因造成数量减少。对这类数量短少的责任承担，双方可在合同中采用协议的办法处理，即约定在合理的损耗标准之内不追究保管人的责任。具体的货物损耗标准可以采用国家标准或行业标准，也可由双方协议约定。

（8）仓储费用及结算方式

仓储费用包括保管费、转仓费、出入库装卸搬运费，以及车皮、站台、专用路线、包装整理和货物养护等费用。此条款中除明确上述费用由哪一方承担外，还应明确各种费用的计算标准、支付方式（如预付、定期支付、即时结算等）、支付时间、支付地点、开户银行和账号等。

（9）责任划分和违约处理

仓储合同中可以从货物入库、货物验收、货物保管、货物包装和货物出库等方面明确双方当事人的责任。同时，仓储合同应规定违反合同时应承担的违约责任，如存货人未在约定时间交付或提取仓储物的违约责任；保管人不能在约定的时间接收仓储物的违约责任。

（10）合同变更和解除的条件

合同的订立和履行是合同双方期望得到的结果，但因为客观条件发生重大变化或者双方利益的需要，原合同的继续履行可能对双方都不利，可以采用合同变更或解除的方法来防止不利局面出现。仓储合同的当事人如果需要变更或解除合同，必须事先通知另一方，双方意思一致即可变更或解除合同。变更或解除合同的建议和答复，必须在法律规定或者合同约定的期限内提出。如果发生了法律或合同中规定的可以单方变更或解除合同的情形，那么拥有权利的一方可以变更或解除合同。

（11）争议处理办法

双方当事人应在合同中约定发生争议时的处理方法，主要是约定仲裁机构或者管辖的法院。

（12）合同签署

合同签署是合同当事人对合同协商一致的表示，意味着合同开始生效。签署合同由企业法人代表签名，注明签署时间，法人或组织还需要盖合同专用章；个人签订合同时只需签署个人完整姓名。

上述内容一般为仓储合同所应具备的主要条款。但是合同毕竟是双方当事人的合约，因此，基于双方的利益考虑，当事人之间还可以就更多的、更为广泛的事项达成一致，充实仓储合同的具体内容，如争议的解决方式、合同的履行地点、是否允许转仓保管储存等。只要是当事人一方要求规定的条款，而又与另一方达成一致意思的，都是仓储合同的

重要条款。

9.2.3 仓储合同的履行[①]

仓储合同一经成立，即发生法律效力。存货人和保管人都应严格按照合同的约定履行自己的法律义务。

9.2.3.1 存货人的义务

（1）告知义务

存货人的告知义务包括两个方面：对仓储物的完整告知和瑕疵告知。

完整告知是指在订立合同时存货人要完整细致地告知保管人仓储物的准确名称、数量、包装方式、性质、作业保管要求等涉及验收、仓储保管、交付的资料。对于危险货物，存货人还要提供详细的说明资料。存货人未明确告知的仓储物属于夹带品，保管人可以拒绝接受。

瑕疵告知是指存货人对仓储物及其包装的不良状态、潜在缺陷、不稳定状态等已存在的缺陷或将会发生损害的缺陷向保管人告知，便于保管人对有瑕疵的仓储物采取针对性的措施，以避免发生损害和危害。因存货人未告知仓储物的性质、状态造成保管人验收错误、作业损害、保管损坏，由存货人承担赔偿责任。

（2）妥善处理和交存货物

存货人应对仓储物进行妥善处理，是指根据货物性质进行分类、分储，根据合同约定妥善包装，使之适合仓储作业和保管。

存货人应在合同约定的时间内向保管人交存仓储物，并提供验收单证。交存仓储物不是仓储合同生效的条件，而是存货人履行合同的义务。若存货人未按照约定交存仓储物，则构成违约。

（3）支付仓储费和其他必要费用

仓储费是保管人订立仓储合同的目的，是对仓储物进行保管所获得的报酬，是保管人的合法权利。存货人应根据合同约定按期支付合同要求的仓储费，否则构成违约。存货人如逾期提取仓储物，应追加支付仓储费。

仓储物在仓储期间发生的应由存货人承担责任的费用支出或垫支费用，如保险费、有关货损处理费、运输和搬运费、转仓费等，存货人应按合同及时支付。

（4）及时提货

存货人应按照合同的约定，按时将仓储物提出。保管人根据合同的约定安排仓库的使用计划；如果存货人未将仓储物提出，会影响保管人下一份仓储合同的履行。

9.2.3.2 保管人的义务

（1）提供符合要求的仓储条件

保管人经营仓储保管的先决条件就是具有合适的仓储保管条件，有拟保管货物的保管

---

① 本部分改编自：宫胜利，王玉卓，牛志文. 仓储与配送管理实务 [M]. 北京：北京理工大学出版社，2012.

设施和设备，包括适合的场地、容器、仓库、货架、搬运设备、计量设备、存储设备、安全保卫设施等。保管人如果不具有仓储保管条件，则构成根本性违约。

（2）验收货物

保管人应该在接收仓储物时对货物进行理货、计数、查验，在合同约定的期限内检验货物质量，并签发验货单证。验收货物按照合同约定的标准和方法，或者按照习惯的、合理的方法进行。保管人未验收货物推定为存货人所交存的货物完好，保管人也要返还完好无损的货物。保管人在验收中发现货物溢短，对溢出部分可以拒收，对短少的部分有权向存货人主张违约责任。对货物存在的不良状况，保管人有权要求存货人更换、修理或拒绝接受，或如实编制记录，以分清责任。

（3）签发仓单

保管人在接收货物后，根据合同的约定或者存货人的要求，及时向存货人签发仓单。存期届满，保管人根据仓单的记载向仓单持有人交付货物，并承担仓单所明确的责任。保管人要根据实际收取的货物情况签发仓单，根据合同条款确定仓单的责任事项，避免将来向仓单持有人承担超出仓储合同约定的责任。

（4）合理化仓储

保管人应在合同约定的仓储地点存放仓储物，并充分使用先进的技术、科学的方法、严格的制度，高质量地做好仓储管理。使用适合于仓储物保管的仓储设施和设备，在谨慎操作、妥善处理、科学保管和合理维护等各方面做到合理化仓储，由此造成的损失应由保管人承担赔偿责任。

（5）返还仓储物

保管人应在约定的时间和地点向存货人或仓单持有人交还约定的仓储物。仓储合同没有明确储存期和交还地点的，存货人或仓单持有人可以随时要求提取，保管人应在合理的时间内交还仓储物；同样，保管人可以随时要求存货人提取仓储物。

（6）危险通知义务

当仓储物出现危险时，保管人应及时通知存货人或者仓单持有人，包括在货物验收时发现不良情况、发生不可抗力的损害、仓储物变质、仓储物损坏以及其他情况。掌握仓储物的状态是存货人具有所有权的权利体现。仓储物可能面临的危险涉及仓储物的交易、保险，以及可能造成的进一步损害，存货人及时掌握并采取措施处理，有利于减少损失。

9.2.4 违约责任与违约处理

违约责任是指存货人或者保管人不能履行合同约定的义务或者履行合同义务不符合合同的约定而产生的责任。

9.2.4.1 仓储合同保管人的主要违约责任

①保管人不能完全按合同约定及时提供仓位，致使货物不能全部入库，或者在合同有效期限内要求存货人退仓的，应当按约定支付违约金。

②保管人未按国家规定或者合同约定的项目、方法等验收仓储物或者验收不准确，应承担由此造成的实际经济损失；验收后发现仓储物的品种、数量、质量不符合规定的，应

当承担损害赔偿责任。

③货物在储存期间，因未按合同规定的储存条件和保管要求而造成货物损坏、短少、变质以致灭失的，保管人承担违约责任。因保管或操作不当而使包装发生损毁，由保管人负责修复或折价赔偿；造成损失的，由保管人承担赔偿责任。

④货物保管期满后，保管人没有按照合同规定的时间、数量返还仓储物的，保管人应承担违约责任。保管人按照约定负责发货而未按约定的时间、地点发货，承担由此而给存货人造成的经济损失。

⑤合同双方约定的其他违约责任。

9.2.4.2 仓储合同存货人的主要违约责任

①存货人未按合同约定对仓储物进行必要包装或包装不符合约定要求，造成仓储物毁损、灭失的，应自行承担责任，并承担由此给仓储保管人造成的损失。

②存货人交付的仓储物的性质不符合合同约定，或者超过储存期限，造成仓储物毁损、灭失的，自行承担责任。

③危险物品必须在合同中注明，并提供必要的资料，存货人未按合同约定而造成损失，自行承担民事责任和刑事责任，并承担由此给保管人造成的损失。

④逾期储存，存货人承担所增加的费用的责任。

⑤储存期满不提取仓储物，经催告后仍不提取仓储物的存货人，承担违约赔偿责任。

9.2.4.3 违约处理形式

违约责任往往以弥补对方的损失为原则，违约方需对对方直接造成的损失和合理预见的利益损失给予弥补。违约责任的承担方式有支付违约金、赔偿损失、继续履行合同、采取补救措施、定金惩罚等。

（1）支付违约金

违约金是指当一方违反合同约定时需向另一方支付的金额。从违约金本身来说，这是一种对违约的惩罚。违约金产生的前提是合同约定和违约行为的发生，包括发生预期违约，而无论是否发生损失。根据《民法典》的规定，当事人可以约定一方违约时应当根据违约情况向对方支付一定数额的违约金，也可以约定因违约产生的损失赔偿额的计算方法；同时规定，当违约金过高或者过低时，可以要求法院或仲裁予以调整。因此，违约金又是一种赔偿处理的方法，具有赔偿性。合同违约金的约定可以按照违约的具体情况进行约定，如未履行合同的违约金、不完全履行合同的违约金、延迟违约金等。

违约金以约定支付的方式进行赔付。对合同履行中因责任造成对方损失的赔偿，也采取违约金支付的方式，这样有利于简化索赔过程。

（2）赔偿损失

当事人一方由于违反仓储合同的约定，不履行合同义务或者履行合同义务不符合合同约定使对方发生损失的，应该承担对方损失的赔偿责任。违约的赔偿责任既是法定的责任，也是约定的责任。

合同中约定违约金时，一方的违约造成超过支付的违约金的损失时，另一方仍有权要求违约方赔偿超额的损失。赔偿损失可以采用支付赔偿金的方式，也可以采取其他方式进行，如实物补偿等。

（3）继续履行合同

继续履行合同是指发生违约行为后，被违约方要求对方或请求法院强制对方继续履行合同的义务的违约责任承担制度。继续履行合同是一种违约责任的承担方式，而无论违约方是否支付了违约金和承担了对方的损失赔偿。其条件为合同还可以继续履行和违约方还具有履行合同的能力，但继续履行合同不能违背原合同的性质和法律关系。若法律上或者事实上不能履行合同、继续履行合同费用过高、被违约方未在合理期限内提出继续履行合同的请求，违约方可免除继续履行合同。

（4）采取补救措施

发生违约后，被违约方有权要求违约方采取合理的补救措施，弥补违约的损失，并减少进一步损失的发生，如对损坏的仓储物进行修理，将仓储物转移到良好的仓库存放，修复仓储设备，或者支付保养费、维修费、运杂费等。

（5）定金惩罚

定金是《民法典》规定的一种担保方式。在订立合同时，当事人可以约定采用定金来担保合同的履行。在履约前，由一方向另一方先行支付定金，债务人履行债务的，定金应当抵作价款或者收回。当未履行合同时，支付定金方违约的，定金不退还；收取定金一方违约的，双倍退还定金。定金不得超过合同总金额的20%。同时有定金和违约金约定的，选择其中一种履行。

9.2.4.4 免责

免责又称免除民事责任，是指发生法律规定的免责事项和合同约定的免责事项，违约方可以不承担民事责任；但是因故意或者重大过失造成对方人身伤害、财产损失的，不能免责。免责事项包括不可抗力、仓储物自然特性、存货人的过失或隐瞒以及合同约定的其他免责事由。

知识链接9-2 不可抗力的免责条件

❖ **小资料9-1**

仓储合同

合同编号：＿＿＿＿＿＿＿＿

存货方：＿＿＿＿＿＿＿＿＿＿＿＿＿＿＿＿＿＿＿＿＿＿＿＿＿＿＿＿＿

保管方：＿＿＿＿＿＿＿＿＿＿＿＿＿＿＿＿＿＿＿＿＿＿＿＿＿＿＿＿＿

签订地点：＿＿＿＿＿＿＿＿＿＿＿＿＿＿＿＿＿＿

签订时间：＿＿＿＿＿＿＿＿年＿＿＿＿月＿＿＿＿日

根据《中华人民共和国民法典》的有关规定，存货方和保管方根据委托储存计划和仓储容量，经双方协商一致，签订本合同。

第一条 储存货物的品名、品种、规格、数量、质量和包装。

1. 品名：

2. 品种和规格：

3. 数量：

4. 质量：

5. 包装：

第二条 货物验收的内容、标准、方法、时间和资料。

（略）

第三条 货物保管条件和保管要求。

（略）

第四条 货物入库和出库手续、时间、地点、运输方式。

（略）

第五条 货物的损耗标准和损耗处理。

（略）

第六条 计费项目、标准和结算方式。

（略）

第七条 违约责任。

1. 保管方的责任

（1）在货物保管期间，保管方未按合同规定的储存条件和保管要求保管货物，造成货物灭失、短少、变质、污染、损坏的，应承担赔偿责任。

（2）保管方对危险物品和易腐物品等未按国家和合同规定的要求操作、储存，造成毁损的，应承担赔偿责任。

（3）由于保管方的责任，货物退仓不能入库，应按合同规定赔偿存货方运费和支付违约金_____元。

（4）由保管方负责发运的货物，不能按期发货，保管方应赔偿存货方逾期交货的损失；保管方错发到货地点，除按合同规定无偿运到规定的到货地点外，并赔偿因此给存货方造成的实际损失。

（5）其他约定责任。

2. 存货方的责任

（1）由于存货方的责任，货物退仓不能入库，存货方应偿付相当于相应保管费的_____%的违约金。超议定储存量储存的，存货方除交纳保管费外，还应向保管方偿付违约金_____元，或按双方协议办理。

（2）易燃、易爆、易渗漏、有毒等危险货物以及易腐、超限等特殊货物，存货方必须在合同中注明，并向保管方提供必要的保管、运输技术资料；否则造成的货物毁损、仓库毁损或人身伤亡，由存货方承担赔偿责任直至刑事责任。

（3）货物临近失效期或有异状的，存货方在保管方通知后不及时处理，造成的损失由存货方承担。

（4）存货方未按国家或合同规定的标准和要求对储存货物进行必要的包装，造成货物损坏、变质的，由存货方负责。

（5）存货方已通知保管方出库或合同期已到，由于存货方（含客户）的原因致使货物不能如期出库，存货方除按合同的规定交付保管费外，并应偿付违约金_____元。由出库凭证或调拨凭证上的差错所造成的损失，由存货方负责。

（6）按合同规定由保管方代运的货物，存货方未按合同规定及时提供包装材料或未按规定期限变更货物的运输方式、到站、接货人，应承担延期的责任和增加的有关费用。

（7）其他约定责任。

第八条　保管期限从_____年____月____日至_____年____月____日止。

第九条　变更和解除合同的期限。

不可抗力事故直接影响合同的履行或者不能按约定的条件履行时，遇有不可抗力事故的一方，应立即将事故情况电报通知对方，并应在____天内，提供事故详情及合同不能履行或者部分不能履行或者需要延期履行的理由的有效证明文件，此项证明文件应由事故发生地区的_____（机构名称）出具。按照事故对履行合同影响的程度，由双方协商是否解除合同，或者部分免除履行合同的责任，或者延期履行合同。

第十条　解决合同纠纷的方式：执行本合同发生争议，由双方当事人协商解决。协商不成，双方同意由_____仲裁委员会仲裁（双方当事人不在本合同中约定仲裁机构，事后又没有达成书面仲裁协议的，可向人民法院起诉）。

第十一条　货物商检、验收、包装、保险、运输等其他约定事项。

（略）

第十二条　本合同未尽事宜，一律按《中华人民共和国民法典》执行。

存货方（章）：　　　　　　　　　保管方（章）：

地　址：　　　　　　　　　　　　地　址：

法定代表人：　　　　　　　　　　法定代表人：

电　话：　　　　　　　　　　　　电　话：

开户银行：　　　　　　　　　　　开户银行：

账　号：　　　　　　　　　　　　账　号：

有效期限：_____年____月____日至_____年____月____日

9.3 仓 单

9.3.1 仓单的概念

仓单（warehouse receipt）是保管人收到仓储物后给存货人开具的提取仓储物的凭证。

保管人在仓单上签名或者盖章后，仓单才能生效。保管人在仓单上签名或者盖章，表明保管人对收到存货人交付仓储物的事实进行确认。保管人未在仓单上签名或者盖章，表明保管人还没有收到存货人交付的仓储物，故该仓单不发生法律效力。

仓单除作为已收取仓储物的凭证和提取仓储物的凭证外，还可以通过背书，转让仓单项下货物的所有权，或者用于仓单中小企业融资。

知识链接9-3　不同国家对仓单的不同界定

9.3.2 仓单的性质

（1）仓单是有价证券

有价证券是指表明一定财产权的证券，其权利的行使或处分必须借助于证券的占有或转移。仓单表明持有人对仓储物享有交付请求权。例如，案例窗9-1中的百货商场作为新的仓单持有人，如果符合仓单转让的条件，其对储存在仓库的服装就有交付请求权，且仓单经过存货人的背书和保管人的签署后可以转让。由于仓单是有价证券，因而它不同于保管合同中保管人给付寄存人的保管凭证。保管凭证仅是证明保管合同存在的证据，并不能直接代表存货人的财产权利。

（2）仓单为要式证券

《民法典》对仓单的格式和记载事项有严格规定，即仓单必须经仓库保管人签名或者盖章，并必须具备一定的必要记载事项；否则，仓单不能产生效力。

（3）仓单为记名证券

《民法典》第九百零九条规定，仓单应当记载存货人的姓名或名称和住所。

（4）仓单为物权证券

存货人获得仓单后，如果要出卖其存入仓库中的仓储物，不必现实地交付仓储物，只需转让仓单。经背书并经仓库保管人签名后，仓单的交付就是物品所有权的转移。

（5）仓单为文义证券

由于仓单上所记载的权利和义务的范围，直接决定保管人与存货人的权利和义务，双方应当依据仓单上所记载事项，主张权利和义务；即使仓单上所记载的事项与事实不符，保管人也应严格地依据仓单的文字记载履行义务。

9.3.3　仓单的作用

仓单作为仓储保管的凭证，是处理保管人与存货人或提单持有人之间关于仓储合同纠纷的依据，其作用是显而易见的。这主要表现在以下几个方面：

（1）仓单是保管人向存货人出具的货物收据

当存货人交付的仓储物经保管人验收后，保管人就向存货人填发仓单。仓单是保管人已经按照仓单所载情况收到货物的证据。

（2）仓单是仓储合同存在的证明

仓单是存货人与保管人双方订立的仓储合同存在的一种证明；只要签发仓单，就证明了合同的存在。

（3）仓单是货物所有权的凭证

它代表仓单上所列货物，谁占有仓单就等于占有该货物。仓单持有人有权要求保管人返还货物，有权处理仓单所列的货物。仓单的转移也就是仓储物所有权的转移。因此，保管人应该向仓单持有人返还仓储物。

（4）仓单是提取仓储物的凭证

仓单持有人向保管人提取仓储物时，应当出示仓单，之后保管人收回仓单。仓单持有人为第三人，其无法出示仓单时，除能证明其提货身份外，保管人应当拒绝返还仓储物。

9.3.4　仓单的内容

根据《民法典》第九百零九条，仓单包括下列事项：

①存货人的姓名或者名称和住所。

②仓储物的品种、数量、质量、包装及其件数和标记。在仓单中，有关仓储物的有关事项必须记载，因为这些事项与当事人的权利和义务直接相关。有关仓储物的事项包括仓储物的品种、数量、质量、包装及其件数和标记等，这些事项应当记载准确、详细，以防止发生争议。

③仓储物的损耗标准。仓储物在储存过程中，由于自然因素和货物本身的自然性质可能发生损耗，如干燥、风化、挥发等，这就不可避免地造成仓储物数量减少。对此，仓单应当明确规定仓储物的损耗标准，以免在返还仓储物时发生纠纷。

④储存场所。仓单上应当明确载明储存场所，以便存货人或仓单持有人能够及时、准确地提取仓储物；同时，便于确定债务的履行地点。

⑤储存期限。储存期限是保管人为存货人储存货物的起止时间。储存期限在仓储合同中十分重要，它不仅是保管人履行保管义务的起止时间，也是存货人或仓单持有人提取仓储物的时间界限。因此，仓单上应当明确储存期限。

⑥仓储费。仓储费是保管人为存货人提供仓储保管服务而获得的报酬。仓储合同是有偿合同，仓单上应当载明仓储费的有关事项，如数额、支付方式、支付地点、支付时间等。

⑦仓储物已经办理保险的，其保险金额、期间以及保险人的名称。如果存货人在交付

仓储物时，已经就仓储物办理了财产保险，则应当将保险的有关情况告知保管人，由保管人在仓单上记载保险金额、保险期间以及保险公司的名称。

⑧填发人、填发地和填发时间。保管人在填发仓单时，应当将自己的姓名或者名称以及填发仓单的地点和时间记载于仓单上，以便确定当事人的权利和义务。

9.3.5 仓单的背书转让

《民法典》第九百一十条规定："仓单是提取仓储物的凭证。存货人或者仓单持有人在仓单上背书并经保管人签名或者盖章的，可以转让提取仓储物的权利。"根据这条规定，存货人行使转让提取仓储物的权利应具备以下两个条件：

（1）存货人或仓单的合法持有人须在仓单上背书转让

由于记名仓单保管人只对仓单上记名的人有返还仓储物的义务，因此，存货人转让仓储物时，必须由存货人在仓单上进行背书。存货人之后的仓单合法持有人如果还要转让仓单，也须背书。仓单持有人凭借背书的连续性证明自己合法持有仓单的事实。

（2）保管人须在仓单上签名或者盖章

仓单是基于保管人和存货人之间存在合同关系而签发的。存货人如果转让仓单，必须由保管人在仓单上签名或者盖章，用来表示他知悉有关情况，并由此确认受让人已经取得了存货人在仓储合同中的地位；在受让人持仓单提取仓储物的同时，保管人员有返还仓储物的义务。

保管人是法人时，由其法定代表人签名；是其他经济组织时，由其负责人签名；是个体工商户时，由其经营者签名。盖章是指盖单位的公章。签名或者盖章只要有一项即可，不必同时具备。仓单转让的每一次背书都须经保管人签名或者盖章后才能生效。

知识链接9-4　仓单交付之后的法律责任

9.3.6 仓单中小企业融资

仓单中小企业融资又称仓单质押中小企业融资，是指申请人将其拥有完全所有权的货物存放在商业银行指定的仓储公司，并以仓储公司出具的仓单在银行进行质押，作为中小企业融资的担保；银行依据质押仓单向申请人提供用于经营与仓单货物同类商品的专项贸易的短期中小企业融资业务。

9.3.6.1 仓单中小企业融资的主要特点

（1）自偿性贷款

仓单中小企业融资与特定的生产贸易活动相联系，贷款随货物的销售实现而收回，与具有固定期限的流动资金贷款、抵押贷款相比，周期短，安全性高，流动性强。

（2）适用范围广

仓单中小企业融资不但适用于商品流通企业，而且适用于各种生产企业，能够有效地解决中小企业融资担保难的问题。企业在缺乏合适的固定资产作抵押，又难以找到合适的保证单位提供担保时，就可以利用自有存货的仓单作为质押申请贷款。

（3）质押物受限制程度低

与固定资产抵押贷款不同，质押仓单项下的货物受限制程度较低，允许货物周转，通常可以采取以银行存款置换仓单和以仓单置换仓单两种方式，对企业经营的影响也较小。

（4）要求银行有较强的风险监控能力和操作技能

在仓单中小企业融资中，抵押货物的管理和控制非常重要。由于银行一般不具有对实物商品的专业管理能力，就需要选择有实力、信誉高的专业仓储公司进行合作。同时，银行需要确认仓单是否是完全的货权凭证、银行在处理仓单时的合法地位、抵押物价值的评估等问题。

9.3.6.2　仓单中小企业融资的作用[①]

仓单中小企业融资是现代生产经济条件下企业物资流动、经营活动与银行中小企业融资活动有机融合在一起的、多方得益的一种中小企业融资模式。

（1）对需要融资的中小企业的作用

以存货作抵押，解决了中小企业缺乏固定资产作抵押、担保难的问题，盘活了存货资金，有助于企业获得银行贷款支持。存货资金的盘活，使企业的存货周转速度加快，有助于企业获取采购的主动权，同时能够使企业增加销售客户，扩大市场份额。存货资金的盘活，也就是经营资金的节约，能够为后续的中小企业融资活动奠定良好的基础。

（2）对仓储公司的作用

通过与银行的合作协议，通过提供保管、监管、保证服务，为服务企业获得仓单中小企业融资提供了保证，从而能够加深仓储公司与服务企业的业务合作关系，也可以增加仓储公司的客户数量。

（3）对银行的作用

三方合作解决了存货抵押监管难的问题。仓储公司的保管、保证有助于银行实现信贷风险控制的目标，扩大业务范围，增加客户规模。仓单中小企业融资与信用中小企业融资相比，质押物变现能力强，因此，信贷资金风险较低；在贷款收益之外，银行还可以获得包括结算、汇兑差价等中间业务收入。

通过仓单中小企业融资开展金融服务，对中小企业、银行、第三方仓储公司（或物流公司）都具有重要作用，不仅有助于提高企业的资金使用效率，而且能够有效地解决中小企业担保难、抵押难的贷款问题，提高银行的资源分配效率。

9.3.6.3　仓单中小企业融资的模式

仓单中小企业融资在实践中有多种做法，为了满足企业的需求，便利中小企业融资和经营，银行也在不断创新，不断在仓单中小企业融资模式的基础上拓展新的中小企业融资

---

① 本部分改编自：［1］吴新燕，王常伟. 仓储管理实务［M］. 天津：天津大学出版社，2009：230-231.［2］赵涛. 走向卓越［M］. 北京：企业管理出版社，2009：160-161.

模式。目前国内外金融机构的仓单中小企业融资模式主要有以下几种：

（1）仓单质押贷款

仓单质押贷款是指制造企业或流通企业把商品储存在仓储公司的仓库中，仓储公司向银行开具仓单，银行根据仓单向申请人提供一定比例的贷款，仓储公司代为监管商品。开展仓单质押业务，既解决了借款人流动资金不足的困难，又通过仓单质押降低银行发放贷款的风险，保证贷款安全，还能增强仓储公司的仓库服务功能，增加货源，提高仓储公司的经济效益。

流程说明：

①企业向银行提出贷款申请，按照银行要求把货物存放在银行指定的仓储公司；

②仓储公司向银行提交企业交存货物的仓单，进行质押，承诺将保证货物完好，并严格按照银行的指令行事；

③银行向企业发放贷款；

④企业实现货物的销售，购买方（客户）将货款汇入企业在银行开立的账户；

⑤仓储公司根据银行的指令，向购买方移交货物；

⑥企业向银行归还贷款本息。

仓单质押贷款实质是存货抵押贷款。由于银行难以有效地监管抵押物，就需要借助第三方仓储公司形成的仓单，以及仓储公司提供的保管、监督、评估功能实现对中小企业的融资。在实践中，以仓单质押模式为基础，通过拓展仓单的范围、强化仓储公司的担保职能、以未来仓单作质押等，又可以形成异地仓库仓单质押贷款、统一授信担保贷款和保兑仓中小企业融资模式。

（2）异地仓库仓单质押贷款

异地仓库仓单质押贷款是在仓单质押贷款的基础上对地理位置的拓展。仓储公司根据客户需要，或利用全国的仓储网络，或利用其他仓储公司的仓库，甚至是客户自身的仓库，就近进行质押监管，提供仓单，企业根据仓储公司的仓单向银行申请贷款。

异地仓库仓单质押贷款充分考虑客户的需要，可以把需要质押的存货等保管在方便企业生产或销售的仓库中，极大地降低了企业的质押成本。

（3）统一授信担保贷款

统一授信担保贷款是指银行根据仓储公司的规模、经营业绩、运营现状、资产负债比例以及信用程度等，把一定的贷款额度直接授权给仓储公司，再由仓储公司根据客户的条件、需求等进行质押贷款和最终清算。仓储公司向银行提供信用担保，并直接利用信贷额度向相关企业提供灵活的质押贷款业务。银行则基本上不参与质押贷款项目的具体运作。

统一授信担保贷款有利于中小企业更加便捷地获得融资，减少原先向银行申请质押贷款时的多个申请环节；同时，有利于银行充分利用仓储公司监管货物的经验，通过仓储公司的担保，强化银行对质押贷款全过程监控的能力，更加灵活地开展质押贷款服务，降低贷款风险。

（4）保兑仓中小企业融资模式

保兑仓又称买方信贷，相对于仓单质押业务的特点是先票后货，即银行在买方（客户）交纳一定的保证金后开出承兑汇票，收票人为生产企业；生产企业在收到银行承兑汇票后向银行指定的仓库发货，货到仓库后转为仓单质押。在这一模式中，需要生产企业、经销商、仓储公司、银行四方签署"保兑仓"合作协议，经销商根据与生产企业签订的购销合同向银行交纳一定比例的保证金，申请开立银行承兑汇票，专项用于向生产企业支付货款，由第三方仓储公司提供承兑担保，经销商以货物对第三方仓储公司提供反担保。银行向生产企业开出承兑汇票后，生产企业向保兑仓交货，此时转为仓单质押。

流程说明：

①经销商向银行提出贷款申请，并支付一定保证金；

②仓储公司向银行提供承兑担保；

③经销商向仓储公司提供反担保；

④银行向生产企业开出银行承兑汇票；

⑤生产企业按照汇票要求，向仓储公司交货；

⑥仓储公司提货、存仓，并向银行签发仓单；

⑦在仓单中小企业融资期限内，经销商向购货方销售货物；

⑧购货方将货款汇入企业在银行开立的账户，归还经销商的质押贷款；

⑨根据银行指令，仓储公司向购货方移交货物。

9.3.6.4　仓单中小企业融资的程序

①供应商与贸易公司签订购货合同。

②贸易公司作为借款人向中小企业融资银行交纳保证金，请求该银行开出信用证。

③中小企业融资银行开出以供应商为受益人的信用证，并由供应商所在地银行通知信用证。

④供应商审证后发货。

⑤供应商将包括提单在内的全套信用证要求的单据交至供应商所在地银行。

⑥供应商所在地银行向开证行即中小企业融资银行交单。

⑦中小企业融资银行作为开证行在审核单据无误后付款。

⑧供应商所在地银行向供应商划拨款项。

⑨中小企业融资银行将代表货物所有权的单据——提单交给物流公司。

⑩物流公司提货、存仓，并签发仓单给中小企业融资银行。

⑪在仓单中小企业融资期内，贸易公司向境内进口商转售货物。

⑫境内进口商向贸易公司支付货款。

⑬贸易公司用该货款偿还银行贷款。

⑭中小企业融资银行向物流公司发出指令，要求放货给贸易公司。

⑮贸易公司结清有关仓储费用。

⑯物流公司向贸易公司放货。

⑰贸易公司向进口商放货。

在这种仓单中小企业融资方式下，在中小企业融资开始前，中小企业融资银行、贸易公司与物流公司签订保税仓库抵押物管理协议，中小企业融资银行与贸易公司签订仓单中小企业融资协议。

由此可以分析案例窗9-1。服装贸易公司与仓库签订仓储合同后，服装贸易公司按照合同的约定及时把羽绒服交给仓库储存、保管；仓库对羽绒服进行了验收，确保符合仓储合同约定后，根据《民法典》第九百零八条、九百零九条签发了仓单，并在仓单上签名或者盖章。该仓单的存货人是服装贸易公司，保管人是仓库。

服装贸易公司与百货商场签订的羽绒服购销合同合法有效。服装贸易公司将仓库签发的仓单通过背书转让给百货商场，使其成为可以直接向仓库提取50万件羽绒服的仓单上记名的人，但该仓单未经保管人签名或者盖章，只是服装贸易公司在事后通知仓库该情况。这不符合《民法典》第九百一十条对仓单的背书转让所作出的规定，不能产生羽绒服所有权变动的效力。因此，百货商场要求仓库向其返还羽绒服并赔偿损失的诉讼请求没有法律依据。因而，存货人在转让仓单时，应注意履行相应的手续，否则将影响仓单转让的效力。

❖ 案例窗 9-1

仓单背书所引发的法律纠纷

某服装贸易公司与某仓库签订了一份仓储合同。合同约定：仓库为服装贸易公司储存50万件羽绒服，并在储存期间保证羽绒服完好无损。服装贸易公司交纳3万元仓储费，储存期限至12月20日。合同标明了储存的羽绒服的质量、包装和标记等，同时约定了双方具体责任的划分和违约条款。合同签订以后，服装贸易公司依约将羽绒服送至仓库并交纳了仓储费，仓库在收到羽绒服并验收后向服装贸易公司签发了仓单。

12月初，百货商场向服装贸易公司订购了50万件羽绒服。服装贸易公司为了简便手续，使百货商场早日提货，节省交易费用，于是将仓单背书交给百货商场，实际上就是把提取羽绒服的权利转让给了百货商场，并在事后通知了仓库。百货商场持背书的仓单向仓库要求提货时，仓库以百货商场不是合法的仓单持有人为由，拒绝交付羽绒服。百货商场认为，该仓单已由原存货人背书转让给了己方，并已通知仓库对百货商场应履行返还仓储物——羽绒服的义务。由于仓库拒绝给百货商场交付羽绒服，百货商场蒙受了较大的经济损失。百货商场向法院起诉，要求仓库赔偿损失。

问题：基于本案例的事实，法院应如何判决？

资料来源　赵鹏飞，万义军. 以案说法——合同法案例评析与实务［M］. 北京：机械工业出版社，2001：170-171.

本章小结

9.1部分介绍了仓储商务管理的含义、作用、内容和原则。仓储商务是指仓储经营者利用仓储保管能力向社会提供仓储保管服务，并以获得经济收益为目的所进行的交换行为。仓储商务管理包括对仓储商务工作的人、财、物的组织和管理，涉及对企业资源的合理利用、制度建设、激励机制以及仓储商务队伍的教育培养等方面。仓储商务管理遵循的原则是充分利用企业资源、降低企业成本和风险、提高企业效益。

9.2部分论述了仓储合同的概念、特征、类别、主要内容和履行，以及违约责任与违约处理。仓储合同是保管人储存存货人交付的仓储物，存货人支付仓储费的合同。仓储合同分为一般保管仓储合同、混藏式仓储合同、消费式仓储合同和仓库租赁合同等。仓储合同一经成立，双方当事人都要严格按照合同的约定履行相应的法律义务。如果产生了违约责任，应该遵守合同，以支付违约金、赔偿损失、继续履行合同、采取补救措施、定金惩罚等方式予以处理。

9.3 部分论述了仓单的概念、性质、作用、内容、背书转让以及仓单中小企业融资。仓单是保管人收到仓储物后给存货人开付的提取仓储物的凭证。仓单作为仓储保管的凭证，是处理保管人与存货人或提单持有人之间关于仓储合同纠纷的依据。仓单除作为已收取仓储物的凭证和提取仓储物的凭证外，还可以通过背书，转让仓单项下货物的所有权，或者用于仓单中小企业融资。

基本训练

第 9 章单选题

第 9 章多选题

第 9 章判断题

❖ 简答题

1. 仓储商务管理有什么作用？

2. 仓储商务管理的内容有哪些？

3. 仓储合同的种类有哪些？

4. 仓储合同有哪些内容？

5. 仓单的性质是什么？

6. 仓单中小企业融资有哪几种模式？

主要参考文献

［1］殷延海，焦玥. 智慧物流管理［M］. 上海：复旦大学出版社，2023.

［2］何建佳，李军祥，何胜学，等. 智慧物流与供应链管理（微课版）［M］. 北京：清华大学出版社，2022.

［3］李文锋. 智慧物流［M］. 武汉：华中科技大学出版社，2022.

［4］彭会萍，曹晓军. 中国智慧物流［M］. 北京：中国财政经济出版社，2022.

［5］朱军兰. 物流法律与法规［M］. 2版. 上海：上海交通大学出版社，2021.

［6］李永生，郑文岭. 仓储与配送管理［M］. 3版. 北京：机械工业出版社，2019.

［7］林贤福，黄裕章. 仓储与配送管理实务［M］. 2版. 北京：北京理工大学出版社，2018.

［8］邓春姊，卢改红. 仓储管理［M］. 南京：南京大学出版社，2016.

［9］耿富德. 仓储管理与库存控制［M］. 北京：中国财富出版社，2016.

［10］汝宜红，宋伯慧. 配送管理［M］. 3版. 北京：机械工业出版社，2016.

［11］朱伟生. 物流成本管理［M］. 4版. 北京：机械工业出版社，2016.

［12］梁金萍，齐云英. 运输管理［M］. 3版. 北京：机械工业出版社，2020.

［13］傅莉萍. 仓储管理［M］. 北京：清华大学出版社，2015.

［14］何庆斌. 仓储与配送管理［M］. 2版. 上海：复旦大学出版社，2015.

［15］雷洪涛，刘亚杰，张涛，等. 物流配送路径优化与配送区域划分［M］. 北京：国防工业出版社，2015.

［16］梅艺华，吴辉，李海波. 仓储管理实务［M］. 北京：北京理工大学出版社，2015.

［17］王海军，张建军. 仓储管理［M］. 武汉：华中科技大学出版社，2015.

［18］真虹，张婕姝，胡蓉. 物流企业仓储管理与实务［M］. 北京：中国财富出版社，2015.

［19］贾争现. 物流配送中心规划与设计［M］. 3版. 北京：机械工业出版社，2014.

［20］尤美虹. 仓储管理实务［M］. 武汉：武汉大学出版社，2013.

［21］范学谦，曾艳丽. 物流成本管理［M］. 天津：天津大学出版社，2013.

［22］宋洋，李东，肖锭. 仓储与配送项目教程［M］. 成都：电子科技大学出版社，2013.

［23］宫胜利，王玉卓，牛志文. 仓储与配送管理实务［M］. 北京：北京理工大学出版社，2012.

［24］罗俊，黄柳英. 仓储管理［M］. 重庆：重庆大学出版社，2012.

［25］陈虎. 物流配送中心运作管理［M］. 北京：北京大学出版社，2011.

［26］冯耕中，李毅学，华国伟. 物流配送中心规划与设计［M］. 2版. 西安：西安交通大学出版社，2011.

［27］刘彦平. 仓储和配送管理［M］. 2版. 北京：电子工业出版社，2011.

［28］涂淑丽. 仓储管理［M］. 南昌：江西人民出版社，2011.

［29］王玲. 物流绩效管理［M］. 北京：高等教育出版社，2011.

［30］王晓平. 物流信息技术［M］. 北京：清华大学出版社，2011.

［31］白世贞，刘莉. 现代仓储管理［M］. 北京：科学出版社，2010.

［32］欧阳振安，严石林. 仓储管理［M］. 北京：对外经济贸易大学出版社，2010.

［33］朱文涛. 仓储与配送管理［M］. 北京：冶金工业出版社，2009.

［34］黄中鼎，林慧丹. 仓储管理实务［M］. 武汉：华中科技大学出版社，2009.

［35］王国文. 仓储规划与运作［M］. 北京：中国物资出版社，2009.

［36］管莉军. 仓储与配送管理［M］. 上海：立信会计出版社，2008.

［37］赵玉国. 仓储管理［M］. 北京：冶金工业出版社，2008.

［38］高均. 仓储管理［M］. 南京：东南大学出版社，2006.

［39］阚树林. 基础工业工程［M］. 北京：高等教育出版社，2005.

［40］徐昭国. 仓库管理员工作一日通［M］. 广州：广东经济出版社，2004.

［41］蒋祖星，孟初阳. 物流设施与设备［M］. 2版. 北京：机械工业出版社，2004.

［42］陈志祥. 现代生产与运作管理［M］. 广州：中山大学出版社，2002.

［43］姚恩瑜，何勇，陈仕平. 数学规划与组合优化［M］. 杭州：浙江大学出版社，2001.

［44］韩伯棠. 管理运筹学［M］. 北京：高等教育出版社，2000.

［45］程迪琦，朱志清，严振武. 仓库管理基本知识问答［M］. 北京：煤炭工业出版社，1998.

［46］贾春玉，刘海金，周艳. 提高圆形货物装箱率新的简便解法研究［J］. 武汉商学院学报，2022，36（6）：53-58.

［47］黄璐璐，陈晓倩，郑思亮，等. 平面二维装箱问题"5块法"规划解法［J］. 宁波工程学院学报，2018，30（3）：7-11.

［48］张梅娟，吴铃，顾婷婷，等. 单一货物摆放无约束三维装箱优化方法［J］. 宁波工程学院学报，2018，30（1）：33-38.

［49］胡锦超，贾春玉. 单一规格物体二维矩形条带装箱问题解法研究［J］. 成组技术与生产现代化，2017，34（2）：6-8.

［50］柴敏波，贾春玉，甄玉敏. 综合评分法中的评分方法研究［J］. 商场现代化，2009（17）：22-24.

［51］于福，贾春玉. m×n流水型排序问题关键零件法的改进［J］. 哈尔滨工业大学学报，2004，36（6）：848-850.